그때 그 장면을 지우고 싶어요

그때 그 장면을 지우고 싶어요

J' Aimerais tant tourner la page

프랑수아 루보프 지음 • 임말희 옮김

그때 그 장면을 지우고 싶어요

J'aimerais tant tourner la page

초판 1쇄 2015년 6월 20일

지은이 | 프랑수아 루보프
옮긴이 | 임말희

펴낸이 | 임말희
편집 | 공윤조
프린트 | 문성인쇄
펴낸곳 | 눈 출판그룹

출판등록 | 2012년 5월 23일 제321-2012-000122호
주소 | 서울특별시 서초구 서초동 효령로 60길 23-11 서전빌 3층
전화 | 02-3394-4745
팩스 | 02-3394-4749
이메일 | malheeklarayim@gmail.com
홈페이지 | www.nun.or.kr

값 25,000원
ISBN 978-89-94347-44-8(93180)

파본이나 잘못된 책은 바꿔드립니다.

 이 도서의 국립중앙도서관 출판시도서목록(CIP)은 e-CIP 홈페이지(www.nl.go.kr/ecip)에서 이용하실 수 있습니다.(CIP 제어번호 : 2015004036)

이 땅의 숨죽인 희생양들에게,

약소국에 태어나 해외로 강제이주 당한 디아스포라 한인들에게,

어린 처녀의 나이로 국가성폭력에 동원된 정신대할머니들에게,

과거의 고통을 반복하며 스스로를 해치고 있는 환우들에게,

서로 싸우며 주변 강대국들에 이용당하는 분단된 조국에 한반도,

이 책이 조금이나마 도움 되기를 …

2015년 5월, 역자

목차

들어가며

심리적인 문제나 설명할 수 없는 신체적인 아픔으로 고통 받는 성인들 중에는 어린 시절에 성폭력을 당한 사람이 많다. 그리고 대개의 경우, 자신이 현재 겪고 있는 고통과 어린 시절의 '상처'를 연관짓지 않는다. 대체로 그들은 자신의 '비밀'에 대해 침묵한다. 이런 상처를 치유할 수 있는 방법이 아주 가까이에 있다는 것을 그들이 어떻게 하면 알 수 있을까?

그들은 우울증이나 불안감, 그리고 심한 경우엔 자살충동으로 고통받으며, 드물게는 자신들의 문제에 직면하고자 심리상담사를 찾기도 한다. 그러나 면담이 잘 이루어진다고 해도 낯선 심리상담사 앞에서 그들이 자신의 비밀에 관해 말문을 열기까지는 많은 시간이 걸릴 것이다. 수치심과 죄의식이란 것이 그들의 말을 가로막기 때문이다.

나는 정신과 의사다. 자신들의 과거를 '다시 쓰기' 위해 사람들은 나를 찾아오고, 나는 그들의 이야기를 듣고 진료한다. 그리고 그들이 나아질 수 있도록 돕는다. 하지만 그들로부터 유년기에 겪은 성폭력 경험에 대해 좀 더 수월하고 빈번하게 들을 수 있게 된 것은 최면hypnosis 및 EMDR[1)]요법을 치료에 적용하면서부터인데, 결국 이 두 가지 치료 형식이 내가 환자들을 대하는 방식 자체도 바꾸어 놓았다. 이 두 가지 치료법은 나로 하여금 환자들에게 더 가까이 다가가며 한층 더 그들과 공감할 수 있도록 해주었고, 좀 더 따스하게 그들을 대할 수 있게 해주었다. 나는 책상 뒤편에 앉아 환자를 대하던 이전의 방식을 버리고 그들 곁으로 바짝 다가가 앉았고, 이것이

1) EMDR: Eye Movement Desensitization and Reprocessing.

환자와 의사의 관계를 바꾸어놓는 계기가 되었다. 확실히 일부 환자들에겐 기존과 다른 이 '새로운 관계'가 큰 도움이 되었다. 이제 그들은 자신의 트라우마(trauma, 정신적 트라우마)에 대해 털어놓아도 좋다고 느낄 만큼, 나와의 관계에서 충분한 안정감과 마음의 평온을 느낀 것이다.

그런 후에 나는 유년시절 성폭력에 관한 과학적 연구 자료를 찾아보았다. 그리고 정말 놀라운 사실을 알게 되었다. 최소한 여자 아동 네 명 중 한 명이, 남자 아동 여섯 명 중 한 명이 유년시절의 성폭력 피해자라는 사실이다! 정말이지 끔찍한 숫자가 아닌가! 어떤 이들은 이를 두고 '숨겨진 전염병'이라고까지 말하고 있다.

무엇 때문에 나는 이 책을 쓴 것일까? 그 이유는 사실, 유년기에 성폭력을 경험한 성인들에게 EMDR 요법을 적용한 결과, 가능한 한 더 많은 사람과 함께 치유의 희망을 나누어야겠다는 생각이 들 만큼 좋은 성과를 얻었기 때문이다. 또한, 환자들이 고통 받는 원인을 이해하도록 도와주려면 그들에게 필요한 정보를 제공해주는 것이 얼마나 중요한지도 깨달았기 때문이다. 그들이 겪고 있는 증세는 많은 다른 사람에게도 나타나는 것이며, 아울러 고통을 받는 사람이 자기 혼자만이 아니라는 사실을 알게 되는 것만으로도 환자들은 어느 정도의 위안을 얻게 된다. 다시 말해서 더 이상 그들이 사회에서 배제되었다고 느끼지 않게 되는 것이다. 그들이 겪고 있는 고통이란 것이 반복적인 악몽이나 불안감, 우울증이나 성적 장애, 또는 여타의 다른 어떠한 증세든지 간에, 자신들의 고통이 무엇인지 스스로 이해함으로써 환자들은 자신들의 삶을 더 잘 통제할 수 있게 되었다는 것을 인지하게 된다.

현대인들은 성폭력에 관한 이야기를 많이 듣고 또 읽게 된다. 그러나 애석하게도 그러한 정보들과 사람들의 인식 중에는 종종 잘못되었거나 심지어 위험하기까지 한 것이 많다. 그리고 그렇게 잘못된 정보와 인식은 성폭력 피해자들이 이미 겪고 있는 죄의식을 더 무겁게 만들고, 이미 그들이 안고 있는 문제를 해결할 수 없다는 무력감을 더욱 강화시키는 결과를 낳고 만다. 성폭력과 관련하여 발생하는 아주 다양한 심리신체적 병리증상 complications 들에 관해 논의하기에 앞서, 본서 제1장에서 나는 '성폭력에 관한 스무 가지의 잘못된 생각들'을 설명할 것이다. 그리고 트라우마를 일으킨 사건들에 대한 기억과 망각이라는 흥미진진한 주제를 다룬 후에, 그에 적합한 다양한 치료 방식에 대하여 논의하고자 한다. 내가 중점적으로 논의하고자 선택한 주제 중 하나는 일종의 심리치료 EMDR 요법인데, 이는 그 효과가 나에게 깊은 인상을 주었기 때문이다. 더불어 이 치료법에 버금가는 효과를 보여주는 다른 치료법들도 있다. 예를 들면 인지행동 치료법과 최면 접근법이 그것이다. 이것들에 대해서도 나는 일부 언급을 할 것이다. 마지막 장에서는 기억, 집착과정, 트라우마에 연관된 신경생물학, 그리고 성폭력 가해자 등과 같은 몇몇 주제들에 대해 좀 더 진전된 논의들을 모아 소개하고자 한다.

프랑스어에서 사용하는 '성적 남용abus sexuel'[2)] 이란 단어에는 결함이 좀 있으나, 본서에서는 이 용어를 계속 사용할 것이다. 이 용어는 영어의 'sexual abuse'를 번역한 것인데, 프랑스어에는 이를 대체할 다른 등가어 等價語 가 없기 때문이다. 프랑스어에서 이 용어로 아우르는 단위는 성적 위협이나 침해와 관련된 상당히 이질적인 요인까지도 포괄한다. 즉, (아이 앞에서 성적인 노출을 하거나 아이에게 포르노 사진 또는 그런 영상을 보여주는 경우와 같은) 비접촉적 성추행에서 시작하여 (구강 대 성기, 성기 또는 항문에 대한 접촉을 아이에게 행하거나 또는 아이가 하도록 강요하는 경우와 같은) 접촉적 성추행, 그리고 모든 형태의 성적 삽입으로 특정되는

2 불어에서 '남용abus'이라는 단어는 적절한 양이 소비되어야 할 어떤 것이 과도하게 사용됨을 뜻한다. 이것이 성적 공격을 가리킬 때 이 단어는 비판의 여지가 있다. 왜냐하면 어떤 아동이 성적으로 적정하게 사용될 수 있다는 뜻이 될 수 있기 때문이다. 이 단어는 아동과의 성적 관계가 본래는 정상이며 단지 과도한 사용만이 금지된다라는 것을 암암리에 전달하고 있다(마치 음식을 먹거나 술을 마시고 담배를 피우는 일처럼). 하지만 이런 의미는 절대 아니다!

강간에 이르기까지, 이 용어로 지칭되는 것은 이처럼 포괄적이다.

나는 적절하고 유용한 정보를 필요로 하는 모든 이들에게 그들이 접근할 수 있는 형태로 그 정보를 제공해 주기를 원한다. 그리고 무엇보다도 나는 성폭력으로 인해 생겨난 정신질환은 치유 가능한 것이라는 사실을 그 피해자들에게 알려줌으로써, 피해자가 치료사를 직접 찾아가 상담 받을 용기를 그들에게 불어넣어주고자 했다. 그러던 어느날 여느 여성 환자가 나에게 말했다. "그때 그 장면을 지우고 싶어요." 그 순간 나는 그녀에게 이렇게 대답했다. "가능해요! 당신이 그 장면을 지워버리는 것을 도우려고 제가 여기에 있는 겁니다."

이와 마찬가지로 이 책은 유년기 성폭력 피해자의 가족과 그 주위 사람들을 위해 쓰인 것이기도 하다. 이 책은 성폭력을 더 잘 이해하게 함으로써 일상 속에서 자신도 모르게 성폭력 피해자에게 저지를 수 있는 뼈아픈 실수를 범하지 않도록 이끌어줄 것이다. 또한 이 책은 해당 전문가들로 하여금 EMDR이라는 발전 가능성 높은 뛰어난 치료법에 관심을 갖게 하고, 이를 활용하는 계기가 될 것으로 믿는다.

프랑수와 루보프

제 1 부

스무 가지 잘못된 생각들

"사람들이 말하는 걸 다 믿지는 마세요"

내가 유년기 성폭력 피해자들인 환자들에게서 종종 느끼는 것이 있다. 그들이 트라우마의 작동 메커니즘을 곡해하고 있거나, 트라우마는 오늘날 '치료 가능한 정신적 트라우마'라는 사실을 잘 모르고 있다는 것이다. '성폭력'과 '트라우마'라는 주제에 관해 잘못된 생각과 견해들이 그들 사이에서 흔하게 통용된다는 사실은 나에게 충격적이었다. 그러한 잘못된 견해들을 믿는 그 '믿음들'은 정신건강에 아주 해롭다. 피해자들은 그 잘못된 견해들을 믿음으로써 죄의식과 수치심, 그리고 희망 없는 상태를 지속하게 될 뿐만 아니라, 상처를 그대로 간직한 채 살아가거나 그것을 감추기 위해 위험하고도 비효과적인 해결책을 받아들이기 때문이다. 이 잘못된 견해들이 해로운 근거로는 '피그말리온 효과' (전설적인 왕 피그말리온은 자신이 조각한 조각상과 사랑에 빠지고, 사랑의 여신 아프로디테는 그 조각상을 사람으로 만들어준다는 그리스 신화에서 유래), 혹은 이 효과를 명백하게 드러낸 미국 심리학자의 이름을 딴 '로젠탈 효과'가 있다.

여기에서 말하는 피그말리온 효과는 다음과 같이 정리될 수 있다. 즉, 어떤 것이 있다고 믿으면 믿을수록 그것이 나타날 개연성이 높아지게 된다는 것이다. 의학적인 예를 들어 말하자면 어떤 '가짜' 약품, 곧 실제 약리효과가 결여된 약품의 치료효과를 '플라시보 효과placebo effect'라고 하는데, 이 효과가 바로 피그말리온 효과와 같은 것이다. 이 약품이 나에게 좋은 결과를 가져다 주리라 믿음으로써 무의식적으로 내 몸이 아직 명확하게 규명되지 않은 어떤 메커니즘들을 작동시키고, 그것이 결국 치료효과로 발현된다. 그런데 이 시점에서 플라시보 효과와 반대되는, 그와는 또 다른 효과 역시 '참'이라는 가정에 주목해보자. '노시보 효과nocebo effect'라는 것이 그것인데, 이는 환자가 어떤 부작용에 대해 알면 알수록 환자에게서 그 부작용이 실제 일어날 개연성 또한 높아지는 효과를 의미한다. 따라서 '당신이 이미 복용한, 혹은 복용하고 있는 약품의 주의서는 읽지 마라!'고 하는 것이 여기에서 우리가 내릴 수 있는 결론일 것이다.

피그말리온 효과는 나 자신과의 관계에서도 일정한 역할을 담당한다. 다시 말해, 내가 자신에 대해 어느 정도 의식적으로 생각하고 믿으면 그러한 믿음에 따른 영향이나 결과가 나에게 돌아온다. "내가 가진 자질은 이런 시련을 넘도록 해줄 거야!"와 같은 긍정적인 믿음만큼이나, "나는 결코 나아질 수 없어!"와 같은 부정적인 믿음 또한 그 믿음에 따른 결과로 이어지게 된다. 예를 들어 '모든 성폭력 피해자는 그 자신이 미래의 가해자가 된다'는 그릇된 생각을 믿음으로써 무의식적으로 또는 본인이 원치 않더라도 그런 일이 실제로 일어날 개연성이 커지게 된다. 그러므로 이러한 모든 잘못된 믿음이 지닌 '해로운 힘'을 무마시키고 치료의 과정을 시작할 수 있도록 하기 위해 우리는 올바른 정보들로 그릇된 믿음을 '혁파하고' 비판해야 한다.

앞으로 다루는 정보와 이야기들은, 무엇보다 현재 고통받고 있는 성폭력 피해자들 가까이에 있는 주변인들을 위한 것이다. 즉, 그들이 피해자들을 더 잘 이해하고, 도와주고, 지지할 수 있도록 하기 위한 것이다.

1) "내가 겪은 일은 지울 수 없을 만큼 내 속에 너무 깊이 새겨져 있고, 그 무엇도 내가 더 나아지도록 도울 순 없어. 그러니 이 상처들을 평생 지니고 살 수밖에…"

이 첫 번째 잘못된 생각은 공교롭게도 매우 널리 만연해 있는 생각이다. 수치심의 문제와 별개로 왜 그 많은 성폭력 피해자가 상담자를 찾지 않는지,

위의 잘못된 생각이 그 이유에 대해 일정 부분 설명해 줄 것이다. 피해자로 하여금 자신의 아픔과 고통을 어떤 치료법도 다룰 수 없다고 믿게 하는 것이 트라우마의 특징 중 하나다. 그리고 그러한 시각을 가진 피해자는 자신의 상처를 안고 살아갈 방법으로(예를 들면 약의 과다복용이나 과음과 같은) 효과가 없거나 오히려 상태를 악화시키는 개인적인 해결책에 안주하게 된다.

트라우마와 관련된 많은 치료적 접근이 효과가 없다는 사실은 이러한 무력감을 통해서 알 수 있다. 아주 오랫동안 성폭행 피해자에게 마련된 유일한 치료법은 기껏해야 피해자들에게 그들이 겪었던 일을 반복하여 자세히 말하도록 하는 것이었다. 그리고 이 과정에서 결국 피해자들은 끔찍한 순간들을 마음속으로 다시 겪어야 했고, 이는 '2차 피해victimisation secondaire'가 되어 그 고통의 순간들이 연장되는 결과를 낳았다. 불행 속에 갇힌 피해자들에게 용기를 북돋아주어 그들이 치료의 길로 들어설 수 있도록 하려면 "그 무엇도 내가 더 나아지도록 도울 순 없어"와 같은 그릇된 믿음, 잘못된 생각들을 깨야 한다. 그것이 바로 이 책이 목표로 하는 것의 하나다.

2) "치료하는 데 여러 해가 걸릴 거라고!"

모든 재활 과정에서 시간은 그 핵심적인 요인이다. 그러나 어느 한 치료법에 소요되는 기간은 사건 후 경과연수, 트라우마의 횟수와 강도, 피해자의 능력, 사회적 지원 등 여러 요인에 따라 몇 달부터 몇 년에 이르기까지 다양할 수 있다. 낯선 사람에게 어쩌다 한 번 성폭행을 당한 피해자의 경우, 자신이 당한 일을 부모에게 털어놓을 수 있을 만큼 가정 환경이 안정적이고 균형 잡혔다 할지라도 일정한 치료가 필요하다. 그러나 이러한 피해자는 부모가 술이나 마약 등에 빠진 중독자이고 아이들을 학대하고 체벌하는 폭력적인 환경, 다시 말해 주변의 어떤 보호자나 어른에게도 자신의 상처에 대해 털어놓을 수 없는 환경에서 여러 해 동안 성폭행을 당한 피해자보다는 상대적으로 치료기간이 짧을 것이다. 그러나 치료기간을 미리 예견할 수는 없다. 물론 치료의 효과를 정기적으로 평가해 보는 일은 가능하다.

3) "내 상태가 더 좋아지려면, 아주 사소한 것까지 모든 것을 이야기해야 할 거야."

우리는 어떤 것을 이야기하거나 명명할수록 그것에 지속성이 생기고 더 많은 '실제성'이 부여된다는 사실을 알고 있다. 언어의 이런 특징(언어의 창조기능)을 '현실 선포성proférence'이라 부른다. 그리고 트라우마를 유발하는 사건에 이 용어가 적용될 때, '어떤 것을 이야기해 나갈수록 더 많은 실제성이 부여되고 그로 인해 더욱 고통받게 된다'는 것을 의미한다.

폭발이나 자연재앙 같은 데서 발생하는 집단적 트라우마의 경우, 사건 발생 직후 피해자들에게 사건을 이야기하도록 하는 일이 빈번한데, 이러한 '사건 보고식débriefing' 치료기법은 몇 가지 비판에 직면해 있다. 즉, 그러한 치료기법은 오히려 피해자들의 안정을 방해하고, 더 나아가 (피그말리온 효과로 인해) 외상후스트레스 장애PTSD를 유발한다는 것이다(이와 관련한 자세한 내용은 뒤에서 더 서술하기로 한다). 다시 말해 사건 보고식 치료기법은 '후유증이 없도록 하려고 내가 방금 겪은 일들을 모두 세세히 이야기해야 한다면, 이는 바꿔 말해 내가 겪은 일이 정말로 아주 심각한 일이라는 것이지… ? !'라고 트라우마 피해자로 하여금 생각하게 하고, 그 자체만으로도 매우 효과적인 하나의 '암시'가 될 여지가 있다.

개별적 트라우마의 경우에도, 과거에 겪은 트라우마를 되짚는 일은 환자에게 어떤 정신적 괴로움을 유발할 수 있다는 사실이 밝혀졌다. 치료를 위해서는 마치 모든 세세한 사항들까지 반드시 확인되기라도 해야 한다는 듯, 자신이 겪은 트라우마를 가능한 한 많이 이야기하도록 강요 받은 환자들은 이후에 오히려 더 좋지 않은 상태로 빠진다는 사실이 확인된 것이다.

트라우마의 재활성화reactivation는 고통을 가중시키고 우울증이나 불안증 또는 자살, 치료의 중단 등으로 이어질 수 있다. 자신의 트라우마를 다시 이야기하는 것은 사실 '재피해화(revictimisation=반복적으로 피해자가 되는 것)'로 이어진다. 이야기에 사용된 '단어' 하나하나가 그 의미뿐만 아니라 감정적인 신체적 경험까지 전달하므로, 그 경험은 단어를 통해 (지나간 과거로부터) 매번 생생하게 살아나기만 하고 '동화되지는assimilé' 않기 때문이다. 치료의 목적은 트라우마의 경험을 다시 살아나게 하는 것이 아니다. 진정한 치료의 목적이란 환자의 일상적 기능을 향상시키고, 그를 통해 회복탄력성과 자아의 강도를 증가시킴으로써 트라우마를 '소화하고', 그것을 삶의 이력 속으로 동화시키는 데 있다.

물론, 모든 치료적 상담에서 환자는 자신이 겪은 일을 말하게 된다. 하지만 성폭력과 관련된 상담에서는, 환자가 카우치에 편하게 앉거나 눕고 상담치료사는 그 뒤에 앉아 묵묵히 이야기를 듣는, 이른바 '에피날Epinal 이미지'[3]에서 볼 수 있는 틀과는 상당히 다른 틀을 적용한다. 또한 그 이미지에서 우러나오는 '배려적 중립성neutralité bienveillante'이라는 미덕은, '보다 더 인간적인 관계'를 원하고 지향하는 환자와 상담가의 관계에서 이제는 사라지게 되었다. 환자 입장에서 볼 때 중립적인 태도라는 것은 오히려 사람을 차갑게 혹은 무관심하게 대하는 것으로 느껴지기 일쑤이기 때문이다. 나는 환자와 치료자의 관계가 이와는 반대여야 한다고 생각한다. 즉, 치료자는 치료 과정에서 환자가 늘 치료자와 함께하고 있다고 느끼도록 행동해야 하며, 또한 환자를 주의 깊게 대하고 그와 공감하면서 따뜻하고 정중히 대해

3) 에피날은 프랑스 동부의 도시다. 이 도시는 특히 종교적(가톨릭) 색채가 강한 도시로, 본문에서 말하는 '에피날 이미지'는 종교적 관용과 배려, 그리고 중립성과 같은 미덕을 함축하는 표현이다. －역주

야 한다. 그렇지만 환자가 자신의 사생활을 침해당하고 있다고 느끼게 해서는 안 된다. 환자는 자신이 고백하고 싶은 것을 '선택'할 수 있어야 한다. 즉, 치료 과정에서 환자가 자신의 이야기를 털어놓을 때마다 그 여정을 주도하는 것은 바로 환자 자신이어야 한다. 한편, 후에 다루게 되는 EMDR 요법에 관한 장에서 독자는 트라우마의 치료라는 것이 최소한의 말만으로도 이루어질 수 있으며, 치료자가 환자의 모든 것을 알 필요는 없다는 것을 알게 될 것이다.

4) "모두 지난 일이야. 이제는 다 잊어야 해."

성폭력 피해자의 배우자나 가족이 피해자의 처지와 상황으로 고통 받으면서도 무엇을 해야 할지 모를 때, 그들은 종종 위와 같은 말을 하게 된다. 하지만 이 말은 적어도 두 가지 이유에서 불합리하다. 첫 번째 이유는, 망각이란 그 활동의 대부분이 무의식의 층위에서 벌어지는 복잡한 과정으로서, 개인의 의지로는 효과적으로 통제할 수 있는 활동이 아니기 때문이다. 두 번째 이유는 단적으로 말해 망각은 치료의 목표가 아니라는 것이다. '낫는다(치유된다)'는 것은, 트라우마를 일으켰던 사건을 환자가 자신의 개인사의 일부로 인정하고 받아들임으로써 궁극적으로 '아픈 과거가 담긴 페이지는 넘기고 새로운 삶의 페이지로 들어서게 되는 것'을 의미한다. 우리를 다치게 한 과거를 이전과는 다른 해석을 통해 상기할 수 있다는 것은 유용한 일이고, 이것이 바로 본서 후반부에서 EMDR이나 최면요법 등과 더불어 보게 될 과거사건의 재정립이라는 것이다.

트라우마를 잊어버리라고 나에게 요구하는 일은 또 한 번 나를 죄의식 속에 빠뜨리는 일이다. 왜냐하면 이러한 조언은 그 일이 쉬울 것이라는 암시를 담고 있는데, 오히려 그로 인해 트라우마를 잊는 일을 내가 계속 실패하면 그것은 곧 나의 유약함과 무능력에 대한 방증이 되어버리기 때문이다. 또한 나에게 트라우마를 잊으라고 요구하는 것은 내 개인사의 일부를 지워버리기를 바라는 것이기도 하다. 그렇게 되면 나는 있는 그대로의 자신을 받아들이지 않는, 즉 스스로에 대해 얼마간의 배척감이나 거부감 같은 것을 느끼게 된다. 그리고 내가 겪었던 일의 현실성과 그 심각성을 부정하는 일은 또 다른 고통을 낳는 원인으로 이어진다.

5) "법정에서 밝혀지지 않는 한, 그리고 가해자가 처벌받지 않는 한 나는 치료될 수 없을 거야."

위와 같은 생각은, 사법기관의 개입이 피해자에게 유익하기만 할 것이라는 생각과, 가해자에 대한 처벌이 의무적이듯 피해자의 치료에도 필수적일 것이라는 생각을 전제로 한 것이다. 전문가를 포함한 많은 사람이 위와 같은 생각을 하는데, 이는 형사적 사법행위가 가해자를 처벌하는 데 있고, 민사적 사법행위가 피해자에게 피해보상을 하는 데 있다는 점에 근거한 것이다.

피해자가 사회적 지위와 법적인 자격을 인정받도록 하는 것은 물론 사법부가 해야 할 일이고, 재판은 때때로 피해자가 자신에게 일어난 사건을 좀 더 정확히 이해하는 데 도움을 줄 수 있다. 그것은 '왜?'라는 질문, 즉 성폭력 사건의 정황과 원인을 진정으로 규명하는 것이다.

그러나 실제로는 형사재판의 핵심이 피해자에 대한 보상에 있는 게 아니라 그릇된 사회적 행위를 적절히 처벌하는 데 있기에, 형사 재판이라는 틀에서는 피해자가 수행할 근본적인 역할이 없다는 사실을 이해하는 일이 중요하다.

형사적 정의正意란 사회적 관계를 규율하는 기능을 우선으로 하며, 원칙적으로 가해자에게 집중된 것이다. 물론 가해자에 대한 형사적 처벌은 피해자에게 어떤 상징적인 보상으로 경험될 수도 있다. 그러나 이것이 형사재판의 일차적 목표는 아니다. 사안에 따른 재정적 보상은 민사재판에서 결정될 것이고, 가해자가 특정되어 있지 않거나 재정적 능력이 없을 경우에는 '범죄피해자보상위원회CIVI, Commission d'Indemnisation des Victimes d' Infractions'로부터 재정적 보상이 이루어질 것이다.

한편, 사법부의 개입이 피해자에게는 오히려 나쁠 수도 있으며 그의 상태를 악화시킬 수도 있는데, 특히 다음과 같은 경우에 그러하다.

- 사법절차는 종종 고통스럽고, (여러 해가 걸릴 정도로) 언제나 매우 느리며, 때때로 그릇되게 진행되는 심문, 마음에 상처를 주거나 수치심을 일으키는 대질심문, 피해자를 위한 정보전달의 결여, 재판 진행 중의 부주의 등을 동반하게 되고, 항소가 있을 경우 이 모든 것을 다시 반복해서 치러야 한다.

로랑스는 6세부터 12세까지 자신의 삼촌에게 성폭행—애무와 구강성교—을 당했다. 22세가 되어서야 그녀는 이 이야기를 털어놓았고, 일 년 후에 삼촌을 고소하기로 결심했다. 그리고 그녀와 마찬가지로 그렇게 성폭행을 당한 그녀의 여자사촌 가운데 한 명이 이 고소에 동참했다. 무려 2년 동안 조사가 이루어지고 나서 그녀는 경찰서로 출두를 해야 했는데, 그 사이에 삼촌은 그녀를 명예훼손으로 고소했다. 삼촌의 고소로 인해 그녀를 출두시킨 경찰관은 이미 그녀가 걸었던 소송에 대해서는 전혀 아는 바가 없었고, 오히려 그녀를 죄인 취급하며 온종일 그녀를 유치장에 가두었다. 그리고 오후 늦게야 변호사가 그녀를 유치장에서 나올 수 있게 했다. 그날의 심문으로 인해 그녀에게는 죄의식, 심각한 불안증, 어지럼증, 식욕부진, 수면장애, 자살충동 등이 다시 나타났고, 그녀는 심각한 '2차 피해'의 희생자가 되었다.[4)]

- 피해자의 고소는 기소불가로 처리될 수도 있는데, 특히 사건발생 뒤 유효 소추기간이 지났을 경우가 그러하다(형사법상, 사건에는 소추 가능한 기간이 법으로 정해져 있다).

> *열 살 때 성추행 피해를 당했던 27세의 린다는 이 일을 고소하기로 결심했지만,* (프랑스의 경우) *성추행 사건의 유효 소추기간이 피해자가 성년이 된 시점부터 단 3년 밖에 안 된다는 것을 알게 되었다. 강간의 경우는 그 시효가 10년이다.*[5)]

성폭행으로 인한 고소사건이 검사에 의해 불기소 처리가 되었다 해도, 가해자 측이 이에 대해서 비방에 의한 명예훼손을 근거로 고발을 할 경우엔, 이 후자의 사건은 기소 가능한 사건이 된다는 점을 주목해두자. 이 경우, 성폭행 피해자의 주장이 근거가 있는 것인지 아닌지는 법원이 판단을 하게 된다.

- 피고인인 가해자가 혐의나 증거 불충분으로 합의부나 형사법정에서 무죄석방될 수도 있고, 수사판사 선에서 소송 자체가 기각될 수도 있다. 피해자는 이 경우 가해자에게 역으로 고소당해 무고죄로 처벌될 위험에 처하게 된다. 다만, 무고죄는 피해자가 고소 내용이 거짓임을 알면서도 고소한 경우에만 인정된다.[6)]

- 재판에서 가해자가 사실관계를 부정할 수 있고, 이는 피해자의 고통을 가

---

4) 모든 임상사례에서 이름들과 개인 신상정보는 익명성 보장을 위해 변형되었다.

5) 2004, 2006년 신법에서는 10년이었던 시효가, 미성년자 강간의 경우나 폭행 없는 성적 공격, 억제, 위협 등이라도 피해자가 15세 미만이거나 가해자가 집안 웃어른 혹은 권위인물일 경우는 그 시효가 피해자가 성년에 이른 후 20년까지로 연장되었다.

6) JCN Pénal-Version 3/2007.

중시킬 수 있다. 또한, 피해자가 그런 상황을 세상에 알렸다는 이유로 피해자를 비난하여 죄의식을 느끼게 할 수도 있으며, 이런 일로 가족 전체가 격랑에 휘말릴 수도 있다. 여기에 더하여 재판 진행에 관련된 사람들도 끼어들게 된다. 가해자의 변호사는 피해자가 성적으로 도발했다고 비난할 것이고, 피해자의 변호인은 피해자가 '성적으로 심각한 충격을 받았다'는 주장을 펴면서 피해 사실의 심각성을 강조하려 할 것이다. 그러나 불행하게도 이 두 가지 사항은 모두 "그녀는 더 이상 결코 정상적인 성생활을 할 수 없을 거야…"와 같은 암시와 매우 강력한 비관적 암시를 피해자에게 주게 된다.

- 민사재판 결과, 어떤 처벌은 부정적인 결과를 초래할 수 있다. 성폭력에 대한 피해 보상금은 윤락녀에게 지불되는 돈으로 생각될 수도 있다. 즉, 가해자가 아이의 신체를 농락하는 대가로 지불해야 했던 돈이라 여겨질 수 있다는 것이다. 금전적 보상에 대한 이러한 인식으로 피해자는 자신이 이미 느끼고 있던 수치심을 더욱 크게 느낄 수 있다.

따라서, 피해자의 기대와 사법부의 대답이 늘 일치하는 것은 아니다. 재판 과정에서 피해자는 상처투성이가 되는데, 사법부는 이런 상황에 놓인 피해자를 도울 능력이 없어 보일 때가 있다.

가해자가 죄값을 치러야만 피해자가 완치되거나 나아질 수 있다는 믿음을 확산시키는 것은 피해자의 치료를 더욱 어렵게 만들 수 있다. 여러 이유로 그 가해자를 고소하거나 처벌하는 일이 불가능할 수 있기 때문이다. 이런 믿음은 가해자에게 의존하는 상태로 피해자를 계속 붙들어두는 결과를 낳게 되는데, 이렇게 되면 피해자는 성폭력 사건 당시에 느꼈던 무기력감을 더욱 심하게 느끼는 위험에 처하게 된다.

요컨대, 때로 사법기관은 이차 피해second victimization를 입히는 대상으로 비난받는다. 즉, 성폭행의 피해자이자 현재 성년이 된 그 아이는 자신이 기대하는 도움을 주지 못하는 사법 현재 앞에서 다시 한 번 피해자가 되는 것이다.

사법적 접근과 관련하여, 나는 성폭력 피해자들이 스스로 결정을 내리기에 앞서('해야 한다' 또는 '하지 말아야 한다' 등과 같은) 어떤 당위적 판단에도 구속되지 않고 사법적 접근의 모든 면과 양상, 그리고 그 결과들에 대해 미리 충분히 숙고하기를 적극 권하는 바이다. 가해자에 대한 처벌을 통하여 피해자로서 인정받는 일은 치료의 한 과정일 뿐 목적은 아니다. 치료의 목적은 피해자가 '피해자 상태'에서 벗어나는 것이기 때문이다.

6) "그 일이 일어났을 때, 난 그 일에 대해 말할 수 있어야 했어!"

성폭행을 당한 아이나 청소년이 부모나 교사 등 '어른'을 찾아가 그 일에 대해 말하는 것이 쉬운 일일 것이라고 생각하는 사람들이 많다. 하지만 실제는 전혀 그렇지 않으며, 여기에는 여러 이유가 있다.

- 첫째, 추행이나 폭행을 당한 아이는 어떤 금지된 행동 또는 비밀을 지켜야 할 행동에 자신도 '연관되었다'고, 그래서 자신도 벌을 받을 수 있다고 느낀다. 자신이 나쁜지 아니면 어른이 자신에게 나쁘게 행동한 것인지 전혀 구분할 수 없는 상태에서, 아이는 그냥 침묵하고 있는 것 외에 다른 해결책을 찾지 못한다. 아이가 성폭행을 당하면 수치심과 죄의식을 느끼게 되는데, 때때로 가해자는 아이가 자신을 흥분시키고 부추겼다며 아이의 그런 느낌을 더욱 가중시킨다. 이런 수치심이나 죄의식은, 가해자가 아이를 성적으로 쓰다듬을 때 아이가 문득문득 느꼈던 어떤 기분 좋은 느낌

때문에 더욱 심해질 수도 있다. 따라서 신체의 생리적 반응에 관한 정보를 줌으로써 피해자가 느꼈던 신체 반응이 정상이라는 점을 이해하고 받아들이도록 돕는 것도 치료 목적의 하나다.

- 둘째, 성폭력은 심리적 파괴를 가져오는 실제적 위협이라는 것이다. 이러한 파괴에서 스스로를 보호하기 위해 아이에게는 일종의 해결책이 작동하게 된다. 말하자면 아이는 성폭력의 경험, 곧 그 순간의 이미지, 소리, 냄새, 신체적 감각, 생각, 감정 등을 심리의 다른 영역과 분리된 일종의 '마음속 지하무덤' 같은 곳에 무의식적으로 가두어버리는 것이다. 그리고 이를 통해 아이는 사건 자체를 망각하게 된다. 이 경우 피해자인 아이는 (예를 들면 가해자가 방에 들어온 것과 같은) 사건 직전의 일들과 (침대에서 발가벗은 채 누워 있는 상태와 같은) 사건 직후의 일들은 기억할 수 있지만, 성행위 자체는 마치 기억에서 지워져 버린 것처럼 기억할 수 없는 상태에 놓이게 되는 것이다. 이러한 기억상실에 대해서는 다음에 더 자세히 논하게 될 것이다.

- 셋째, 아이의 침묵은 가해자가 아이에게 직접적으로 가한 위협의 결과일 수 있다. 예를 들면, "지금 있었던 일을 네가 말하면 난 너를 죽일 거야" 나 "네가 다른 사람에게 말하면 널 다른 집으로 보낼 거야" 또는 "네가 입을 열면 난 감옥에 가게 될 거야" 등의 위협이 있을 수 있다. 공포에 질린 아이는 그저 침묵을 지킬 수밖에 없게 된다.

- 넷째, 아이는 다른 사람들이 자신의 말을 믿지 않거나 자신을 거짓말쟁이로 취급할 것이라 생각하여 침묵을 지킬 수 있다. 이 경우에는 추행으로 이미 자리 잡은 수치심이 더욱 무거워지게 된다.

• 끝으로, 근친상간의 피해자인 경우에 아이는 가해자인 아버지 또는 어머니를 보호하고자, 또는 그들에 대해 자신이 지녔던 이미지를 간직하고자 침묵할 수 있다. 아이는 친구나 가족 또는 이웃에게 자신의 부모에 대한 좋은 이미지를 유지하기 위해 거짓말을 하게 되는 것이다. 이렇게 함으로써 아이는 자신이 남들처럼 정상적인 가정에 살고 있다고 스스로 믿게 되기도 한다. 거짓말을 통해 부모의 이미지를 보전하는 것이 아이에게는 자기 자신의 이미지를 보전하는 길이기도 한 것이다.

위와 같은 사실들은, 성폭력의 피해자나 주변인이 사건이 일어났던 당시에 그 사건들에 대해 알리지 않았다고 해서 죄의식을 느끼거나 스스로를 비난하는 것이 결코 온당하지 못함을 알려주는 것들이다.

7) *"나에게 닥쳤던 일들을 모두 기억해내야 해."*

습관적으로 사람들은, 트라우마를 입은 피해자가 그 트라우마를 일으킨 사건을 잊지 못할 것이며 성폭력의 모든 구체적인 사항들이 그의 의식이 닿는 곳에 남아있을 거라고 생각한다.

그러나 현재는 이러한 주안점에 대한 생각이 많이 달라졌다. 다양한 트라우마 피해자들을 대상으로 진행된 수많은 연구는 (성폭력뿐만 아니라 폭행이나 자연재해 등에 의한 트라우마도 마찬가지로) 트라우마가 전면적 또는 부분적 기억상실을 빈번하게 유발한다는 것을 보여주고 있다.

이 기억상실에 대한 의문은 특히 미국의 기억연구 전문 심리학자인 엘리자베스 로프터스Elisabeth Loftus가 『거짓기억 증후군』[7]이란 책을 낸 뒤에 엄청난 논쟁을 불러 일으켰다. 이 책에서 저자는 성폭력이 망각되었다가 나

7) Loftus E., Ketcham K., *Le syndrome des faux souvenirs* (거짓기억 증후군), Éditions Exergue, 1997.

중에 다시 나타날 수 있는지 의문을 표시한다. 나는 이 흥미 있는 주제에 대해 이 책의 한 장章을 할애하려고 한다. 어떤 기억상실이 불가능하다 또는 가능하다고 생각하는 것은, 치료자의 시선과 청취에 영향을 줄 뿐만 아니라 치료 수단들을 사용하는 방식에도 영향을 주기 때문이다.

8) "모두 잊어버렸어야 했어!"

앞에서와는 반대로, 어떤 피해자들은 자신이 사건을 기억하는 것 또는 잊을 수 없는 것에 대해 자책한다. 성폭력 사건 후에 빈번하게 발생하는 기억상실은 궁극적인 망각, 즉 한 개인이 겪었던 일의 흔적이 그의 신경체계에서 완전히 지워지는 그런 망각과는 다른 것이다. 성폭력 경험의 세세한 사항들은 아이의 나이에 따라 다른 방식으로 일종의 '심리적 암실' 같은 곳에 가두어지는데, 이 암실의 문은 밀폐성이 아주 좋긴 하지만 언젠가는 다시 열릴 수 있다. 일부 어른들은, 아이가 이해할 수 없는 사건은 아이의 뇌가 실질적으로 기억 속에 넣어둘 수 없다고 생각한다. 아이가 자신에게 닥친 일을 이해하지 못하므로 결국 자신이 겪은 일도 잊어버릴 것이라는 잘못된 생각을 하는 것이다(이 책의 다른 장에서 나는 여러 유형의 기억 과정들을 소개할 것이다). 이는 '유아가 기억하는 성폭력의 흔적들은 나이를 더 먹은 아이가 기억하는 것과는 다를 것이다' 와 마찬가지로 기억에 대한 그릇된 생각이다. 이 생각은 오랫동안 영향력을 발휘해온 생각, 즉 '아이에게 존재하는 이른바 뇌의 가소성plasticité – 다시 말해 아이의 뇌가 갖는 유연성malléabilité – 과 지적인 미성숙 때문에 아이는 정신적 트라우마를 일으키는 사건을 겪을 수 없다'는 생각으로 연결되는 것이다. 최근까지만 해도 사람들이 유아는 고통을 느낄 수 없다고 생각했던 것처럼 말이다. 그렇지만 어른들과 마찬가지로 아이들도 트라우마를 입은 후 심리신체적 장애가 진행될 수 있다는 사실을 전문가들은 밝혀내고 있다.

9) "그때 내가 저항이든 자기방어든, 소리를 지르기라도 했더라면!"

성폭력에 맞닥쳤을 때 피해자는 피해자의 나이가 몇 살인지, 가해자가 일면식도 없는 사람이었는지 아니면 가족의 일원이었는지, 추행과 신체적 폭행, 위협이 동반되었는지 등 여러 요인에 따라 다양한 반응을 보일 수 있다. 일부 아이들은 가해 상황에서 도망치거나 스스로 방어하는 데 성공할 수도 있지만, 아이들 대부분은 사태를 이해하지 못하거나 그저 '어른이 시키니까' 또는 '겁에 질려서' 등과 같은 이유로 아무런 회복탄력성을 갖지 못한다. 이러한 신체적 '얼어붙기immobilisme'는 가해자가 아이에게 영향력을 갖는 관계에 있을 때, 말하자면 아이가 사랑하는 부모 중 한 사람이거나 그런 권위를 가진 사람이 아이를 추행할 때 발생할 수 있다. 얼어붙기는 외부인이 폭력으로 아이를 추행할 때도 발생할 수 있다. 뒤에서 다시 살펴보겠지만, 트라우마로 인한 충격에서 자신을 보호하는 하나의 방법은 무의식적으로 '해리dissociation' 상태를 만드는 것이다. 해리를 통해 자아의 일부는 자신의 몸이 당하고 있는 일을 마치 제3자처럼 떨어져서 관찰하게 된다. 이러한 해리 상태는 외부적으로는 행동상의 얼어붙기 상태로 나타나는데, 이 얼어붙기 상태는 외부에서 볼 때 피해자가 수동적으로 응하는 상태에 있다고 믿게 될 수도 있다. 그렇지만 사실은 피해자가 움직일 능력이 없는 상태에 있는 것이다. 어쩌면 당신은 도로에서 자동차 전조등 불빛을 보고도 꼼짝하지 않고 가만히 있다가 차에 치여서 죽는 동물들을 본 적이 있을 것이다. 심각한 트라우마가 몰고 오는 충격에 휩싸인 사람에게서 나타나는 반응이 이와 유사하다.

10) "모든 성폭력 피해자들은 후에 자신의 아이들에게도 성폭력이나 학대를 하게 돼."

'그 아버지에 그 아들', '피는 못 속인다' 식의 여러 가지 표현들과 상통하는 하나의 믿음이 있다. 즉, 성폭력 피해자인 아이는 나중에 부모가 되어 자신이 가해자가 된다는, 꽤나 널리 퍼진 믿음이 그것이다. 그런데 이 믿음은 실은 완전히 잘못된 것이다. 이런 믿음 자체가 불러일으킬 수 있는 예언 효과(피그말리온 효과)는 차치하고서라도, 이런 믿음이 가져오는 것은 오직 피해자들의 용기 상실이나 비관주의일 뿐이다. 이 믿음이 걱정하는 위험은 실재하긴 하지만 미미한 것이다. 반면에 이 믿음이 가져오는 결과들은 심각할 수 있다. 가령, 성인이 된 성폭행 피해자가 미래의 자식들에게 자신이 언젠가는 가해자가 될지도 모른다는 두려움 때문에 아이를 갖는 시기를 늦추거나 아예 갖지 않으려는 결심을 하게 될 수 있다. 또한 부모가 된 피해자는 이러한 믿음으로 인해 자신이 아이들에게 적절치 못한 행위나 나쁜 짓을 하게 되지 않을까 계속 두려워하게 되며, 결국 부모로서의 자기실현에 방해를 받고, 자신의 아이를 자연스럽게 대하지 못하게 될 수도 있다. 결국 위와 같은 잘못된 믿음 때문에 피해자는 계속되는 의심과 불확실성, 죄의식 등과 더불어 자신이 충분히 좋은 부모가 될 수 없을지도 모른다는 불안감에 시달릴 수 있다. 이러한 믿음의 또 다른 부정적 결과는, 부모가 된 피해자가 비극적 예언이 적중하는 것을 피하려고 아이에 대해 과잉보호적인 태도를 갖게 된다는 것이다. 근친상간의 피해자로서 나중에 어머니가 된 사람들 가운데 일부는 아주 뛰어나고 완벽한 어머니가 되려고 애쓰게 되고, 그로 인해 아이를 과잉보호하게 된다. 그러나 과잉보호는 그 나름의 문제를 낳는데, 특히 아이의 사회·심리적 발달에 좋지 않은 영향을 준다. 아이가 겪을 수 있는 스트레스나 고통은, 달리 보면 아이가 어려운 상황을 헤쳐나가는 법을 배울 기회이기도 하다. 그런데 이를 제한하게 되면, 아이가 장차 삶의 어려움에 맞서 꺼내 쓸 수 있는 행동 및 정서적 자원을 줄이는 결과로 이어진다. 이렇게 과잉보호 속에서 자란 아이는 나중에, 특히 사춘기가 되었을 때 그 '정서적 감옥'에서 벗어나고자 특정한 일에 대해 상당히 난폭한 행동을 표출할 수 있다. 마찬가지의 이유로, 유년기에 학대받은 경험이 있는 부모들 가운데 어떤 이들은 자신의 아이에게 강요나 처벌을 최대한 삼간다. 그리하여 그들은 아이와의 관계에서 어떤 규칙이나 규율도 없는 상태를 조성하게 되고, 결국엔 너무 방임적인 부모가 되고 만다. 이러한 교육환경에서 자란 아이는 엄격하고 위압적인 환경에서 자란 아이에 비해 덜 성숙하고 덜 독립적이며, 자기를 분명히 드러내는 능력이 덜 발달할 수 있다.

그렇다면 무척 유해하면서 널리 퍼진 이 잘못된 생각은 어떻게 만들어지는 것일까? 그것은 '아동을 학대하는 많은 부모가 유년시절에 학대를 받았던 경험이 있다'는 정확한 사실판단에서 출발한다. 이를 근거로 사람들은 '학대를 받은 아이 대부분이 성장하여 학대하는 어른이 된다'는 결론을 이끌어내는데, 그러한 논리는 심각한 오류일 뿐 아니라 결론 자체도 사실에 부합하지 않는다.

이러한 논리적 오류는 과거추적 연구(전향적 연구, étude r étrospective)와 미래추적 연구(후향적 연구, étude prospective)를 혼동하는 데서 기인한다. 두 가지 연구 모두 현재라는 상황에서 출발하지만 전자는 과거에, 후자는 미래에 관심을 갖는다.

과거추적 연구에서는 현재 행동에 관심을 두고 그 행동을 설명해 줄 수 있는 과거 사건들에 주목한다. 말하자면 '학대하는(현재 행동) 어른들 중에 몇 사람이 학대받은 경험(과거 사건)이 있는가? 이에 대한 대답은 약 40%이다'와 같은 식의 문답이다.

여성들의 경우 그 수치가 훨씬 더 걱정스러운 수준이다. 몇몇 연구에서 밝히기를, 학대하는 여성들 가운데 거의 100%가 그 자신이 학대의 피해자였으며 반복적인 강간과 같은 심각한 성폭력을 경험했다고 한다.[8]

더 일상적인 예를 들어보자. '로또에 당첨된 사람들은 그 이전에도 로또를 산 경험이 있는가?'라는 질문에 대한 답은 거의 100%이다. 그에 따라, 이미 로또 광고에 쓰이고 있는 내용처럼 '로또에 당첨된 모든 사람이 로또를 자주 산다'고 주장할 수 있는 것이다.

미래추적 연구에서는 현재 상황에 주목하는 동시에 미래도 주목한다. 이 연구방식을 택한다면 다음과 같은 질문을 던질 수 있을 것이다. '학대받은 아이들(현재 상황) 가운데 몇 명이 학대하는 어른(미래 상황)이 될 것인가?' 이에 대한 대답은 5%에서 10% 사이이다. 이 연구방식을 로또에 적용하면, '로또를 자주하는 사람들(현재 상황) 가운데 몇 명이 큰 상금에 당첨(미래 상황)되는가?'라는 질문에 대한 대답은 거의 제로에 가깝다.

2003년에 발표된 한 연구에 따르면, 유년기 성폭력의 피해자였던 224명의 남성 가운데 12%가 나중에 성폭력 가해자가 되었다.[9] 또한, 가족인 여성에게 성폭력을 당한 남성의 경우, 가족인 남성이나 가족과 무관한 사람에게서 추행당한 경우보다 나중에 성폭력 가해자가 되는 빈도가 두 배 더 컸다고 한다.[10]

---

8) Johnson R. J. Shirier D. "Past sexual victimization by females of male patients in an adolescent medicine clinic population(과거 여성에 의한 성폭력 경험이 있는 청소년 남자환자들)", *American Journal of Psychiatry*, 1987, 144 : 650-652.

9) Salter D., Mc Millian D., Richards M., Tablot T., Hodges J., Bentovim A., Hastings R., Stevenson J., Skuse D., "Development of sexually abusive behaviour in sexually victim males : a longitudinal study(성적학대 남성피해자에서 성적 학대 가해행동 발달: 종단 연구)", *Lancet*, 2003, 361 : 471-476.

10) Salter D. *et coll.*, 앞의 책.

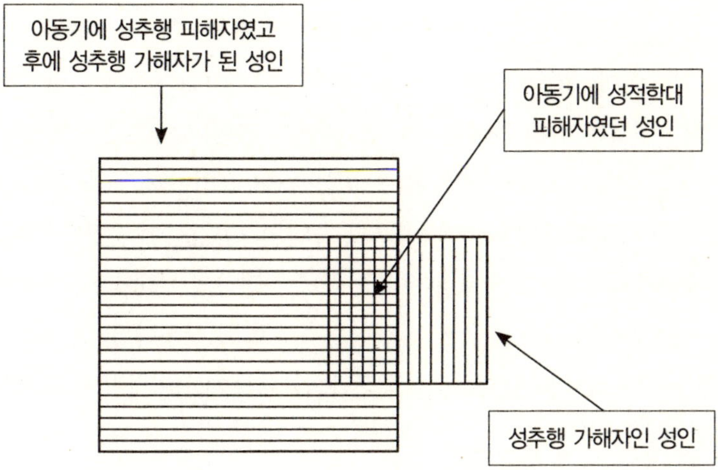

왜 성폭력의 피해자였던 아동은 후일 자신이 가해자가 되는가?

학대받은 아이 대부분은 유년기에 겪었던 일을 훗날 타인에게 재현한다. 심리학적 접근과 신경과학적 접근을 병행하여 인간의 행동을 연구하는 전문가들은 이러한 반복의 이유를 찾고자 시도해왔다. 나는 이 장에서 '가해자와의 동일시'라 불리는 가장 잘 알려진 메커니즘만 소개하기로 하고, 뒷장에서는 '재피해자화와 가해자화'에 대해 서술하려고 한다. '가해자와의 동일시'는 정신분석학에서 나온 개념이다. 이에 따르면, 아이는 가해자인 부모의 폭력성을 무의식적으로 내면화하고, 후일에 자신의 자녀를 향해 그 폭력성을 쏟게 된다. 스스로 가해자의 역할을 맡음으로써 자신을 변형시키는 것이다. 다시 말해 자신이 겪은 트라우마를 소화하려는 하나의 시도로서, 수동적 역할에서 능동적 역할로 이동함으로써 '위협받는 자'에서 '위협하는 자'가 되는 것이다. 또 다른 설명에 따르면, 이것은 자신이 겪은 일을 개인사로 받아들이지 않음으로써 그것을 자기의 외부로 밀어내려는 시도이다. 그러나 그 어떠한 개념이나 설명, 해석도 유년기 성폭력 피해자 가운데 단지 약 15%에게만 이러한 현상이 나타나는 이유에 대해서는 설명해주지 못한다! 이것은 바꿔 말하면, 성폭력 피해의 경험이 아동에게 비정상적인 성적 행동양식이 자라나도록 할 수 있는 위험 요인이기는 하지만, 그러한 행동양식이 실제로 발현되려면 또 다른 요인이 그 경험에 결합되어야 한다.

아이가 겪는 또 다른 트라우마들, 특히 감정상의 학대(차갑고 난폭한 부모가 자신의 아이들을 무시하고, 공포에 떨게 하거나, 차갑게 대하는 경우 등)도 성폭력이라는 하나의 가해 행동이 자라나게 할 수 있는 위험 요인이라는 점을 여기서 밝혀두고자 한다.

한편, 위와 같은 관점들이 과연 성폭력 피해자인 아동이 가해자가 되는 그 행동양식의 성장을 예방할 수 있는 것일까? 불행히도 위에서 언급된 가설들은 매우 일반적인 이론에 머무르고 있으며, 예방적 측면에서는 그리 큰 도움이 되지 못하는 실정이다.

11) "제대로 치유되려면 가해자를 용서해야만 해!"

어떤 이들에게 '가능한 용서'라는 것은 다음의 한 가지뿐이다. 즉, 가해자가 피해자에게 구하는 용서가 그것이다. 또 어떤 이들은 가해자가 용서를 구하지 않더라도 피해자 쪽에서 일방적으로 용서할 수도 있다고 생각한다. 가해자가 자신의 행위와 잘못을 인정하며 피해자에게 구하는 용서가 피해자의 입장에서는 더 나은, '바람직한 용서'라는 점에는 이의가 없다. 이럴 때 비로소 피해자는 자신이 '피해자'로서 인정받았다고 느끼게 되고, 그에 따라 좀 더 쉽게 죄의식에서 벗어날 수 있는 것이다.

용서한다는 것은 두 가지의 서로 다른 방향을 포함하는데, 그 하나는 복수를 포기한다는 것이고 다른 하나는 원망하지 않는다는 것이다. 전자는 폭력과 복수라는 끝없는 굴레에서 벗어나고자 하는 결심을 표현하는 것이며 이것은 '~을 하다'의 영역, 즉 '의지적 행위'의 영역에 관계되는 것이다(예를 들면, "나는 고발을 하지 않기로 결심했다"). 후자는 원한이나 원망 또는 회한 같은 것들의 소멸을 보여주는 것으로, 이는 '심리감정적' 영역과 관계된다.

복수를 포기하는 것이 어떤 의지적 행위로부터 나오는 것인 반면(예를 들면 "나는 용서하길 원해. 그리고 그러기 위해 난 가해자의 처벌을 포기하겠어"), 원망하지 않는 것은 이와는 전혀 다른 어떤 과정에 의존한다. 그리고 바로 이런 점이, 용서하길 원하는 마음과 부정적인 감정이 여전히 공존하면서 고통받는 피해자의 상황임을 설명해준다. 즉, '원한다'는 '할 수 있다'가 아니라는 것이다. 부정적인 감정은 언젠가는 사라질 수 있다 하더라도, 그것들이 실제로 사라지기까지는 훨씬 더 많은 시간이 필요하다.

그러나 때로는 원한과 적대감이 사라지기도 한다. 초기에는 부재하던, 용서하려는 피해자의 결심이 치료 과정 중에 스스로 자유로워지기 위한 어떤 필연적 요인에 의해 생길 수 있다. 새로운 삶의 국면으로 넘어가기 위한 하나의 방법으로써 말이다. 그리고 그런 결심과 병행하여 무척 빠르게 원망이 사라질 때도 있는데, 특히 EMDR 치료 과정에서 그러하다. 이것은 몇 분이라는 짧은 시간에 피해자 내면의 심리상태가 무의식적으로 변화하기 때문에, 이를 직접 경험하는 환자에게나 그 변화를 외부에서 지켜보는 치료자에게 일종의 놀라움으로 다가온다.

치료 과정은 점진적으로 진행되는데, 마음속 깊은 곳에 눌려 있던 모든 감정이 차례로 그 모습을 드러내면서 용서를 하게 되는 경지에까지 다다르기도 한다. 비록 피해자 자신의 신념 속에서는 용서라는 것을 생각조차 할 수 없는 경우에도 말이다.

나는 단순한 원망보다 증오와 같은 훨씬 '부정적인' 감정들이 우선하고, 그 다음에 용서가 이루어지는 경우를 종종 보았다. 이런 부정적인 감정은 죄의식에 대한 자기방어일 수도 있다. 예를 들면, "나는 가해자를 증오해. 왜냐면 벌을 받아야 할 사람은 바로 그 녀석이기 때문이거든!"과 같은 생각이다. 혹은 그것은 생존의 수단일 수도 있다. 복수하려는 욕망은 피해자에게 어떤 목표를 부여하는 것이고, 따라서 자살을 모면하게 해주기 때문이다.

용서하기로 한 결심이 성숙하기까지는 아주 오랜 시간이 걸릴 수도 있다. 그러나 그 결심은 어떤 경우에도 외압의 결과여서는 안 된다. 또한 사회적 혹은 종교적 환경이 용서를 하나의 의무로 강요해서도 안 된다. 치료자 역시 용서를 강요하는 행위는 금물이다.

용서는 피해자가 트라우마를 극복하는 데 필수적이거나 의무적인 조건이 아니다. 그렇다면 왜 용서를 해야 하는가? 그것은 용서가 피해자를 자유롭게 하는 행위이고, 피해자로 하여금 피해자라는 위치와 신분을 벗어나는 하나의 방식으로 느끼게 할 수 있기 때문이다. 내가 용서를 한다면, 나는 더 이상 가해자를 나에게 피해를 준 존재로만 보지 않게 된다. 말하자면 나에게 해를 입힌 그 사람은 '괴물' 외의 또 다른 무엇이기도 하다는 것, 그에겐 또 다른 성격들이 있고 그도 한 인간이라는 것을 보게 되는 것이다. 이러한 인식은 동시에 나 스스로를 달리 바라보게 한다. 즉, 나는 여전히 피해자이긴 하지만 나 역시 단지 피해자에 불과한 존재만은 아니라는 것, 내가 겪은 트라우마가 나의 전체가 아니라는 것, 나는 또한 다른 어떤 존재라는 것을 보게 되는 것이다.

위에서 언급했듯이, '용서'가 '망각'을 의미하는 것은 아니다. 그러나 용서는 피해자가 재활과 치유의 과정을 밟아나가는 데 필요한 활력을 느끼게 해줄 수 있다.

원망과 원한의 감정들이 사라지는 것이 의지와는 무관하다는 것을 상기하자. 피해자에게 계속 용서를 요구하는 일이 피해자에겐 또 다른 트라우마를 유발하는 일이 될 수도 있다. 왜냐하면 그러한 요구로 인해 피해자는 용서에 이르지 못하는 자신의 무능력과 맞닥뜨리게 되고, 이 무능력감이 피해 당시 피해자들이 겪었던 무능력감을 그에게 재활성화, 즉 '다시 불러일으킬 수 있는' 것이기 때문이다.

요컨대, 용서는 어떤 피해자들에게는 도움이 되지만 또 다른 이들에게는 그렇지 않다. 용서를 결심하는 일은 결국 당사자에게 속한 것이다.

12) "그런 일들은 정말이지 정신이상자만이 할 수 있지."

주변 사람이나 미디어를 통해 성폭력 사건이 알려질 때, 어떤 이들은 그런 행동을 한 사람은 어디가 '아픈' 정신질환을 앓는 사람이라고 생각한다. 하지만 사실은 전혀 그렇지 않다.

물론 어떤 성폭력범들은 정신질환의 진단 및 통계 편람DSM[11]에 등장하는 그런 정신질환들을 앓고 있다. 예를 들면 일부 성폭력범들은 소아성애증 환자이고, 또 다른 이들은 정신분열증을 앓고 있다. 이와 관련된 부분은, 이 책의 말미에 나오는 성폭력 가해자들에 관한 장에서 다시 다룰 것이다.

게다가 어떤 추행범들은 범행 당시 술이나 마약에 취한 상태이기도 하다. 여러 가지 마약은 심리적 억제를 푸는 효과가 있으며, 이는 성폭력을 직접적으로 조장하는 역할을 한다. 또한 술은 적은 양으로도 성욕을 자극하는 효과가 있다. 마약 역시 부부의 결별이나 정서적인 외로움, 실직이나 사회성의 상실 등 성폭력 행사에 간접적으로 영향을 주는 상황들을 몰고 올 수 있다.

그렇지만 대다수(80%) 성폭력범들은 구체적인 정신질환을 앓고 있지 않

11) *DSM : Diagnostic and Statistical manual of Mental disorders*(정신질환의 진단 및 통계 편람Manuel diagnostique et statistique des troubles mentaux) 가장 최신의 버전은 DSM IV-R임(한국에서는 DSM V)

다.[12] 많은 연구들은 성폭력범들 자신이 과거에 트라우마를 유발할 수 있는 사건들을 겪었다는 점을 지적하고 있다. 그들 중 대부분은 자식들에게 무관심하거나 자식들을 내치는 부모, 또는 양육을 포기한 부모로 인해 불안한 가정환경 속에서 자라났다. 너무 일찍 부모와 이별하거나 부모에게 버림받은 경험은 심각한 애정결핍을 몰고 오는데, 이는 안정애착 형성을 가로막는다(제5장의 '애착' 부분 참조). 자식을 학대하는 폭력적인 부모 밑에서는 또한 타인과의 공감 관계를 형성하는 능력도 계발되기 어렵다. 성폭력 가해자 중 40%에 이르는 사람들이 자신의 유년기에 성폭력을 당한 경험이 있다는 사실을 상기하자. 예전에 겪었던 트라우마들은 모두 심약한 심리적 정체성과 자기비하적 태도를 심어주기 쉽고, 이러한 심리적 특징들은 또한 대다수의 성폭력 가해자에게서 발견되는 것이기도 하다. 성폭력 가해자 가운데 많은 사람이 주로 공포증과 같은 신경증적 증세를 보이는데, 그들은 대인관계에서 어려움을 많이 겪고 때때로 그러한 증세가 사회공포증으로 이어지기도 한다. 물론, 인격상의 이러한 심약함이 성폭력을 행사하게 되는 이유를 다 설명해줄 수는 없다. 또 다른 요인들이 그 심약함과 연계되면서 성폭력에까지 이르는 것이다.

13) "성폭력 피해자는 여자아이들뿐이거나, 남자아이들은 있더라도 아주 드물어."

남자아이에 대한 성폭력은 빈번하게 발생하지만, 그 심각성이 잘 알려져 있지 않고 제대로 다뤄지는 일이 드물다.[13] 1997년에 이미 아동 성폭력 피해

12) Qui sont les auteurs d'agression sexuelle ? ('성폭력을 범하는 이들은 누구인가?)', in "Psychopathologie et traitements actuels des auteurs d'agression sexuelle(성폭행범들의 정신병리와 치료 실태)?", 5è conférence de consensus de la Fédération française de psychiatrie, 2001.

자의 약 30%가 남자아이들이란 것이 확인되었다.[14] 2005년에 발표된 미국의 한 연구에 따르면, 성인 남성의 16%가(성인 여성은 25%이다) 유년기에 성폭행을 당한 경험이 있다.[15] 그리고 성폭행을 당한 남자아이들 중 거의 절반이 성기삽입을 겪었다. 무엇 때문에 우리 사회는 이토록 오랫동안 오직 여자아이들만이 성폭력의 피해자라고 믿었던 것일까? 아마도 전문가들이 남자아이들에 대한 성폭력 사실을 찾지도, 보지도 못했기 때문일 것이고, 또한 남아들은 자신이 당했던 성폭력을 외부에 거의 알리지 않기 때문일 것이다. 여자아이들의 61%가 사건을 주변에 말한 반면에 남자 아이들은 단 31%만이 주변에 알렸다. 이런 침묵의 이유로는 여러 가지가 있을 터인데, 아마도 부분적으로는 우리 사회에서 통용되는 남자의 이미지, 즉 유약하지 않으며 도움을 필요로 하지 않는 존재라는 이미지와 연관되어 있을 것이다. 여성주의 운동인 페미니즘이 남자는 가해자이고 여자는 피해자라는 도식 속에서 여성들에 대한 남성의 성폭력을 고발했던 반면, 남성들은 자신들이 입은 성폭력에 대해 사회가 깨달을 수 있도록 해줄 페미니즘과 유사한 운동의 도움을 받지 못했던 것이다. 게다가 남성들은 자신들이 겪은 성폭력이 자신들의 삶에 끼쳤던 충격을 종종 부정한다. 남자아이가 성폭력 피해를 입은 경우, 그 성폭행범의 40%는 여자이다.[16] 일부 남자아이들과 많은 성인은, 연상의 여자와의 성관계가 남자아이에겐 성생활의 입문이나 '남자다움의 징표' 가 될 수 있을 것이라는 잘못된 생각을 한다. 성폭력을 당할 때 성적 자극에 의

---

13) Holmes W.C., Slap G.B., "Sexual abuse of boys, Definition, Prevalence, Correlates, Sequelae and Management (남아성폭력: 개념정의, 유병율, 상관성, 후유증, 관리)", *Jama*, 1998, 280(21) : 1855-1982.

14) Holmes G. R., Offen L., Waller G., "See no evil, hear no evil, speak no evil: why do relatively few male victims of childhood sexual abuse receive help for abuse-related issues in adulthood ? (악은 보지도, 듣지도, 말하지도 말라: 아동기 성폭력 피해 남성들이 성인이 된 후, 왜 상대적으로 적은 수만이 피해 관련 도움을 받는가?)", *Clinical Psychology Review*, 1997, 17(1) : 69-88.

15) Dube S. R. *et al.*, "Long-term consequences of childhood sexual abuse by gender of victim(피해자와 동일 성에 의한 아동기 성폭력 피해가 주는 장기적 영향)", *Am J Prev Med*, 2005, 28(5) : 430-438.

16) 같은 책.

해 (발기 또는 좀 더 성장한 아이들의 경우에 사정과 같은) 생리적 반응이 나타난다는 이유로, 사람들은 아이들이 그런 관계의 동조자이거나 심지어 그런 관계를 원했다고까지 생각하기에 이른다.[17] 일반대중과 이 분야의 일부 전문가들은 여자에게 성폭력을 당하는 것이 남자아이에게는 다른 남자에게 성폭력을 당하는 것보다 덜 심각하다고 오랫동안 믿어왔다. 하지만 사실은 전혀 그렇지 않다.[18] 여성 성폭력 피해자들이 주로 우울증이나 불안증을 얻고 그로 인해 고통 받는 반면, 남성 피해자들은 알코올이나 마약 등의 중독에 빠지는 경우가 많다.

14) "성폭력은 오로지 성인과 아이 사이에서만 일어나는 일이지."

성폭력은 미성년자 사이에서도 발생할 수 있다. 프랑스에서는 법적으로 성폭력이 성립되려면 최소 다섯 살의 나이 차가 있어야 한다. 하지만 연령차가 다섯 살이 되지 않는 경우에도, 법적인 면에서 보면 성폭력이 성립하지 않지만 사실 성폭력은 일어난 것이다. 연령차가 세 살이든 네 살 또는 다섯 살이든, 심리적인 면에서 발생하는 결과들은 동일할 수 있다.

17세인 줄리는 10세 때, 자기보다 네 살 많은 사촌에게 추행을 당했다. 그 사촌은 그녀의 집 어느 방에서 줄리를 강간하려고 했다. 줄리가 최악의 상황을 피할 수 있었던 것은 오로지 계속 질러댄 비명소리 때문이었다. 줄리의 가장 친한 여자친구는 줄리에게 이 일을 부모에게

17) Holmes G. R., 앞의 책.

18) Denoy M. S., "The long-term effects of childhood sexual abuse by female perpetrators: a qualitative study of male and female victims(여성가해자에 의한 아동기 성폭력이 미치는 장기적 영향 : 여성 및 남성 피해자에 대한 질적 연구)", *J Interpers Violence*, 2004, 19(10) : 1137-56.

말할 용기를 주었고, 줄리는 침묵하라는 그 사촌의 협박에도 부모에게 이 일에 대해 말을 꺼냈다. 결국 그녀의 부모는 사촌을 고발했다. 하지만 그를 고발한 뒤에도 줄리는 수그러들지 않는 분노와 더불어 지속되는 죄의식과 수치심을 지울 수 없었고, 다른 소년들과 자연스러운 관계를 맺을 수도 없었다. 성에 대한 두려움, 특히 신체적 고통에 대한 공포가 누군가와 사랑을 나누는 관계가 진지해지려고 할 때면 그것을 끊어버리도록 그녀를 내몰았다.

15) "아동 성폭행범들은 대개 피해 아동들이 모르는 사람이야."

대부분의 성폭력범이 아이의 가족 가운데 한 사람이거나 아이와 친근한 사람이란 사실이 이제는 많이 알려져 있다. 피해자 중 남자아이의 60%, 여자아이의 80%는(가족, 친지, 보모, 보조교사, 교사 등) 안면이 있는 사람에게 추행을 당했다고 한다.[19)]

16) "성폭력 피해자는 언제나 가해자를 증오해."

사실은 이와는 정반대로 성폭력범, 즉 성폭력 가해자를 피해자인 아이가 좋아하는 경우가 많다. 성폭력범이 아이와 가깝고 친근한 사람인 경우가 많기 때문이다. 자신에게 심각한 영향과 결과를 초래한 성폭력범을 보호해주려고 아이가 침묵을 지키는 경우가 때때로 있는데, 앞서 말한 정황이 바로 그 이유에 해당한다.

---

19) Lieb R., Quinsey V. Berliner L. "Sexual predators and social policy(성범죄자와 사회정책)", *Crime and Justice*, 1998, 22 : 43-114.

17) "강간은 성인여성에게만 있는 것이지 아동 강간이란 건 없어."

아이들이 강간을 당할 위험이 어른들의 경우보다 세 배나 더 크다는 사실은 매우 놀라운 일이다. 여성강간 중 약 30%가 11세 이전의 여아에게 일어나는 일이며, 32%는 11세에서 17세 사이의 소녀에게 일어난다.[20] 즉, 여성강간의 약 3분의 2가 17세 이하의 소녀에게 일어난다.

18) "성폭력범들 가운데 여자는 없어."

이런 잘못된 생각과는 반대로, 사람들이 생각하는 것보다 더 많은 여성이 성폭력을 범하는 것으로 나타난다. 여아 성폭력의 6%만이 여성에 의해 발생한 것인 반면, 남아 성폭력은 40%가 여성에 의한 것이다.[21] 성폭력을 범하는 여성들은 다음의 세 범주로 나뉘는데, 유아를 성폭행한 여성, 청소년을 성폭행한 여성, 성폭력범인 남자의 공범에 해당하는 여성이 그러하다. 성폭력을 범하는 여자들 대부분은 어렸을 때 성폭력이나 신체적 학대를 당한 경험이 있다.[22]

19) "오로지 강간만이 성폭력인 거야."

어떤 이들은 '성적 침해'를 당해도 이에 대해 말하지 않는다. 말하자면 폭

20) Van der Kolk Bessel A., Fisler R., "Dissociation and the fragmentary nature of traumatic memories : overview and exploratory study(해리와 트라우마 기억의 파편적 성질: 개관 및 탐구)", *Journal of Traumatic Stress*, 1995, 8(4) : 505-525.

21) Dube S. R. *et al.*, 앞의 책.

22) Tardif M., Lamoureux B., "Les femmes responsables d'abus sexuels : refus d'une certaine réalité (성폭력에 유책사유가 있는 여성들: 특정 현실의 부정)", *Forensic*, 1999, 21 : 26-30.

력이나 강제 또는 성기삽입이 없었기에 자신이 당한 일이 성폭력이 아니라고 잘못 생각하는 것이다. 성폭력이란 무엇을 의미하는가? 전문가들에게 성폭력이란 '아동 또는 미성년자가 아직 이해할 수 없거나 폭력 또는 유혹에 의한 강제성 여부와 상관없이, 그들의 나이와 성심리 발달 상태에 적절하지 않거나 사회적 금기를 위반하는 성행위에 아동 또는 미성년자가 연루되는 일'[23]을 의미 한다. 그리고 이러한 관점에서 성폭력을 다음의 세 가지 범주로 분류할 수 있다.

- **신체 접촉이 없는 성폭력** : 한 개인이나 커플이 아이 앞에서 자신들의 벌거벗은 모습을 노출하거나, 음란한 사진이나 영상을 보여주는 일.
- **신체 접촉이 있는 성폭력** : 아이에게 하거나 아이가 하도록 하는, 모든 형태의 구강 대 성기, 성기 또는 항문 접촉. 아이의 성기를 만지거나, 자위행위를 하게 하거나, 구강성교나 외음부를 핥도록 아이에게 시키거나, 아이가 하도록 강제하는 일.
- **다양한 형태의 삽입으로 특징되는 강간** : 신체의 일부나 물체를 이용한 질 또는 항문에 삽입하는 일. 강제된 구강성교도 포함.

미국의 한 연구자가 작성한 간단한 설문조사는 유년기나 청소년기에 겪은 성적 경험이 성폭력으로 규정될 수 있는지를 간편하게 알 수 있도록 해준다. 그것은 다음과 같다.

어떤 사람들은 18세가 될 때까지, 어른 혹은 자신보다 적어도 다섯 살 더 많은 사람들과 성적인 경험을 하게 됩니다. 이 경험은 아버지나 어머니, 친

---

23) Krugman R., Jones D. P., "Incest and other form of sexual abuse(근친상간과 다른 성폭력 형태)", *in Battered Child,* University of Chicago Press, 1980.

지나 혹은 타인과의 관계로 이루어질 수 있습니다. 당신은 18세가 되기 이전에 부모나 친지 또는 낯선 타인이

- 당신의 성기를 만지거나 쓰다듬은 적이 있나요?
- 그의 성기를 당신이 만지도록 강요당한 적이 있나요?
- 당신과 (구강이나 항문 또는 질을 통한) 성관계를 가지려고 시도한 적이 있나요?
- 당신과 (구강이나 항문 또는 질을 통한) 성관계를 가진 적이 있나요?

위 질문에 대해 하나라도 긍정적인 대답이 있다면, 그 사람은 유년기에 성폭력을 겪었다는 뜻이다.

20) "성폭력에 관해 사람들이 많이 얘기하지만, 그건 단지 일부 가정들에 해당되는 일이야."

이런 생각은 불행하게도 틀린 것이다. 아동에 대한 성폭력은 매우 빈번하며 모든 사회에 존재하고, 모든 사회적 직업 영역과 종교 영역에서 발생한다. 아동에 대한 성폭력은 비교적 최근에 몇몇 국가에서 심각한 사회적, 의료적, 심리적 문제로 간주되고 있다. 이러한 관심은 특히 새로운 법률을 다듬는 일이나, 아동 보호 서비스의 신설, 그리고 몇몇 성폭력의 발생 이유 및 결과에 대한 연구 등으로 나타나고 있다. 이 연구 결과들은 논란이 있거나 비판받을 만한 결론들을 도출해냈지만(100쪽 '성폭력 연구에 관한 방법론적 문제들' 참조), 유년기와 청소년기에 발생하는 성폭력의 빈도가 아주 높다는 점에는 이견이 없다. 연구들은 성폭력 피해를 겪는 아동과 청소년이 10~30%에 이른다고 보고한다. 10%는 형사 입건으로 이어진 사건들에 해당하고, 30%는 밖으로 알리지 않고 숨겨진 채 있는 모든 경우를 추정한 수치이다. 유년기 성폭

력의 실제 수치는 몇몇 요인들로 인해 매우 낮게 평가된 것이 틀림없다. 이 책의 '거짓 기억'에 관한 글에서 보게 되겠지만, 몇몇 성인들은 성폭력 피해가 있었음을 분명히 보여주는 증거가 있음에도 자신이 아이일 때 성폭력 피해를 당했다는 사실을 기억해내지 못한다. 또한 어떤 피해자들은 아마도 자신이 겪었던 고통을 다시 상기시키는 것에 대한 두려움, 혹은 그들 속에 아직도 존재하는 수치심이나 죄의식 때문에 과거에 겪었던 사건의 언급을 바라지 않거나 그런 과거를 숨겨버린다. 성폭력 피해자인 많은 남성은 자신이 겪은 성폭력 피해 사실에 대해 침묵하며, 유년기의 이런 경험이 자신들의 삶에 끼친 영향을 부정한다. 왜냐하면 여성에 대한 성폭력과는 달리, 남자아이에 대한 성폭력은 아직도 사회가 추행으로서 온전히 받아들이지 못하고 있기 때문이다. 마지막으로 어떤 피해자들, 특히 남성 피해자들은 자신들이 겪은 일을 '성폭력'으로 규정하지 않는다. 그들은 그 사건을 일종의 '통과의례' 정도로 치부하거나, 성폭력이 아닌 일종의 '성적 경험'이었다고 말한다.[24]

성폭력 피해자의 삼분의 일이 남자아이라는 점과 이중 40%의 사건이 성인여성에 의해 저질러진다는 점, 반면에 성인여성이 여자아이에게 성폭력을 행하는 경우는 6%뿐이라는 점[25]을 기억해두자.

이 외에도 아이들에게 고통을 주는 성폭력과 그것이 가져오는 결과들에 대해 수많은 잘못된 통념이 있을 것이다. 성폭력의 심각성을 사회가 더 잘 알 수 있도록 그 목록을 마저 채우는 일은 당신의 몫이다.

---

24) Lab D. D., Moore E., "Prevalence and denial of sexual abuse in a male psychiatric inpatient population(정신과 입원 남성환자에서 성폭력 경험의 빈도와 부인)", *Trauma Stress*, 2005 ; 18(4) : 323-30.

25) Barclay L., Lie D., "Consequences of childhood sexual abuse similar for both sexes(양성 모두에 유사한 영향을 미치는 아동기 성폭력 경험)", *Am J Prevent Med*, 2005, 28 : 430-438.

제2부

상처들

"오랜 세월이 흘렀어도 여전히 너무 아파요"

성폭력은 왜 아이에게 트라우마를 일으키는가?

아동에게 가해진 성폭력의 충격은(나중에 '회복탄력성과 성폭력' 항목에서 자세히 다루게 되는) 여러 요인에 따라 다르다. 예를 들어 심각한 성폭행에서 발생하는 몇 가지 요인은 여러 가지 심리적 장애가 쉽게 발생하도록 하는데, 이런 요인들을 우리는 '취약요인'이라 부른다. 또한 일부 다른 요인들은 이 취약요인의 효과를 상쇄하는 것들인데, 이를 회복탄력성 요인이라 부른다.

그러나 이런 명백한 요인들 외에도, 아동에게 성폭력이 트라우마를 일으키게 되는 이유를 더 잘 이해할 수 있도록 해주는 가설들이 존재한다.

협박이나 폭력을 동반한 성폭행의 경우

성폭력이 협박이나 신체적 폭력과 더불어 이루어졌을 때 트라우마를 일으킬 수 있는 충격은 명백해 보인다. 아이에게 이러한 신체적·심리적 폭행은 그 어떤 즉각적인 위험으로 느껴지며, 자신이 이해할 수 없는 어떤 것을 마주한 상태의 두려움이나 공포까지도 불러일으키는 것이 된다. 공포에 질리고 자포자기한 상태에서, 아이는 폭행자의 요구에서 빠져나올 능력을 상실하게 된다.

피에레트는 5세에서 12세까지 협박에 의해 나이 많은 사촌 중의 한 명을 손으로 '즐겁게 해주는' 일을 강요받는 성추행을 당했다. 무언가 나쁜 짓을 범한다는 두려움과 공포가 그녀를 엄습해 왔다. 자신이 저지른 '나쁜 생각'이나 행동은 모두 고해하도록 하는 종교적인 교육을 받았던 그녀였지만, 너무 큰 수치심 때문에 수년 동안 자신이 겪고 있는 일을 감히 고해하지 못했다.

피에레트의 머릿속에 들어 있던 그 '나쁜 생각'들은 실제로 현실이 되었을 뿐만 아니라, 그녀는 그런 '죄를 지은 몸'이라는 생각으로 고해성사에 참석하는 일을 계속해야만 했다. 그녀는 죄의식이라는 끔찍한 함정에 갇혀버린 것이다.

물리적 폭력 없이 성폭력이 이루어진 경우

앞서 소개한 경우와는 달리 일부 성추행은 어떠한 폭력과도 무관한 맥락에서 진행되는데, 심지어 때로는 아빠나 엄마 또는 할아버지와 놀이나 포옹 등을 하는 가운데 이루어진다. 그렇다면 이런 경우에 성추행은 어떻게 트라우마를 일으키는 것일까?

청소년기에 접어들어 그 '의미'를 갖게 되는 어린 시절의 성폭력

아이가 자신이 겪고 있는 일이 비정상적이라는 것을 알아챘다 해도, 그 일이 지니고 있는 '트라우마적 성격caractère traumatisant'까지 알아채는 것은 아니다. 너무 어린아이는 그 일의 의미를 깨닫는 데 필요한 이해력이 없다.

아이는 그 사건을 기억해두거나, 또는 그 일이 다시 수면 위로 떠오르기 전까지는 그 일을 망각할 수도 있다. 그리고 청소년기에 접어들어 그 사건에 대한 기억이 다시 떠오르는 것은 전혀 놀라운 일이 아니다. 왜냐하면 성심리적으로 성숙하게 되는 중요한 기간인 청소년기를 지나면서 청소년들은 터부와 사회적 금기, 특히 근친상간의 금기 등을 그들의 사고체계에 동화시키고 이해하게 되기 때문이다.

마흔다섯 살의 아네트는 7세 때 외할아버지가 자신에게 가했던 성추행과 강간미수 사건을 이야기한다. 그녀는 그 순간에 겁을 먹었고 그곳에서 도망칠 수 있었다. 하지만 11세가 되어 성교육 수업을 받으면서 비로소 그녀는 자신에게 닥쳤던 일이 어떤 것인지 이해할 수 있었고, 그 후 밀려오는 수치심에서 벗어날 수 없었다.

말하자면 이것은, 아이가 자신에게 닥친 일을 완전히 이해할 수는 없지만 아무에게도 말해서는 안 되는 비정상적인 것으로 느꼈기 때문에 나중에 '소화할' 일로 간직해둔 것이다. 게다가 성폭력범은 그가 벌인 행위가 둘만의 비밀이며 어떤 이유에서라도 발설해서는 안 되는 것으로 아이가 믿도록 한다. 그리하여 아이는 청소년이 되어서야 비로소 자신이 겪은 사건의 의미를 해독하기에 이르는 것이다. 그 행위 위에 '성폭력', '근친상간', '강간' 등의 이름이 붙여지고, 그런 후에 그 행위는 사회 속에 존재하는 것이 된다. 성폭력에 대한 사회적 기준을 청소년이 자기의 것으로 만듦으로써 과거 사건에 어떤 새로운 의미, 즉 트라우마적 사건이라는 의미를 부여하게 되고, 이로써 그 사건이 트라우마를 일으키게 되는 것이다.

아이가 경험한 그 사건은 새로운 이해를 통해 명확해지며, 그 아이가 자라서 청소년이 되었을 때 비로소 트라우마를 유발한 사건으로 자리 잡는다. 그것은 바로 청소년이 학습한 좋고 나쁨에 대한 기준, 즉 그의 '도덕적 기준'과 그 사건의 성격이 서로 상반되는 것이기 때문이다.

수치심을 일으키는 성폭력의 피해

아네트의 경우처럼, 청소년은 자신이 겪었던 성폭력 사건을 상기함으로써 뒤늦게 깊은 수치심에 빠질 수 있다. 그러나 성폭력이 발생하던 그 순간에 아이가 수치심을 느끼는 경우도 있다. 아이는 자신의 성기에서 감지되는 그런 느낌들을 겪을 아무런 준비가 되어있지 않다. 아이는 이전에 자신이 느낀 바 있는, 자신에게 익숙한 느낌과 성폭력범이 자신의 성기를 건드릴 때의 느낌을 구별하기가 어렵다. 성폭력을 당하는 순간 아이는 고통 외에 어떤 기분 좋은 느낌을 받을 수 있고, 이것은 나중에 그 아이가 죄의식이나 수치심을 느끼게 하는 원인이 될 수 있다.

성폭력범이 아이가 자기를 부추겼다고 아이를 비난하거나, 성폭력 사건을 아이에게 전해들은 어른들이 아이를 믿어주지 않고 오히려 거짓말쟁이로 취급하거나 벌을 줄 때, 또는 아이의 사적인 영역이나 가족생활이 낱낱이 공개되는 상황에 처할 때, 피해자인 아이는 사후에 발생된 수치심에 깊은 상처를 받을 수 있다. 또한 성폭력을 고발했을 때 사법관계자들이 이런 사건의 피해자가 겪을 수 있는 고통에 무지하고, 그로 인해 부적절하거나 모멸감을 주는 언행을 하면 바로 이런 일들이 생길 수 있다. 이런 경우, 피해자인 아이는 결국 '다시 한 번 피해자가 되는' 일을 당하는 것이다.

수치심의 피해에 관해서는 나중에 더 논의하게 될 것이다(59쪽 '성폭력이 감정에 미치는 영향' 참조).

거의 모든 성폭력 피해자가 수치심으로 괴로워하는 것은 결코 과장이 아니다. 그리고 치료 과정에서 수치심이 사라졌다는 것은 치유가 진행되고 있다는 좋은 신호이다.

아이의 심리적 정체성을 어지럽히는 성폭력

자신의 성기에 대한 친숙하고 통상적인 신체 감각은 아이에게 내적 안정감을 가져다주는 지표이기도 하다. 그러나 성폭력 피해를 당한 아이는 고통과 즐거움이라는 이질감을 함께 느끼게 됨으로써 낯설고 모순적인 감각을 겪게 되고, 자신이 평소 가지고 있던 지표들을 상실하게 된다.

또 다른 요인들도, 자신이 알아볼 수 있고 잘 보호되어 있는 아이의 세계를 무너뜨린다. 성폭력 피해는 아이와 어른의 경계, 그리고 아이의 사적이고 내밀한 영역과 그것에 포함되지 않는 영역 사이의 경계를 지워버린다. 말하자면 세대 간의 경계성이 사라져버리는 것이다. 만지지 말아야 한다는 하나의 '금기'가, 그 금기를 알려주고 지키도록 이끌어야 할 사람, 곧 어른, 아버지 또는 어머니에 의하여 침해되는 것이다. 이러한 위반은 아이에게 혼란을 가중시킨다. 지표의 상실은 정체성의 혼란을 몰고 오는데, 아이는 이것을 '자아의 소멸'과 같은 하나의 '위험'으로 감지할 수도 있다.

심리적 정체성에 대한 침해는 성폭행이 근친상간인 경우에 더욱 심각하다. 근친상간은 아이를 가족과 이어주는 끈인 혈연적 계보 관계를 파괴하기 때문이다. 이로 인해 아이는 가족계보에서 설 자리를 찾을 수 없게 되며, 자신의 삶을 세우는 데 필요한 단단한 토대를 상실하게 된다.

트라우마를 일으키는 4가지 요인

두 명의 미국 사회학자가 성폭력과 관련하여 트라우마를 일으키는 네 가지 요인을 규정해 놓았다. 우리는 이 네 가지 요인이 성폭력 사건에서 어떤 조합을 이루고 있는가를 살펴봄으로써 성폭력이 아이에게 일으킬 수 있는 트라우마의 정도를 가늠해볼 수 있다.[26] 또한 한 사건에서 이 요인들이 많이 발견될수록 그 사건이 미치는 결과가 더욱 심각해짐을 알 수 있다. 네 가지 요인은 성애화, 낙인찍기, 배신감, 무력감 등이다.

26) Finkelhor D., Browne A., "The traumatic impact of child sexual abuse : a conceptualization(아동 성폭력의 트라우마적 영향 : 개념화)", *American Journal of Orthopsychiatry*, 1985, 55(4) : 530-541.

트라우마 유발적 성애화

성폭력은 아이에게, 성적인 행동에 대하여 그 나이에 전혀 적합하지 않은, 그리하여 다른 아이들과의 관계 또한 잘못되게 할 수 있는 생각을 심어줄 위험이 있다. 성적인 행동을 통해 어떤 성인의 관심을 끌게 된 일은, 그 아이가 자신이나 다른 성인 또는 다른 아이들에게 다시 그런 행동을 하도록 부추길 수 있다. 아니면 이와는 정반대로, 아이가 성적인 감각에 대하여 혐오감을 갖게 될 수도 있다. 성폭력범이 아이에게서 어떤 성적인 흥분이나 적극적인 참여를 얻어냈을 때 트라우마는 더 심각하게 될 것이다. 나아가 아이의 정신세계에서 성적인 것은 성폭력을 당했을 때의 공포와 좌절감을 떠올리게 한다.

낙인찍기

성폭력 피해를 당했던 아이는 자신이 다른 아이들과 달라졌다는 느낌을 키우게 된다. 수치심, 죄의식, 그리고 나쁜 아이가 되었다는 확신은 아이가 다른 아이들을 멀리하도록 한다. 이러한 경향은 아이로부터 사건을 들은 어른들이나 가해자가 사건의 책임이 아이에게 있다고 오히려 아이를 비난할 때 더욱 심해진다. 이러한 낙인찍기는 아이가 자기비하를 하도록 만들며, 심지어 아이가 자신은 더 이상 정상적인 사람이 아니라는 느낌을 받도록 몰고 갈 수도 있다.

니콜은 아버지에게 8세에서 15세까지 성추행을 당했고, 그러는 동안 그는 아무에게도 그 일에 대해 말할 수 없었다. 그 뒤로 니콜은 거식증과 강박장애, 만성 우울증, 무거운 죄의식, 지속적인 자기비하 등의 문제를 겪어야 했다. 평범한 사람이기엔 자신이 너무 다른 존재라는, 자

신은 사회에서 배제된 수치스럽고 죄지은 존재라는 느낌 때문에 니콜의 머리에서는 자살에 대한 생각이 떠나지 않았다.

배신감

아이는 자신을 보호해주어야 할 어른에게 배신을 당했다고 느낀다. 아이는 폭행자로 변신해버린 그 어른을 더는 신뢰할 수 없게 되는 것이다. 이런 불신은 때로 가족 내의 다른 사람에게로 확장되기도 한다. 그리고 이러한 정서적 불신은 그 어른과의 관계가 다정다감한 방식으로 시작되었을 경우 더욱 심하게 나타난다. 어른과 아이 사이에 생기는 '언어상의 혼동'에 대하여 처음 주목했던 이는 프로이트의 동료 정신분석가였던 페렌치Ferenczi이다. '아동의 성'과 '성인의 성'에 대해 말할 때, 성에 대한 수식어들은 이들 성이 다른 것임을 정의하고 있다. 하지만 성폭력을 행사하는 성인에게는 자신의 성, 즉 성인의 성 밖에는 없다. 그는 아이의 행동이나 아이와의 장난을 자신의 성언어로 해석한다. 그의 성언어에서 성은 성행위sex와 연계되는 것인 반면에 아이의 성언어에서 성은 다정함과 연계된다. 성폭력을 범하는 성인은 그와 다정다감한 관계를 맺으려는 아이를 배신하는 것이다.

무력감

아이가 자신에게 닥치고 있는 일에 대해 어떤 통제도 할 수 없다는 것을 알아차리게 되었을 때 아이에겐 자신이 상처받기 쉬운 상태에 있다는 느낌이 생겨난다. 아이는 종종 성폭력에 대해 다른 사람에게 말하지도 못하고 그것을 멈추도록 할 수도 없으며, 아이가 말을 한다 해도 사람들이 믿어주지 않는 그런 무능력 상태에 있게 된다. 아이가 겪은 무능력 상태의 경험은 후일 그 자신이 성폭행범이 됨으로써 잃어버렸던 통제력을 되찾으려는 시도를 하게 된다는 사실을 일정 부분 설명해 줄 수 있을 것이다.

악화된 트라우마로서의 학대

성폭력이 때로는 수년에 걸쳐 반복해서 자행되고 신체적 또는 정신적 학대와 결합되었을 때, 성폭력이 트라우마를 일으킬 가능성은 훨씬 더 커진다. 수년에 걸쳐 진행된 성폭력이 가진 이러한 트라우마 유발적 충격은 아이의 두뇌에서 진행되는 여러 가지 두뇌구조 발달과정에 영향을 미칠 뿐만 아니라, 심리발달에도 영향을 미친다. 성폭력의 반복은 종종 신체적 학대와 연계되어 치료하기가 가장 어렵고, 치료기간도 가장 길게 소요되는 트라우마를 유발한다. 이로 인해 피해자의 인격은 곧잘 불안정하고 혼란스러운 상태에 빠지고, 여러 가지 정신병리적 장애를 동반한다.

성폭력의 심리적 결과

유년기 성폭력과 정신질환의 연관성을 이해하기 위해, 전문가들은 병원 등에서 치료 중인 환자들이나 일반대중 가운데 무작위로 선택된 개인들을 상대로 많은 연구를 진행해왔다. 그러나 다른 연구진과 대상 집단, 그리고 상이한 방법들 및 성폭력과 정신병리적 장애에 대한 각기 상반된 정의들에 근거하여 전 세계적으로 진행된 이 연구들이 모두 동일한 결론에 도달하는 것은 아니다. 또한 이 연구들의 결과에 대해서는 매우 신중한 접근이 필요하다(144쪽 '성폭력 연구에 관한 방법론적 문제들' 참조). 그럼에도 이들 연구에서 꾸준하게 나타나는 것이 하나 있는데, 이는 바로 유년기 성폭력이 성년기의 심리장애와 가장 밀접하게 결부되어 있는 요인이라는 것이다.

어느 미래추적 연구에서는 성폭력 피해를 입은 아이들이 일반 아이들에 비해 정신장애를 겪을 위험이 세배 반(3.6%)이나 높으며, 특히 불안장애나 인격장애, 기분장애 등에서는 더욱 심각하다(12.4 %)는 것을 보여주었다.[27]

이들에게서는 다른 장애들도 발견되는데, 자살기도, 외상후스트레스장애PTSD, 여러 가지 중독증, 섭식장애, 성격장애(자기비하, 과민성, 공격성) 등이 그것이다. 정신과 치료와 관련된 입원도 일반인보다 훨씬 많았다. 그리고 이들에게서는 한 사람에게 여러 가지 장애가 동시에 나타나는, 이른바 공존질환이라는 것도 흔히 보인다. 또한 신체 기능상의 통증 호소(복통, 두통 등)도 역시 빈번히 발생한다는 점도 주목할 필요가 있다. 성폭력이 가져오는 부정적 영향들은 남자아이와 여자아이 모두에게 미치지만[28], 남자아이들이 장

---

27) Spataro J., Mullen P.E., Burgess P.M., Wells D.L., Moss S. A., "Impact of child sexual abuse on mental health : prospective study in males and females(아동 성학대가 정신건강에 미치는 영향 : 남/여성에 대한 후향 연구)", *Br J Psychiatry*, 2004, 184: 416-21.

28) Dube S. R. *et coll.*, "Childhood abuse, household dysfunction, and the risk of attempted suicide throughout the life span(일생에 걸쳐 나타나는 아동기 학대, 가정의 역기능, 자살시도 위험성 간의 관계)", *JAMA*, 2001, 286 : 3089-3096.

애를 보일 위험률이 여자아이들보다 두 배나 더 높다고 한다.[29)]

장기적으로 보았을 때 가장 빈번하게 나타나는 병리현상 세 가지가 무엇인가 하는 질문에는 위 연구들의 결론이 모두 일치하지는 않는다. 어떤 연구들은 우울증, 자살기도, 마약중독을 꼽고[30)], 또 다른 연구들은 폭식증, 알코올중독, 마약중독을 꼽았다.[31)]

그 어떠한 증상도 성폭력에만 국한되는 특이적인 것은 아니다. 성적 트라우마와 정신질환들은 단순한 인과관계를 이루지 않는다. 즉, 모든 성폭력이 정신질환을 유발하는 것도 아니며, 정신질환을 앓는 모든 환자가 유년기에 성폭력을 당했던 것도 아니다. 유년기에 성폭력을 당했던 성인들에게 특이적인 정신질환이란 없다. 그러므로 유년기에 성폭력을 당했던 성인이 겪는 정신장애들은 성폭력을 겪었던 적이 없는 성인들에게서도 나타날 수 있는 것이다. 이는 고열증상이 독감에만 특이적인 것이 아니라, 다른 많은 질병에서도 나타나는 증상인 것과 마찬가지다. 유년기 성폭력이 많은 정신질환을 유발하는 경향이 있기는 하지만, 어떤 질병의 발생을 결정짓는 데는 또 다른 (유전적, 환경적, 가정적) 요인들이 개입하는 것이 분명하다. 피해자가 성폭력을 당했던 그 시기에 성폭력과 더불어 신체적 폭력이나 정서적 학대를 겪는 일은 빈번한 일이며, 이러한 신체적 폭력이나 정서적 학대는 각각 그 나름대로 후일 피해자의 정신건강에 영향을 미치게 될 것이다. 이 다양한 트라우마들은 위험요인들이 중첩되고 있음을 보여준다. 그 위험요인들이

---

29) Spataro J. *et coll.*, 앞의 책.

30) Dantchev N., "Comment reconnaitre une maltraitance ancienne chez l'adulte et la personne agee. Consequences des maltraitances sexuelles(성인과 노인에서 과거에 경험한 성적 학대를 어떻게 인지할 수 있는가 ? : 성적 학대의 영향)", conférence de consensus, Fédération française de psychiatrie, novembre 2003.

31) Kendler K. S. *et coll.*, "Childhood sexual abuse and adult psychiatric and substance use disorders in women(여성에서 아동기 성폭행과 성인 정신장애 및 약물사용 장애)", *Arch Gen Psychiatry*, 2000, 57 : 953-959.

발생시킨 결과들을 가늠하여 성폭력에 따른 질병만 추려내는 일은 매우 어렵다.

성폭력의 정도와 심리적 영향 사이에 얼마간의 정비례 관계가 있다는 사실이 보고된 바 있다. 이에 따르면, 가장 심각한 성폭력인 강간은 정신질환을 유발할 위험이 세 배나 더 높다. 강제력이나 협박이 사용된 경우, 추행자가 가족의 일원인 경우, 추행자가 추행 사실을 부인하거나 피해자의 주변인들이 부인할 경우, 추행이 지속적으로 이루어진 경우 등도 정신장애를 일으키는 정도가 더 심해진다.

이 수치들은 어디까지나 통계적인 것이며, 각 개인의 경우를 놓고 볼 때는 통계적 사실이 개인의 상태와 언제나 일치하는 것은 아니라는 점을 밝혀둔다. 즉, 어떤 한 피해자의 경우를 놓고 볼 때는 성폭력의 정도와 그 영향 간의 정비례 관계를 발견하지 못할 수도 있다는 말이다. 또한 어떤 사람이 겪은 성적 신체접촉은 다른 사람이 겪은 강간보다 더 큰 영향을 끼칠 수 있다. 왜냐하면 아이에게 '강제된' 성이 몰고 오는 트라우마적 충격이란 실제로는 수많은 개별 요인이 모여서 만들어내는 것이기 때문이다.

그러므로 성폭력이 트라우마에 따른 장애를 유발하는 사건이긴 하지만 국가, 문화, 시대, 개인 등의 차이와 무관하게 늘 유사한 결과를 몰고 오는 것으로 받아들여서는 안 된다. 성폭력의 성격이나 그것이 가져오는 결과들은 매우 다양하며, 그것이 장기적으로 미치는 영향 또한 성폭력의 성격에만 의존하는 것이 아니라 보호 요인의 존재 여부에 따라서도 달라진다(246쪽 '회복탄력성과 성폭력' 항목 참조).

성폭력이 감정에 미치는 영향 : 자존감을 갉아먹는 독, 수치심과 죄의식

수치심과 죄의식은 유년기에 성폭력을 겪은 모든 또는 거의 모든 피해자들에서 나타나는 감정이다. 그리고 이런 감정들은 자신에 대한 비하로 이어지기 쉽다.

치료의 과정에서 환자 스스로 느끼는 죄의식에 대해서는 쉽게 자발적으로 이야기하지만, 수치심과 그 수치심의 근원에 대해서는 훨씬 말수가 적다.

이해하기 힘든 성폭력을 겪은 아이에게 일어나는 감정들

수치심의 특이한 점은 그것이 비합리적으로 생겨난다는 데 있다. 다시 말해 '피해자일 뿐인데 나는 왜 자신이 수치스럽게 느껴지는 것일까?'와 같은 물음이 그것이다. 일반적으로 수치심은 자신의 외모나 사회적·인종적 출신, 자신의 지위, 경쟁 구도 등에서 자신의 능력과 장애 등으로 인해 다른 사람들과 다르다고 느낄 때, 또는 자신의 존엄성에 맞지 않는 행동을 했거나 그런 행동을 하다 '현장에서la main dans le sac' 들켰을 때 생겨나는 것이다.[32] 하지만 성폭력과 관련해서는 이러한 것들 중 그 어느 것도 해당 사항이 없다.

수치심의 경우와 마찬가지로 죄의식 또한 완전히 비합리적인 감정이다. 죄의식은 책임감과는 다른 개념이지만 아이는 종종 그 둘을 구분하지 못한다. '그 순간에 내가 거기 있었다는 사실에 책임을 느낀다' 와 같은 예에서 보듯이 책임감은 사실에 관계한다. 반면, 죄의식은 자발적 선택을 전제로 하는 도덕적 책임감이다(청소년기 직전의 아이 정도면 자신이 부모를 거역하고자 자발적으로 선택했으며, 성폭력으로 이어진 그 상황에 스스로 들어갔다고 생각할 수 있다).

피해자가 자기 자신에게 피해를 준 그 일에 대해 책임이나 죄의식을 느끼는 것을 어떻게 이해해야 하는가? 이와 관련해서는 여러 가지 설명이 있다.

---

32) Lelord F., Andre C., *La Force des émotions* (감정의 힘), Odile Jacob Poche, 2003.

- 반복하여 이루어진 성폭력의 많은 경우에서, 성폭행 가해자와 자신을 동일시하게 되는 어떤 심리적 과정이 있기 마련인데, 이때 피해자는 자신을 폭행한 사람의 관점에서 사태를 지각하기에 이르게 된다. 그런데 많은 성폭력범, 특히 어린아이를 도착성애하는 사람들은, 아이가 먼저 성인에게 성관계를 요구했고 아이가 성인에게 치근댄 것으로 사태를 인식한다. 따라서 그들의 관점에서는 아이가 죄인이다.
- 죄의식은 또한 무능력감에 맞서는 역설적 보호기능이 있는 것으로 보일 수 있다. 피해자가 "내가 유죄라면 그건 내가 겪은 일에 대한 책임이 나한테 있기 때문이야" 라고 생각할 때, 그는 실제로는 무능력 상태(저항할 힘이 없는 상태)에서 겪은 상황에 대한 주도권과 통제력을 되찾으려는 허망한 시도를 하는 것이다. 이렇게 함으로써 그는 그 상황을 멈추게 할 수 있다고 믿고 싶어한다.
- 마지막으로 또 하나의 가능한 설명은 이렇다. 아이는 자신이 겪은 일을 이해하는 데 이르지 못한다. 이는 아이에게 그런 일을 이해하는 데 필요한 정보가 없기 때문에 당연하다. 그래서 아이의 기억 속에 있는 어떤 정보도 트라우마를 소화할 수 있도록 도와주지 못하는 것이다. 이 경우 아이의 사고체계에서 할 수 있는 유일한 설명은 자신이 잘못했기 때문이라고 되뇌는 일 뿐이다. 이렇게 하여 아이는 마침내 자신이 정말 나쁜 아이라고 생각하기에 이른다.

기본적 욕구들이 위태롭게 흔들리는 성폭력을 당한 아이

우리는 누구나 (먹기, 입기, 잠자기, 종족 번식 등) 생리적인 것이나 (돈, 건강, 정의 등) 생활의 안전과 보장에 대한 기본적인 욕구를 가지고 있다. 집단에 대한 소속, 애정, 자존감, (대인관계 발전이나 능력계발 같은) 자아실현 등에 대한 여타 욕구는 앞의 기본적 욕구를 토대로 하여 그 위에 펼쳐지는 것이다. 미국의 심리학자 에

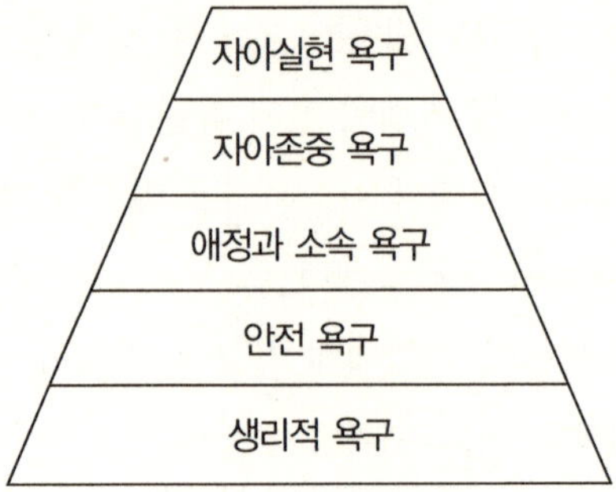

매슬로우의 피라미드

이브러햄 매슬로는 인간의 욕구들을 아래와 같이 다섯 단계로 위계화하여 설명한다.

죄의식과 수치심은 모두 이들 욕구의 실현을 가로막게 되는데, 다만 이 둘은 약간 다른 방식으로 작동한다.[33] 죄의식은 애정 욕구와 자기존중 욕구를 다음과 같은 생각으로 가로막는다. '내가 죄인이라면 나는 내가 아끼는 사람들에게 사랑받지 못하게 될 수도 있고, 나 자신에 대해 내가 가져왔던 평가를 잃어버리게 될 수도 있어.' 더 나아가 수치심은 소속에 대한 욕구도 가로막게 될 것이다. '나는 사랑받을 자격도 없고 자신에 대한 존중도 잃어버렸을 뿐 아니라, 이제 세상과 등지고 살도록 벌을 받은 거야'와 같은 생각이 그것이다.

죄의식보다 더 위험한 수치심

수치심과 죄의식은 동일한 비합리적 특징을 공유하지만, 서로 아주 다른 방식으로 경험된다. 수치심은 내가 누구인지와 연관되지만, 죄의식은 내가 한 일과 연관되는 것이다. 전자가 후자보다 더 위험하다. 죄의식은 피해보상을 통해 사회에 재편입되는 것을 허락한다는 장점이 있다. 말하자면 '나는 잘

33) Tisseron S., *La Résilience* (회복탄력성), Puf, 2007.

못의 대가를 치렀어. 그러니 다시 내 자리로 돌아가도 돼' 라는 생각이 가능해진다. 반면, 수치심은 나의 존재 자체를 더럽히고 어떤 무엇으로도 사라지게 할 수 없을 것 같은, 지워지지 않는 얼룩 같은 것이다. 수치심은 나의 사회적 관계를 파괴하고 나를 사회에서 격리한다. 어떤 무엇으로도 '잘못의 대가를 치를' 수 없다.

수치심은 추적을 통해 발견되어야 한다. 왜냐하면 수치심은 '역효과'를 가져오기 때문이다. 수치심은 그것을 느끼는 사람이 타인을 불신의 눈으로 바라보고 자신을 사랑하고 소중히 여기는 이들을 배척하도록 이끌 수 있다. 어떠한 자존감도 간직할 수 없게 되어 자신을 비하하는 사람은 다른 이들이 여전히 자신에게 관심 갖는 이유를 이해할 수 없다. 왜냐하면 '나는 사랑받을 자격도 없고 아무 보잘것없는 사람이기에 외톨이가 되라는 형벌을 받았는데, 그렇다면 이런 나를 좋게 보는 사람은 나만큼이나 멸시할 만한 사람이겠지' 라는 생각을 하기 때문이다. 나아가 이런 수치심을 일상적으로 느끼는 일 자체가 수치스러운 행동이나 퇴폐적인 행동을 하도록 이끌 수도 있다. 스스로 행하는 '일탈적인' 성적 행동은 자신이 느끼는 수치심을 당연한 것으로 만들어준다. 또한, 그렇게 함으로써 설명되지 않는 수치심이 주는 불편에서 빠져나올 수 있다. 그러나 이런 시도 자체는 피해자 스스로를 재피해자화에 빠뜨릴 수 있는 위험을 안고 있다. 마지막으로, 일상을 점령해버린 수치심은 그것으로 고통 받는 피해자로 하여금 미래를 몹시 비관하도록 이끌 수 있다. 이런 경우 피해자는 알코올이나 다른 약물에 의존하거나 이런 증세에 대한 치료를 멀리하고, 심하면 자살을 결심하게 되는 등 위험에 처할 수 있다.

수치심과 죄의식은 서로 다른 감정이지만, 수치심보다는 죄의식이 더 견디기 쉬운 것이기에 수치심은 종종 죄의식이라는 가면을 쓰고 자리한다. 이런 경우, 겉으로 드러난 죄의식은 그것이 숨기고 있는 수치심이 사라지는 경우에만 그 자신도 사라지게 된다.

숨어있는 수치심을 찾고, 명명하고, 성폭력과의 연관을 밝히고, 적절한 치료를 하는 일은 피해자가 수치심에서 벗어날 수 있게 한다. 그리고 이러한 과정은 일상을 지배하게 된 죄의식의 숨은 원천을 제거하는 데도 필수적이다.

자존감을 세우는 데 장애가 되는 것

열여섯 살의 마리 로르는 크리스마스 축제의 어느 날 아버지에게 강간당할 위기에 처했지만 결국 빠져나와 도망칠 수 있었다. 그녀가 어렸을 때 아버지는 그녀가 몸을 씻을 때마다 엉큼하게 바라보면서 그녀를 거북하게 만들곤 했다. 강간미수 사건이 있고 나서 그녀는 남자들을 너무 무서워하게 되었고, 그래서 그녀는 남자들의 눈을 똑바로 마주 볼 수도, 남자와 단둘이 있는 것을 견딜 수도 없을 지경에 이르렀다(의사지만 남자인 나를 만나러 오는 일도 매우 힘든 일이었지만, 다행히 그녀는 자신의 정신과 주치의인 여의사를 신뢰하고 있었고, 이 여의사가 그녀의 내방을 도와주었다.)

강간미수 사건 이후 마리 로르는 ('아버지가 그런 짓을 하려고 했던 것은 분명히 내가 어떤 말이나 행동으로 아버지를 부추겼던 게 틀림없어!'와 같은) 죄의식과 자신에 대한 증오를 키우게 되었고, 스스로를 '악의 화신'이며 '자신을 사랑하는 사람들에게 불행을 몰고 오는' 그런 사람으로 생각하게 되었다. 그녀에게 자신은 '아무것도 할 줄 모르고, 아무짝에도 쓸모없으며, 아무런 가치도 없으면서 비용만 많이 드는' 그런 존재로 비쳤다. 이런 이유들로 그녀는 자신을 끊임없이 학대했는데, 심지어는 거의 굶다시피 하면서 자신을 일로 '혹사시켰다'.

수치심과 죄의식, 그리고 자신이 사악하다는 느낌은 서로 연계되면서 피해자가 건전한 자존감을 키우는 일을 가로막는다. 유년기 성폭력 피해자는 스스로를 사랑하지 않으며, 때로는 멸시하고, 비난하며 비하한다. 이런 것들은 피해자가 사회적 관계뿐 아니라 사적이고 은밀한 관계 또한 피하도록 만든다. 피해자는 스스로를 별 볼일 없는 존재라고 느낀다. 만일 누군가가 관심을 보이더라도 피해자는 자신이 그 사람을 속이고 있다는 느낌에 사로잡힌다. 자기를 향한 관심은, 자신이 얼마나 사악하고 가치 없는 사람인지 아직 다른 사람들이 모른다는 것을 말해줄 따름이라고 생각하는 것이다. 치료 과정에서 환자가 자신에 대한 부정적 이미지를 긍정적인 것으로 변화시킬 수 있게 되면, 이는 환자가 치유의 길에 들어섰다는 좋은 신호로 볼 수 있다. EMDR을 이용한 치료 과정은 죄의식, 수치심, 그리고 자기비하와 같은 부정적이고 비합리적인 믿음들에 다가설 수 있게 해준다. 치료 과정에서 환자가 이런 부정적 감정으로부터 때로는 아주 빠르게 벗어나고, 마침내 내적 평온을 되찾으면서 자신을 긍정적으로 받아들이는 데 이르게 되는 것을 보는데, 그것은 언제나 놀랍고 감동적이다. 그리고 이러한 변화는 곧 환자 자신의 무의식을 통한 치료가 제대로 실현되었다는 것을 확인해주는 것이다.

가능한 하나의 결과, 해리

20세기 초 이래로 해리는 심리적 트라우마에 관한 많은 연구와 사유를 이끄는 개념이 되었다. 이 개념은 트라우마적 장애로 인한 즉각적이거나 추후적인 심리상의 결과와 영향을 이해하는 열쇠가 되었다.

해리는 집단수용소로의 강제 이주나, 성폭력, 생명을 위협하는 위험 등 여러 가지 트라우마적 장애를 겪은 환자에서 규칙적으로 발생한다는 것이 확인되었다. 해리가 나타날 수 있는 한 가지 증상을 관찰하는 것으로 이야기를 시작해보자.

니콜은 49세다. 그녀는 어린아이였을 때 부모에게 학대받았다. 어머니는 그녀를 때리고 모욕을 주기 일쑤였으며, 아버지는 그녀가 6세일 때부터 13세에 이를 때까지 (애무나 외음핥기 등) 근친상간으로 볼 수 있는 행태를 보였다. 이런 고통스러운 유년기를 지나면서 니콜은 강박행동장애, 신경성 식욕부진에 이은 폭식증, 우울증 등 여러 장애를 겪게 되었다. 그녀의 남편이 아버지가 근친상간했던 때의 나이가 되었을 때, 그녀는 자신이 겪은 아버지와의 성관계에 대한 기억들이 되살아났다 (플래시백). 갑자기 그녀는 남편이 아니라 아버지와 사는 것 같았다. 어린 시절 겪었던 그 모든 불안감과 수치심이 한꺼번에 되살아나기 시작한 것이다.

무엇과 해리된 것인가?

아이였던 그녀가 이러한 성적인 트라우마를 입은 순간에 어떤 기억망이 만들어졌다. 그 기억망은 아버지가 성폭행할 때 그녀가 느꼈던 이미지들, 생각들, 믿음들, 감각들, 그리고 감정들을 간직하고 있었다. 그리고 어떤 종류의 성적인 맥락과도 해리된 채, 이 기억망은 대체로 침잠된 상태로 놓여 있었다. 그러나 니콜이 성적 사생활을 하게 될 상황에 놓이자 곧바로 이 기억망은 다시 활성화되었다. 이 순간부터 니콜은 성폭력을 당했던 어린 시절의 소녀로 되돌아가 그때에 느꼈던 상황을 다시 경험하게 된다. 그녀는 옛날의 사건을 겪을 때와 똑같은 긴장감과 이미지들, 감정들, 감각들에 휩싸여 있는 자신을 보았다. 그 옛날 공포와 수치심에 떨고 있던 그녀의 일부가 이제껏 해리된 채 침잠해 있다가 성인인 그녀의 삶에서 갑자기 침묵을 깨고 나와 그녀를 온전히 통제하기 시작한 것이다. 아무 문제 없이 살아갈 때 사람은 누구나 자의식을 가지고 있다. 다시 말하면 자신의 몸에 대한, 인격의 어떤 측면들에 대한, 개인사와 행위들에 대한, 나아가 외부세계, 즉 그가 살고 있는 사회에 대한 어떤 '의식'을 가지고 있는 것이다. 이 의식이 기억과 감정, 느낌, 지식 등을 동반하는데, 이것들은 우리가 '자아'라고 부르는 것의 통제를 받는다. 이 자아가 우리의 정신영역이 조화롭게, 즉 하나의 통일되고 일관된 전체로서 기능하도록 해 준다(나는 세계 안에서의 나의 실존, 나의 정체성, 내 개인사를 의식한다). 자신의 정체성을 온전히 의식하려면 기억이 필요하고(기억상실증에 걸린 어떤 사람은 더 이상 자신이 누구인지 알 수 없게 된다), 또한 흘러가는 시간, 즉 과거, 현재, 미래라는 개념을 통해 세계를 지각하는 능력이 있어야 한다. 결국 우리는 정체성을 인지하는 능력이 있기에 시간 속에서 자신이 겪게 되는 신체적, 심리적, 사회적 변화에도 불구하고 자신이 여전히 동일한 사람이라고 의식하는 것이다.

'해리하다dissocier'는 '연계된 요인들을 분리한다'는 뜻이다. '해리dissociation'라는 단어는 대개 독립적으로 사용되지만, 우리는 이를 '의식의 통상적 기능들의 해체', 즉 '의식의 해리'로 이해해야 한다. 어떤 기능이 '해리'되면 그 기능은 더 이상 자아의 통제를 받지 않고 보다 자율적인 것이 된다. 그리하여 그것은 자아의 부름에 더 이상 응답하지 않거나 자아가 부르지 않는데도 자신을 드러내게 된다.

해리될 수 있는 기능들은 다음과 같다.

- 기억력 (기억의 소실, 말하자면 어떤 사건이나 삶의 구체적 시기에 대한 전반적인 기억상실이나, 이와는 반대로 원하지 않는 기억이 갑작스럽게 떠오르는 것)
- 의지·의존적 신체운동에 대한 통제능력 (신체의 일부분에 대한 마비나 통제받지 않는 움직임의 출현)
- 정체감 (정체감의 상실이나 서로 다른 다수의 정체성 표출)
- 감각 기능 (신체 일부의 마취나 낯선 지각의 출현)

이러한 증상들은 심인성心因性 이라는 점, 말하자면 신체 기관의 병변과는 무관한 것임을 유념하자.

의식의 해리는, 경험된 상황에 적응적이고 조화로운 의식의 기능이 붕괴되었음을 암시한다.

린다는 서른 살이다. 어머니의 애인이 그녀에게 성추행(애무)을 한 것은 그녀가 열 살 때였다. 지금은 기혼인 그녀는 남편의 애무를 견딜 수 없다. 왜냐하면 옛날에 있었던 일, 특히 어린 시절 그녀를 추행했던 가해자의 손과 그때의 불쾌했던 느낌들이 눈앞에 불쑥불쑥 떠오르기 때문이다. 트라우마를 일으킨 기억은 그녀의 의지와 상관없이 상황이 주어지면 자동적으로 떠오르고, 아주 고통스러운 감정을 동반한다.

위의 사례에서 트라우마 경험을 간직한 그 기억망은 의식의 동의도 없이, 말하자면 의식의 어떠한 통제도 받지 않고 의식 속에 돌출하면서, 의식에 대해 자율적이고 달갑지 않은 방식으로 자신을 드러낸다.

어느 특정 시점에서 자아는 어떤 공통의 목적(위의 사례에서는 즐거운 성관계를 갖는다는 목적)을 향해 자신의 정신영역 각 부분들이 협력해나가도록 하는 것을 보장할 수 없게 된다. 정신영역의 어떤 부분들(기억과 감각들)이 마치 상위인 의식의 하향 통제에서 풀려난 것처럼, 의식에 대한 협력 기능을 멈추고 자율성을 획득하여 독립적으로 스스로를 드러내는 것이다.

해리는 한편으로는 '정신적인 단일성의 단절'로, 다른 한편으로는 '의지적 통제력의 소실'로 이해될 수 있다.

'해리'인가 '해리들'인가?

위에서처럼 해리를 바라보는 관점은 얼핏 단순해 보이지만 사실 많은 문제를 감추고 있다. 정신의학자와 심리학자들은 '해리'라는 용어를 가장 정상적인 것부터 가장 병적인 것까지 아우르는 아주 다양한 심리 현상들을 지칭하기 위해 사용한다. 이런 까닭에 이 용어는 혼동을 불러오기 쉽다.

좀 더 정확한 이해를 위해 지휘자가 통솔하는 관현악단을 상상해보자. 관현악단은 현악기군, 금관악기군, 목관악기군, 타악기군 등 여러 악기군으로 구성되어 있다. 관현악단을 정신영역으로 바꿔보면 지휘자의 자리엔 의식이, 여러 악기군에는 정신의 여러 기능들이 자리하게 될 것이다. 그리고 그것으로부터 네 가지 유형의 해리를 구분해볼 수 있을 것이다.

- **관현악단이 그 지휘자에게서 독립하여 지휘자가 다른 일을 하는 동안 곡을 연주해버리는 경우** : 정상적 또는 최면상태의 해리에 해당한다. 이는 잠을 깬 상태에서 꾸는 꿈이나 상상 또는 최면상태 등 특정한 정신상태에 해당한다. 이런 상황들에서 의식은 다른 부분들에 대한 통제를 약간 늦추게 되는데, 이를 통해 소위 '(체념이나 포기에 따른) 긴장 해소'나 '(체념하고 몸과 마음이) 흘러가는 대로 두는' 효과를 얻게 된다.
- **하나 또는 여럿의 악기군이 관현악단으로부터 분리되어 지휘자를 무시하고 침묵하거나 지시된 부분과는 다른 부분을 연주하는 경우** : (트라우마의 망각과 그 뒤 생기는 기억의 재생이나 의식이 자신의 신체에서 이탈된 느낌 같은 감정적 마비) 일시적 또는 장기적 트라우마에서 나타나지만, (한쪽 팔의 통각 상실이나 무의식적인 팔들림 같은 예에서 보듯) 특정한 최면 현상에서 보이는 해리이다.
- **하나 또는 여럿의 악기군에서 연주자들이 각각 어떤 다른 부분을 동시에 연주하기 시작함으로써 각 악기군 내에서의 조화를 깨트리는 경우** : 우리는 불협화음을 들을 수 있다. 이 경우는 정신분열증적 해리에 해당한다. 여기서의 해리는 인격의 퇴행, 즉 의식의 단일성이 해체되는 것을 의미한다. 정신분열증 환자의 사고는 탄탄하지 않고 비논리적이며, 그의 정서적 관계

들은 사태에 부응하지 않거나 이중적이다. 또한 그의 행동은 예측 불가능하다.

- **여러 명의 지휘자가 서로 이어가며 한 악단에게 다른 음악을 연주시키는 경우, 이때 관현악단은 그대로지만 한 번의 콘서트 중에도 한 번 또는 여러 번 지휘자와 곡목이 바뀌는 경우** : 이는 다중인격장애에서 나타나는 해리이다. 오늘날에는 '정체성 해리 장애'라고 부른다. 이러한 장애를 갖게 되면 둘 이상의 인격들('대리자아alters'라 불리는)로 파편화되어 그것들이 번갈아가며 자신을 드러낸다.

모두가 경험하는 해리

일상적 삶에서 잠이 깬 상태로 꿈을 꾸거나, 어떤 비현실적인 다른 세계에 들어와 있다는 이상한 느낌(탈현실화)이 들거나, 때때로 우리의 몸이 나 자신과 분리되어 텅 비거나 일그러진 느낌(탈인격화)이 드는 일이 있다. 하지만 몸이 자신에게서 분리되었다고 느끼거나 몸이 아무 통제도 없이 저절로 움직이거나 또는 부분적인 기억상실증에 빠졌을 때조차도, 우리는 자신의 정체감을 유지하며 자신이 누구인지를 안다.

일상에서 어떤 목표를 수행할 때 의식이나 의지가 여전히 작동하고 있더라도, 해리는 완전히 자동적인 방식으로 또 다른 임무를 완수하게 한다. 정상적인 해리 상태는 아주 강렬하지 않으며 곧 사라진다. 운전을 하면서 누군가와 이야기를 나누거나 다른 생각을 하는 것, 컨퍼런스에서 지루하게 했던 말을 반복하는 발표자의 발언을 한 귀로 들으면서 이것저것 엉뚱한 공상을 하는 것 등은 정상적인 해리 상태를 보여주는 흔한 예이다. 이와 같이 자동적으로 행동하게 하는 것은 바로 (의식적이지 않음을 가리키는 아주 넓은 의미에서의) 무의식이다.

해리가 지루하고 견디기 힘들거나 고통스러운 상황에서 우리가 빠져나올 수 있게 해주는 경우, 우리는 이때의 해리를 정상적인 것으로 간주할 수 있다. 정상적인 해리는 현실을 한 발짝 물러서서 바라보거나, '잠이 깬 상태의 몽상'을 가능하게 해주거나, 창의적 능력을 자극하는 데 유용하다.

명상이나 기도, 자기최면 등의 경우처럼 우리의 의지에 따라 사용할 수 있다면 정상적인 해리는 긍정적일 수 있다.

정신영역의 방어수단인 해리

해리는 정신영역이 지닌 방어적 반작용으로서, 급작스럽고 예견되지 않은, 또는 위협적인 환경의 변화에 우리가 적응할 수 있게 한다. 정신적 균형을 유지하는 것이 정상적인 해리의 기능이다.

많은 고문 피해자가, 자신의 몸에 고문이 가해지고 있는 상황을 마치 방 한구석에서 지켜보는 구경꾼처럼 느꼈던 경험을 이야기한다. 이는 마치 인격의 정신적인 부분이 신체적인 부분에서 스스로를 분리시킴으로써 의식의 통제에서 벗어나 일종의 자율성을 획득하는 것처럼 보인다(일종의 자동적인 반작용이다).

해리는 우리 자신을 감정적 공격에서 보호하고 어느 정도 안정된 기능을 유지하게 하는 일종의 방어기제로 이해될 수 있다. 해리는 트라우마가 불러일으키는 스트레스, 고통, 지나치게 강렬한 감정이나 너무 격한 감정을 일으키는 이미지 등을 감소시킨다. 적응을 위한 보호기제인 것이다.

그러나 이 유용한 방어기제가 문제될 수도 있다. 트라우마로 인한 충격에서 자신을 보호하고자 해리를 이용할 줄 알게 된 사람들은 점차 더 쉽게 더 자주 해리 상태에 이르게 되고, 결국 덜 위협적인 상황에서도 해리 상태를 이용하게 될 위험이 있다. 트라우마 충격을 겪어본 사람들이 최면상태에 훨씬 더 쉽게 빠지는 능력을 갖게 되는 것은 바로 이런 이유 때문이다. 최면은 의식과 무의식 사이의, 그리고 몸 전체와 몸 일부 사이의, 또는 기억과 감정들 사이의 해리를 유도한다. 하지만 최면에 의한 해리는 되돌릴 수 있는 것이며, 오로지 치료 목적으로만 사용된다.

비의지적이고 반복적인 해리가 어려운 상황에 맞서기 위한 무의식적인(반사적이고 자동적인) 수단으로 이용될 때 매우 혼란된 상황을 야기할 수 있다. 해리 상태에 놓이는 것은 자아가 완전히 현재에 있지 않게 되는 것이고, 자신의 신체 또는 정신을 온전히 통제하지 못하게 되는 것을 의미한다. 의식 상태의 이러한 변형은 주의력 또는 집중력 장애, 기억력 장애 등을 몰고 오며, 사고나 '재피해자화'를 겪을 때 더 큰 취약성을 유발한다.

해리가 트라우마적 성격을 지닐 때

감정적 충격이 의식상의 해리를 유발할 수 있다는 것을 가장 먼저 생각한 이는 프로이트를 연구하는 프랑스의 심리학자이자 현대철학자인 피에르 자네 박사이다.

일반적으로 트라우마로 유발되는 해리성 반응들은 단기적이며 자연적으로 사라진다. 며칠 동안 피해자는 자신이 경험한 사건을 기억하지 못하게 되거나(해리성 기억상실), 그 고통에 무감각해지거나(해리성 마취), 또는 한 쪽 팔의 마비 같은 일이 온다(해리성 마비). 그런 후에 환자는 차츰 기억을 회복하면서 트라우마에 관한 악몽이나 새삼 솟구치는 기억들, 행동상의 장애(발작이나 또는 정반대로 혼미 상태까지도 이를 수 있는 신체적 둔화) 등에 사로잡히게 된다. 그리고 이런 과정을 겪은 후 며칠이 지나면 모든 것이 다시 원래대로 돌아온다.

이러한 초기적 해리의 강도나 지속기간이 너무 심하면 병적인 것이 된다. 트라우마 사건들을 자기 속에 통합하는(자기화하는) 능력이 한계에 이르렀기에, 더 이상 그것이 유기체(피해자)를 외부 상황에 효과적으로 적응하도록 해줄 수 없는 것이다.

몇 주 또는 몇 달이 지난 뒤, 피해자에게 다소 심각한 정신적 트라우마

증후군이 발병할 수도 있다. 외상후스트레스 장애PTSD는 이런 증후군 증세 중 가장 심한 경우에 속한다. 이 경우, 통제력을 상실한 피해자는 아주 구체적인 이미지들, 즉 플래시백flash-back들에 휩싸이게 된다. 이 플래시백들은 피해자가 트라우마 사건에서 보았던 것들을 재현하는 것으로, 피해자가 그것들의 발현을 통제할 수 없다. 이때 피해자는 근원을 알 수 없는 어떤 힘에 의해 자신이 어떤 몸짓이나 말을 하도록 '강제'되고 있다고 느낀다.

해리의 이런 발현들은 트라우마를 유발한 사건이 있고 나서 몇 년 뒤에 대수롭지 않게 보이는 어떤 어려움이나 평범한 갈등, 또는 트라우마 사건을 떠올리게 하는 어떤 상황에 대한 반응으로 나타날 수 있다.

해리가 발생할 경우, 트라우마를 일으킨 경험은 자동적으로 다음의 구성요인들로 나뉘게 된다.

- 경험에 대한 감각 지각들(본 것, 들은 것, 느낀 것 등)
- 감정들
- 그리고 행동들

이 요인들은 기억 속에 일관된 집합으로 묶이는 대신에 파편적으로 흩어진 조각들로 남게 되는데, 이는 마치 이들이 서로 단절된 칸들 속에 각각 따로 저장된 것과 같다. 하나의 통일된 집합 안에 트라우마 기억 내용의 요인들을 모으는 일은 불가능하다. 해리된 트라우마 경험은 생각이나 언어로 풀어낼 수 없다. 달리 말하면, 이 파편화된 기억 내용은 피해자의 개인사에 통합된 어떤 하나의 이야기로 풀어낼 수 없는 것이다.

수년에 걸친 해리 증세는 유년기에 심각하고 반복적인 트라우마를 경험한 사람들에서 가장 자주 나타난다. 바로 이런 이유로, 유년기 성폭력 피해자들이 외상후스트레스 장애로 고통 받는 일이 매우 흔한 것이다(외상후스트레스 장애의 개념적 정의에 대해서는 다음 항목에서 자세히 다룰 것이다).

어떤 연구자들은 이 해리적 과정이 또한 다른 여러 정신장애의 원인이 된다고 생각한다. 예를 들면 거식증이나 폭식증 같은 식사 장애, 여러 유형의 공포증, 강박 장애TOC 등이 그런 것이다.

몇 가지 이론들

내가 여기서 이야기할 이론은 '해리에 대한 구조 이론'[34]이라 불리는 것이다.

행위 체계

우리 몸의 몇몇 기능들(예를 들면 어떤 것에 주목하는 능력, 감정의 조절, 배고픔이나 졸림에 대한 생리적 반응들, 기타 몇몇 행동들)은 우리가 태어날 때부터 작동하고 있는 선천적인 심리적 생물적 시스템에 의존한다. 이런 것들을 우리는 '행위 체계'라 부르는데, 이렇게 부르는 이유는 그 시스템이 심리적 행동적 적응을 원활하게 하는 데 필수적인 모든 행위를 촉발하기 때문이다.

일상의 많은 상황에서 유기체는 상황에 가장 적절한 사유, 감정, 행동을 만들어낸다. 정상적인 경우에 모든 행위시스템은 서로 잘 구분되어 있고, 가능한 적응 중 가장 나은 것들을 실현하기 위해 하나의 기능 속에 통합되어 있다. 여기에서는 그중 우리가 관심을 갖고 있는 두 가지 그룹을 구분해보기로 하자.

- **일상적 삶의 기능들을 책임지는 행위시스템** : 섭취, 번식, 수면, 교육, 일,

34) Nijenhuis E.R.S., Van der Hart O., Steele K., "Trauma-related structural dissociation of the personality(트라우마로 인한 인격의 구조적 해체)", 2004, Trauma Information Pages website.

놀이, 교제. 이러한 것들은 토대적 행위시스템 위에 구축되는데, 여기서 토대가 되는 것은 바로 애착 시스템, 즉 엄마와 아이의 관계를 말한다(287쪽 참조).

- 도망, 공격, 종속 등을 통해 유기체가 물리적 또는 생리적 위협에서 스스로를 방어할 수 있도록 하는 시스템들

자신의 정체성에 대해 안정된 감각을 지닌, 일관되고 조화롭게 다듬어진 인격의 형성에는 감정과 충동에 대한 적절한 조절을 가능하게 해줄 통합, 즉 방어 시스템과 다른 행위시스템들이 하나로 결합되는 통합이 필수적이다. 이러한 방어 시스템은 유년기에 발달하기 시작하여 우리들 각자의 개인사를 통해 영향을 받고 다듬어지는데, 다시 말하면 그것들은 우리가 살면서 겪는 경험에 따라 성숙해지고 제 기능을 발휘하게 되는 것이다. 지나치게 일찍 겪은 트라우마는 행위시스템들의 발달과 성숙을 저해하고, 그것들이 제 기능을 발휘하지 못하게 할 수 있다. 그런 트라우마는 (후일에) 병적이고 부적절한 방식으로 표출될 위험이 있다.

애착 행동을 낳는 행위시스템의 예를 들어보자. 이 시스템은 신생아 또는 아이가 어떤 특정한 행동을 보이게끔 추동을 하는데, 이는 아이의 어머니나 그 대리자가 아이와의 신체적 접촉을 시작하고 유지하도록 하기 위한 것이다. 아이가 태어난 직후에는 젖빨기와 움켜잡기가 이 역할을 수행하고 나중에는 아이의 시선, 울음, 미소 등이 그 역할을 이어받는다.

애착 시스템은 핵심적인 역할을 수행한다. 보호감을 주는 애착(안정애착)이 단단한 토대를 제공하고, 그 위에 다른 행위시스템들이 세워져 제대로 발달하게 된다. 그리고 하나의 토대로서의 애착 시스템은 다른 행위시스템의 조화로운 통합과 최적화된 감정적 행동적 조절을 가능하게 해준다.

그러나 특히 부모의 학대로 인한 이런 시스템의 병적인 발달은 건강하

지 못한 애착을 이끌어낼 위험이 있다. 달리 말해서, 그러한 아이는 그리고 그런 아이가 자라서 된 어른은 타인과의 관계에서 보호감을 느끼지 못하게 될 것이다. 이렇게 불안정하고 부실한 토대(애착 시스템)는 결국 다른 행위시스템들의 비정상적, 역기능적 발달로 이어진다. 행위시스템들의 부실한 통합은 궁극적으로 그 시스템들이 해리에 더 취약해지는 결과를 낳는다.

이것을 금이 간 수정(크리스탈)에 비유해 볼 수 있다. 곧, 이미 금이 간 수정은 또 다른 충격이 그 위에 가해질 때 훨씬 쉽게 깨져 여러 개의 파편으로 흩어질 위험이 있다. 행위시스템들 간의 연계와 결속이 약할 경우, 트라우마는 그만큼 더 쉽게 해리를 유발하게 된다는 것이다. 한마디로 피해자의 행위양태가 상황에 대한 적절한 적응력을 갖지 못한다.

순조로운 성장기

순조로운 성장기를 보낸 경우, 다시 말해 안전감을 주는 애착관계가 유년기에 형성된 경우에는 일상적인 행위시스템들과 방어적인 행위시스템들이 적절하게 통합된다. 그 결과 안정적인 자아감, 곧 자기정체감을 갖게 되고 충동과 감정을 잘 조절하는 균형 잡힌 인격이 발달한다.

이러한 조절 능력은 상황에 적합한 행위시스템들의 활성화와 부적합한 행위시스템들의 비활성화를 통해 드러난다. 위험에 처한 경우에는 (도망을 치거나 공격을 하기 위해) 방어 행위시스템들이 활성화되는 반면에 일상적인 행위시스템은 비활성화된다('지금 놀거나 잠잘 때가 아니야!'). 이와 정반대의 경우, 즉 일상적 상황에서는 방어 행위시스템이 비활성화 된다.

트라우마를 겪으면 무슨 일이 발생하는가?

트라우마를 겪게 되면 그 트라우마가 몰고 온 충격으로 행위시스템들 간에 해리가 발생한다. 인격이 둘로 갈라지는 것이다. 인격의 한 부분은 트라우마를 기억하고 위협으로 느껴지는 모든 상황을 주시하며 언제나 방어적 태도를 유지한다(이 부분은 방어 행위시스템과 함께 작동한다). 그리고 다른 한 부분은 일상생활을 유지하는 데 필요한 행위들을 계속해서 관리하고자 한다(이 부분은 일상적 행위시스템과 함께 작동한다).

- '겉보기에 정상적인 부분PAN, Partie Apparemment Normale'이라 불리는 것은 둘로 나뉜 인격 중 일상생활을 관리하는 부분이다. 다시 말해 (비록 트라우마를 겪기 전의 피해자와는 다르지만) 피해자는 여전히 이 부분의 인격을 자신과 동일시하고 주변 사람들도 그렇게 본다.
- '(트라우마로 인한) 감정을 간직한 부분PE, Partie Emotionnelle'이라 불리는 것은 트라우마가 마치 현재 진행 중인 것처럼 계속해서 그 트라우마 (충격) 속에 살고 있는 부분이다. 이 부분의 인격은 자신에게 위험한 것으로 지각한 외적 징후들로부터 자신을 보호하려 애쓴다.

인격의 이러한 해리가 인격 통합의 결여, 즉 위의 두 부분 간의 협력 결여로 귀착될 경우에 이는 또 다른 인격의 생성을 동반하게 된다. 이 새로운 인격은 타인에 대한 극단적인 경계심, 불신, 심지어 적대감 등을 지니게 되는데, 바로 이 때문에 그는 혼자가 되면 이탈감과 공허감에 떠밀려 사회로 돌아가지만, 사람들과 함께하면 타인에 대한 경계심과 불신감에 다시 그들로부터 멀어지는 일을 반복하게 된다.

- 트라우마로 인한 감정을 간직한 부분PE

인격의 이 부분은 트라우마를 유발한 기억과 그 내용들을 간직하며, 트라우마를 처음 겪었을 때처럼 끊임없이 그것을 반복해서 겪는다. 인격의 이 부분은 '트라우마의 재생'이라 불리는 것에 매이고, 나아가 새로운 외적 위협에서 자신을 보호하기 위해 작동시킨 방어기제들에 갇힌다.

트라우마로 인한 감정을 간직한 기억내용들은 일상적인 감정을 간직하는 평범한 기억내용들과는 무척 다르다. 왜냐하면 전자의 기억내용들은 평범하게 자기 일상을 기억하는 경우의 자의식과는 다른 자의식을 함축하기 때문이다. 트라우마 기억 내용들을 구성하는 요인들, 다시 말해 트라우마를 일으킨 사건에서 경험된 이미지, 감각, 감정, 행동 등은 서로 분리된 채 기억된다는 것을 환기하자. 이러한 기억의 편린화는 트라우마 사건이 하나의 자전적 기억으로 통합되는 것을 불가능하게 한다. 이와 관련해서는 외상후스트레스 장애에 관해 논할 때 다시 언급하기로 한다. 트라우마에서 촉발된 '감정을 간직한 부분PE'이 자신을 드러낼 때 나타나는 증세는 '겉보기에 정상적인 부분PAN'이 '감정을 간직한 부분PE'에 감염되는 것이다. 이 경우, '겉보기에 정상적인 부분PAN' 또한 이로 인해 고통을 받게 된다. 이 증세들은 트라우마가 부분적으로 또는 전체적으로 재생된 결과일 수 있다. 이러한 증세들은 심리적 증세들(기억, 악몽, 환각, 감정)과 신체적 증세들(트라우마를 일으킨 사건에서 겪은 감각과 행동들. 예를 들면 통증이나 냄새 또는 통제되지 않은 행동들)을 포함한다.

• 겉보기에 정상적인 부분PAN

이 부분은 일상의 기능들을 계속 수행하면서도 어떠한 대가를 치르고라도 트라우마에 대한 기억들을 회피하려고 한다. PE로부터 오는 트라우마 관련 기억들을 피하는 것은, 일상에서 피해자의 행동거지가 지나치게 잘못되지 않도록 하려는 적응 수단으로 볼 수도 있다. 바로 이런 의미에서 해리는 일종의 자기방어적 기능을 지니기도 한다.

트라우마에 관한 모든 종류의 암시에서 회피 또는 도피하기 위해 겉보기에 정상적인 부분PAN은 어떻게 반응할까? 트라우마를 망각할 수도 있고(기억상실증), 고통스러운 감정들에 스스로를 무감각하게 만들어 자신을 보호할 수도 있고(정서적 마취), 다른 것을 생각하려고 애쓸 수도 있으며(주의력 장애), 일종의 '절약' 모드로 기능할 수도 있다(일상적인 욕구와 욕망의 감소). 이러한 회피는 마취나 마비 혹은 사지 경직과 같은 신체적 증상들로 나타날 수도 있다.

겉보기에 정상적인 부분PAN과 트라우마로 인한 감정을 간직한 부분PE 간의 이러한 해리는 외상후스트레스 장애를 낳으며, 구조적 해리의 제1단계(일차 해리)를 구성한다.

그렇지만 PE가 다시 다수의 PE들로 해리될 때(복합적 외상후 증후군을 낳는 2차 해리) 상황은 더 복잡해질 수 있다. 왜냐하면 PAN도 이에 따라 다시 다수의 PAN들로 해리되기 때문이다(정체성에 대한 해리 장애를 낳는 3차 해리).

'트라우마로 인한 해리' 개념은 불행하게도 아직 잘 알려져 있지 않다. 대다수의 정신과 전문의에게 이 용어는 무엇보다도 정신장애, 특히 정신분열증을 떠올리게 한다.

그런데 조현병과 유사한 삽화들(환각, 외부의 어떤 힘에 강요 받는다고 느껴지는 생각이나 행동)은 사실 특히 심각한 외상후 해리 장애들(복합적 외상후스트레스 장애)에 해당한다.

조현병과 외상후 해리 장애에 대한 구분은 매우 중요하다. 심각한 해리 장애들에 대한 치료는 (특히 EMDR 치료법이 등장한 후) 조현병의 치료와 같지 않기 때문이다.

무엇이 '외상후스트레스 장애PTSD'인가?

도미니크는 육남매 중 막내다. 그녀의 부모는 위탁가정으로 들어가는 청소년들을 대기 기간 동안 맡아주는 일을 하고 있었다. 그녀가 15세였던 해에, 그렇게 집에 있게 된 청소년 중의 한 명이 그녀를 강간했

다. 그러한 성폭력은 그 후로도 거의 2년 동안이나 계속되었는데, 그 때마다 그녀는 칼이나 도끼 같은 것으로 협박을 받았다. 수치심과 죄의식에 눌려 있던 그녀는 이 일을 감히 누군가에게 털어놓을 수 없었다. 17세 때 그녀의 체중은 37㎏밖에 되지 않았고, 신경성 식욕부진 진단을 받고 입원하게 되었다. 그 후 그녀는 지속적인 우울 장애를 겪으며 살았다. 내가 도미니크를 만났을 때 그녀는 마흔한 살이었다. 그녀는 시도 때도 없이 엄습하는 불안증을 호소했고, 그녀를 괴롭혀온 거식증으로 몸무게가 매우 적게 나가는 상태였다. 그녀는 악몽에 시달렸으며, 자신이 겪었던 강간의 장면들이 의식에 불쑥 떠오르거나 강간 당시에 느꼈던 신체적 느낌들을 불현듯 몸으로 다시 느끼게 되는 플래시백 현상으로 고통받고 있었다. 서로 껴안고 있는 커플을 보면 그녀는 역겨움을 느끼거나 몸이 불편해졌다. 그녀는 혼자 있게 되는 시간이 많아졌고, 남자들만 피하게 된 것이 아니라 대부분의 대인 관계를 피하게 되었다. 그녀는 자신이 안전하지 못한 상황에 있다는 느낌을 수시로 받았고, 누군가와 신체적으로 닿는 일만으로도 불안해졌기에 다른 사람과의 신체적 접촉을 아예 피하게 되었다. 그녀는 아무것도 하고 싶지 않았고 아무런 삶의 계획도 세울 수 없었다. 불안감은 좀처럼 그녀를 떠나지 않았고, 집중력 장애가 너무 심해져서 그녀는 (나중에야 치료 목적으로 시간제로 일할 수 있게 되었지만 그전에는) 일을 아예 그만두어야 했다. 그녀는 자신이 더럽고 텅 비었다고 느끼고 있었다.

도미니크의 안타까운 사례는 유년기나 청소년기에 성폭력이 낳는 심각한 결과를 잘 보여주고 있다. 그녀가 겪고 있는 여러 증세들이 바로 외상후스트레스 장애다.

외상후스트레스 장애는 아마도 그 원인이 알려진 유일한 정신병리적 증후군일 것이다. 어떤 사람에게 이 증세가 있다는 것은 그 사람이 트라우마를 유발하는 심각한 사건을 겪었다는 것과, 그 사람이 그 사건을 '소화할' 수 없었다는 것, 그래서 그 사건으로부터 치유될 수 없었다는 것을 말해준다. 그렇지만 여기서 나는 이러한 판단에 약간의 세부사항을 첨가해야 할 것 같다. 즉, 부모가 심각한 트라우마를 겪은 피해자일 경우, 아이 자신은 그 사건을 직접 겪지 않았음에도 부모들과 단지 접촉하고 사는 것만으로도 외상후스트레스 장애를 앓게 될 수 있다. 이 점에 관해서는 뒤에서 다시 논의하게 될 것이다.

외상후스트레스 장애는 성적인 것이든 아니든(사고, 폭탄테러, 전쟁, 몇몇 심각한 질병 등) 트라우마를 경험하고 어느 정도 시간이 지나서, 때로는 수년이 지나서야 발현되는 장애이다. 트라우마를 유발한 사건은 시간이 흐른 뒤에도 그 개인에게 통합(소화)되지 못하고 여전히 활성상태로 남아 있는 것이다. 여기에서 분명히 짚고 넘어가야 할 것이 있다. 아이에게는 성폭력이 트라우마로 인한 정신장애를 일으킬 만큼 충격적이라는 것과, 그 행위가 폭력이나 피살 위험을 동반하지 않았다 해도 아이에게 외상후스트레스 장애를 발병시킬 수 있다는 사실이다

외상후스트레스 장애를 진단해내는 것은 왜 중요한가?

성폭력의 결과로 고통 받는 사람에서 외상후스트레스 장애를 진단해내는 일은 여러모로 유익하다. 우선, 그 고통에 어떤 명칭을 부여한다는 점이다. 자신이 겪고 있는 고통이 무엇인지 아는 일은 언제나 성폭력 피해자에게 도움이 되며 죄책감을 덜어준다. 또한, 자신 외에도 그런 증세로 고통 받는 사람이 있다는 것과, 성폭력이든 아니든 심각한 트라우마를 겪은 피해자들이 자신과 같은 장애를 겪고 있다는 것을 알게 되면서 피해자는 조금이라도 불안을 덜 수 있게 된다. 자기 혼자만 그런 식으로 고통 받는 것이 아니라는

걸 알게 되면서 피해자는 성폭력이 앗아간 소속감, 즉 인간 공동체에 대한 소속감을 회복할 수 있게 된다.

또한, 외상후스트레스 장애에서 주요한 반응들과 과정들을 이해하는 일은 결국 그 상황에 대한 통제력을 회복하는 하나의 방법이기도 하다. 트라우마를 일으킨 사건은 종종 피해자가 완전히 무력감을 느끼는 가운데 경험되고, 이 무력감은 나중에 피해자가 증상들 속에서 다시 마주하게 된다. 불안감을 일으키는 이런 증세들이 어떻게, 그리고 왜 자신에게 나타나게 되었는지 이해함으로써 피해자는 그 증세들을 예견하고 그것들에 더 잘 맞설 수 있게 된다. 이는 피해자가 자신의 삶에 대해 더 큰 통제력을 발휘할 수 있게 됨을 뜻한다.

외상후스트레스 장애 더 잘 이해하기

외상후스트레스 장애의 역설

외상후스트레스 장애에는 일종의 완벽한 '고유상표' 같은 것이 있는데, 우리는 그것을 통해 주저 없이 외상후스트레스 장애임을 알아볼 수 있다. 겉보기에 역설적으로 보이는 두 가지 증세, 즉 트라우마 기억의 '재생'과 그것에서 '달아나기'가 그것이다. 이 두 가지는 동시에 또는 순차적으로 나타날 수 있다.

트라우마 (기억의) 재생은 악몽과 플래시백을 통해 표출되는데, 이것들은 환자의 의지와 무관하게 트라우마 사건에 대한 기억들을 되살려낸다. 악몽 속에서 트라우마가 너무 생생하게 다시 체험되기 때문에 꿈을 꾸던 사람은 한밤중에 극도의 불안감에 휩싸인 채 깨어나게 되는데, 이때 그는 트라우마를 겪으며 느꼈던 (심장의 두근거림, 몸 떨림, 식은 땀 등) 신체적 상태와 (때때로 허우적거림이나 비명을 동반하기도 하는 심각한 공황상태 등) 심리적 상태를 다시 겪게 된다. 악몽에서 이렇게 깨어나면 잠을 다시 이루기 어렵거나 심할 경우에는 불면 상태가 된다.

플래시백은 악몽과 유사하지만 대낮에 겪는다는 점이 다르다. 환자는 트라우마를 겪었을 때 보고 듣고 느낀 것들을 일상의 어느 순간에 느닷없이 보고 듣고 느끼게 된다. 이때 환자가 경험하는 것은 명백한 환각인데, 가장 흔한 것은 환시幻視 지만 환청幻聽 이나 환후幻嗅, 환촉幻觸 등도 나타날 수 있다. 또 다른 순간들에서는 트라우마에 대한 기억이 어떤 외부 힘에 의해 마치 '강제된' 듯이 떠오르거나, 트라우마 사건이 다시 벌어질 것처럼 어떤 위험이 곧 닥쳐올 듯하여 매우 불안한 느낌에 휩싸인다. 또한 현실 상황과 동떨어진 행동을 보일 수도 있는데, 사실 그는 자신이 트라우마 사건을 겪던 당시에 했던 행동을 그대로 반복하고 있는 것이다(예를 들면 넋 나간 사람처럼 꼼짝도 하지 않고 가만히 있거나, 또는 비명을 지르며 사방으로 뛰어다니거나, 무언가로부터 마구 도망치려 하는 행위 등).

재생과 정반대인 '달아나기'는 직접적으로든 간접적으로든 트라우마 사건을 떠올리게 할 수 있는(어떤 장소, 상황, 사람, 토론, 감정, 기억 등) 모든 것들로부터 의식적 또는 무의식적으로 도망치는 것을 의미한다. 이러한 회피는 본격적인 공포증으로 발전할 수 있고, 트라우마 사건을 다소 심각하게 망각하는 것으로 발현될 수도 있다. 이런 경우, 피해자 자신이 트라우마에 대한 기억을 떠올리려고 아무리 애를 써도 그 기억의 어느 부분, 심한 경우에는 기억 전체에 접근하지 못하는 상태에 놓일 수 있다.

이러한 모든 증상은 다음의 역설을 보여준다. 즉, 트라우마는 기억을 활성화시키는 일(기억 이상증진)과 가로막는 일(기억 상실)을 동시에 일으킨다는 것이다. 트라우마 사건은 지워질 수 없는 방식으로 저장되었지만, 그것은 종종 일반적인 기억의 저장 활동이 접근할 수 없는 상태에 있다.

트라우마 기억의 재생과 달아나기에는 또 다른 증상들이 연합하는데,

이 증상들은 정신세계(심리상태)가 극도로 활성화된 상태에 있다는 것을 보여준다. 이런 상태에 있는 사람은 늘 불안해하고, 위험이 될 수 있는 모든 것들에 대해 극도로 주의하며, 주변 사람들에게 쉽게 화를 낸다. 아주 작은 소리에도 쉽게 놀라며, 무슨 일에 주의를 집중하거나 잠을 잘 수 없게 되고, 신체적인 면에서나 심리적인 면에서 비정상적으로 피로를 많이 느낀다고 호소한다.

달아나기와 재생 : PAN과 PE

앞서 해리에 관한 장에서 살펴본 것처럼, 해리는 외상후스트레스 장애의 증세들을 설명하는 핵심적 과정을 보여준다.

트라우마의 충격을 가져오는 사건을 경험할 때 발생한 해리는 시간이 경과함에 따라 차츰 해소되기보다는 오히려 더 심각해질 수 있다. 이 경우에 해리는 발생 초기에 지녔던 피해자의 자기 보호적 특징을 상실하고 완전히 병적인 것이 된다. 말하자면 트라우마의 충격을 간직한 기억 내용은 더 이상 피해자의 일상적 기억으로 통합되지 못하고, 몸에 박힌 이물질이 물혹을 만들듯이 그렇게 남아있게 된다. 한 인격에서 겉보기에 정상적인 부분PAN과 감정을 간직한 부분PE 간의 해리가 발달시키는 이러한 장애는 매우 흔한 것이지만, 심리치료사들은 이 장애에 대해 비교적 오랫동안 아무 일도 할 수 없었다(또한 여전히 지금도 종종 그러하다). PAN과 PE, 이 둘은 각각 여러 다른 증상을 일으키는 원인이 될 것이다.

• PE와 관련된 증상들 : 재생

PE는 마치 트라우마 사건이 매번 반복되지만 결코 끝나지 않는 사건인 것처럼 끊임없이 그것을 재생한다. PE는(어떤 장소나 얼굴, 냄새, 소리 등) 트라우마 사건을 떠올리도록 하는 모든 종류의 자극에 대해 부지불식간에 자동적으로 반응한다. 이때 피해자가 취하는 반응은 공포, 나아가 아주 빈번하게 공황 상태로 나타난다. 피해자는 오직 자신에게 위협이 될 것 같은 정보나 자극들에만 주의를 기울이게 된다. 그리하여 일상생활 속에서 어떠한 긍정적 의미나 관심도 상실하게 되며, 무언가를 새로 배운다든가 다른 사람들과 새로운 관계를 맺는다든가 하는 일이 불가능해진다.

• PAN과 관련된 증상들 : 달아나기

앞서 말했듯이, 트라우마 사건의 경험을 통합할 수 없을 때 PAN은 도덕적 고통에서 벗어나고자 그 경험을 떠올리게 하는 것들로부터 도피하는 데 모든 수단을 동원한다. 그렇게 되면 트라우마의 경험이나 삶의 특정 시기에 대한, 어느 정도 전반적인 망각이 올 수 있다. 또한 익숙한 감정들도 사라져버릴 수 있는데, 이때 피해자는 자신이 감정적으로 마비되고 삶의 사건들을 그전처럼 느낄 수 없다고 느낀다. 종국에는 트라우마 사건을 환기시키는 특정 장소에 대한 회피, 즉 달아나기는 본격적인 공포증으로까지 발전할 수 있다.

> *아네트는 일곱 살 때 할아버지에게 강간을 당할 뻔했다. 그 뒤로 그녀에겐 지하창고나 차고, 승강기 등 모든 밀폐된 장소에 대한 공포증이 생기게 되었는데, 아주 오랜 시간이 지나서야 그녀는 이 증상의 근원을 이해하게 되었다.*

이러한 회피는 일부 피해자의 경우, 스스로 모든 친구들과 연락을 끊고 수년 동안 집에 갇혀 살며, 외부세계로 나가는 일 자체가 완전히 불가능한 상태로 지내는 결과를 낳을 수 있다.

PAN과 PE는 차례로 표출될 수 있고 때로는 동시에 표출될 수도 있는데, 이런 경우 매우 복잡한 증세들과 심각한 장애를 유발한다. 이러한 심리

장애는 빈번하게 발생하며 때로는 심각한 결과를 낳는다. 말하자면 종종 장기화되는 우울증, 자살 시도, 약물중독 등이 발생하여 트라우마 장애를 겪는 피해자의 일상을 더욱 어둡게 한다.

- 소리 없는 공포

외상후스트레스 장애로 고통 받은 사람들은 종종 자신이 겪은 트라우마에 관해 설명할 능력이 결여된 상태에 놓인다. 그들은 그것을 표현할 단어들을 떠올리지 못한다. 그들은 강렬한 감정을 느끼지만 그것에 관해 말할 수도 없으며, 그들의 경험을 언어로 이해할 수도 없다. 좌뇌엽에는 일상의 경험을 언어로 풀어내도록 하는 부위가 있는데, 이를 '브로카 영역'이라 한다. 과학자들은 트라우마 장애를 겪는 피해자의 뇌에서 이 브로카 영역이 비활성화된다는 것을 발견했다. 뇌의 활성영역과 휴식영역을 실시간으로 볼 수 있는 뇌영상 촬영 실험에서 연구자들은, 피해자가 겪은 트라우마 사건에 관한 이야기를 읽어줄 때 피해자의 뇌에서 브로카 영역이 비활성화되는 반면에 감정을 관장하는 영역인 대뇌 변연계가 활성화되는 것을 관찰할 수 있었다.

복합성 외상후스트레스 장애를 일으키는 성폭력

도미니크의 사례는 복합성 외상후스트레스 장애를 보여주는데, 이는 제2유형이라 불리는 트라우마의 결과이다(제2유형의 트라우마에는 전쟁 경험이나 아동 성폭행, 가정 폭력, 고문, 인질로 잡혔던 경험 등이 속한다). 단순성 외상후스트레스 장애도 있는데 이는 제1유형이라 불리는 트라우마들, 즉 성인들이 겪는 우연적이고 일회적인 트라우마들(예를 들어 일회적인 사고, 폭행, 강간 등)로부터 정신장애가 발생하는 경우다. 정신병의 전력이 없는 상태에서 서른 살에 한 번 강간을 당한 여자는, 여러 해에 걸쳐 반복적으로 아버지에게 강간당한 아동이 겪게 될 정신장애와 동일한 정신장애를 일으키지는 않을 것이다.

복합성 외상후스트레스 장애는 단순성 외상후스트레스 장애에 다음과 같은 여러 가지 증세가 결합된다. 곧, 감정조절 장애(위험한 결정을 하도록 만드는 충동성이나, 부적절한 폭력성), 신체 질환(현기증, 두통), 지속적인 성격과 인격의 변화(경계성 인격장애), 자아, 세계, 타인에 대한 아주 부정적인 믿음, 그리고 종종 다른 정신장애들(우울증, 거식증, 중독)이 중첩된다. 이런 환자들에서는 불안감이나 장기간 학대 경험으로 인해 조화로운 심리발달이 심각하게 저해된다.

초년에 겪은 트라우마의 흔적

곧 마흔 번째 생일을 맞이하는 플로랑스는 알코올중독자였던 아버지에게 여섯 살 때부터 열두 살 때까지 성추행을 당했다. 그녀는 샤워실에서 아버지의 성기도 씻어줘야 했다. 그 후로 수년 동안 그녀는 이 사건들을 '망각하고' 있었다. 서른 살 때 그녀는 도로에서 심각한 사고를 당했고, 이 사고로 인해 일 년 이상을 (정형외과 치료용의) 무거운 금속 코르셋을 착용하고 있어야 했다. 일상생활을 스스로 해결할 수 없게 된 그녀는 결국 부모의 집으로 돌아가 지낼 수밖에 없었다. 부모의 집에 머물게 된 그녀는 자신이 어린 시절을 보냈던 그 방에서 지내게 되었다. 그런데 몸에 착용하고 있는 정형외과 기구 때문에 꼼짝 못하고 방에 누워 있는 동안 알 수 없는 심각한 불안에 시달리기 시작했다. 어느 날 그녀는 의사에게 자신이 겪고 있는 그 이상한 불편함을 이야기했다. 그리고 옛날에 겪었던 성폭력에 대한 기억을 불현듯 다시 떠올리게 된 것은 바로 이 이야기를 하던 중이었다. 그녀가 옛날에 지냈던 방, 사고로 인해 그녀가 느끼게 된 무력감, 이 두 가지가 그동안 '망각하고 있던' 고통스러운 과거를 기억으로 불러들이는 촉발제가 되었던 것이다. 이렇게 해서 그녀에게 본격적인 외상후스트레스 장애가 발병되었는데, 그것의 초점은 그녀가 직전에 겪은 교통사고에 집중돼 있었

지만, 일종의 감정적 마비증세, 더 이상 몸의 감각을 느낄 수 없을 거란 인상, 음식에 대한 다양한 공포, 성욕 상실, 자신이 '더럽다'는 느낌 등도 동반한 것이었다.

일부 성폭력 피해자들은 수년 동안 그런대로 잘 지내다가 또 하나의 트라우마 – 때로는 플로랑스가 겪은 사고보다 훨씬 덜 심각한 트라우마 – 를 새로 겪으면서 외상후스트레스 장애가 발병하게 된다. 외상후스트레스 장애의 실제 원인과는 거리가 먼, 이 후일의 트라우마는 피해자가 과거에 겪은, 가장 흔하게는 유년기에 겪은 트라우마의 흔적을 들추어내는 구실만 한다. 신경계는 가장 성숙한 상태에 이르렀을 때 트라우마들의 생물학적 효과에 특히 민감하다. 유년기에 겪은 최초의 트라우마 – 예를 들어 유년기 성폭력 – 는 지속되는 신경생물학적 불균형을 형성하게 되는데, 이 불균형은 그 트라우마를 겪은 아이 또는 성인이 나중에 또 다른 트라우마를 겪었을 때 외상후스트레스 장애가 더 쉽게 발병하도록 한다. 따라서 외상후스트레스 장애는 너무 어린 유년기에 트라우마를 겪음으로써 지니게 된, 트라우마에 대한 취약성에서 온 결과이기도 하다(296쪽 '외상후스트레스 장애에 관한 신경생물학' 참조).

또 하나의 관찰 결과에서 흥미진진한 질문들을 살펴볼 수 있다. 나치의 유대인 학살과 같은 심각한 트라우마 경험에서 살아남은 사람들을 연구하면서, 연구자들은 이러한 생존자들의 자녀들에서 외상후스트레스 장애가 발병할 위험성이 일반인들보다 세 배 높다는 것을 알게 되었다.[35] 또한 이 자손들은 트라우마의 직접적인 피해자들과 동일한 생물학적 프로필을 지니고 있었는데, 특히 (스트레스 반응에 관여하는 호르몬 중의 하나인) 코르티솔cortisol의 혈중

35) Yehuda R., "Changes in the concept of PTSD and trauma(외상후스트레스 증후군과 트라우마 개념의 변화)", *Psychiatric Times*, April 2003, 20(4).

농도가 일반인들에 비해 훨씬 낮았다[36]. 이러한 관찰 결과는 트라우마의 세대간 전이에 대해 다음과 같은 질문을 제기한다. 즉, 심각한 트라우마를 겪은 적이 있는 어른들과 함께 산다는 점이 어떻게 해서 아이에게 외상후스트레스 장애가 생기는 것을 용이하게 하는가?

여러 가설 중 하나에 따르면, 트라우마 피해자들의 행동방식이 자식들의 생물학적 균형에 영향을 미친다. 말하자면 트라우마 피해자인 부모들은 만성적인 정서적 과민반응에 빠지게 되는데, 이런 상태에선 주변에 쉽게 화를 내거나 감정 면에서 냉담하게 반응하는 일이 잦게 된다. 부모의 이런 태도는 함께 사는 자식들에게 어떤 생물학적 변형을 일으켜, 이들에게 실제로 외상후스트레스 장애가 발병할 가능성을 높인다는 것이다.

폭식증과 거식증은 유년기의 성폭력과 연관이 있을까?

폭식증과 거식증은, 이에 관해 꾸준히 쏟아져 나오고 있는 수많은 서적, 논문, TV 프로그램에서 볼 수 있듯이 엄청난 대중적 관심을 불러일으켰다. 수많은 환자가 종종 심한 정신적 괴로움을 동반하는 폭식증 문제로 전문가를 찾는데, 이들 중 남자는 여자보다 10배나 적다. 반면에 신경성 식욕부진으로 고통 받는 환자들 중에는 도움을 요청하는 경우가 훨씬 드물다. 요청을 하는 경우에도 환자의 건강 상태가 이미 너무 많이 나빠져 어쩔 수 없이 도움을 청하게 되는 경우가 대부분이다.

여러 연구가 보여주는 바에 따르면, 이러한 섭식장애 중 많은 경우가 환자의 유년기 성폭력 경험에서 비롯된 것이다.

---

36) Yehuda R. *et coll.*, "Parental posttraumatic stress disorder as a vulnerability factor for low cortisol trait in offspring of holocaust survivors(유대인 학살 생존자 자손에서 코르티솔 저수준 특징을 일으키는, 취약성 요인으로서의 부모의 외상후스트레스 장애)", *Arch Gen Psychiatry*, 2007, 64 : 1040-1048.

과연 그럴까?

어떠한 섭식장애가 문제인가?

섭식장애 중 가장 많이 알려진 것은 폭식증과 신경성 식욕부진이다.[37] 후자는 일반적으로 그냥 식욕부진이라 부르는데, 그리스어가 어원인 이 말은 문자 그대로 '식욕 상실'을 의미한다.

카트린은 마흔다섯 살이다. 기혼인 그녀는 세 명의 자녀를 두었고 겉보기에는 편안한 삶을 누리고 있다. 아주 오래 전부터 그녀는 구토를 동반한 폭식증으로 고통을 받아왔고, 이를 남편에게도 숨겨왔다. 입양아였던 그녀는 양어머니에게 매질을 당하며 자랐다. 그녀는 여섯 살 때 양부모 친구의 열여덟 살 난 아들에게 성추행을 당했는데, 이 얘기를 들은 양어머니는 그녀의 이야기를 믿어주지 않았다. 여덟 살 때는 그녀의 보모가 성추행했고, 열다섯 살 때는 가족의 친구였던 한 농부가 성추행했다. 이런 과정을 겪으며 그녀는 결국 스스로를 사랑 받지 못할 존재이며, 남들이 그냥 아무렇게나 다루어도 되는 존재라고 생각하게 되었다. 게다가 양어머니는 자기들(양부모)이 없다면 그녀는 보잘 것 없는 존재에 불과하다는 것을 늘 그녀에게 상기시켰다. 그녀는 남편과 함께 있을 때 자신은 단지 성적 노리개일 뿐이라고 느낀다. 그리고 그녀에게 요구되는 성행위를 다 받아들이는 것도 사실은 오직 자신이 버려질지도 모른다는 두려움에서다.

폭식증은 배도 고프지 않고 먹는 즐거움도 없는 상태에서 종류에 상관없이

37) Fairburn C.G., Harrison P.J., "Seminar : eating disorders(세미나 : 섭식장애)", *The Lancet*, 2003, Vol. 361.

많은 양의 음식물을 숨어서 아주 급하게 먹어치우는 증상이다. 이러한 증상은 차가운 통조림 속의 음식이나 심지어 냉동상태의 음식 또는 생쌀을 먹어치우는 증상으로까지 발전할 수 있다. 몇몇 연구자들은 폭식증을 알코올중독이나 약물중독과 동등한, 일종의 중독으로 보기도 한다. 폭식증은 섭식행위에 대한 통제력의 완전한 상실을 동반하는데, 이는 통제되지 않는 충동으로 설명된다.[38] 폭식 충동의 발작은 종종 슬픔이나 수치심, 무거운 죄책감에 뒤이어 발생한다. 극단적인 과식은 통상 살이 찌는 것으로 귀결된다. 그러나 폭식증을 겪는 사람은 스스로에 대한 평가를 할 때 체중과 외모에 너무 의존적이어서 – 이것이 환자를 강박하므로 – 환자가 살찌는 것을 피할 수 있게 해주거나 스스로 보기에 걱정스러운 수준으로 불어난 체중을 감소시키도록 해주는 일이라면 무슨 짓이라도 마다하지 않게 된다. 단식이나 강도 높은 운동, 억지로 토해내기, 또는 (설사, 입맛 상실, 배뇨 등을 일으키는) 특정 약물의 섭취 등이 폭식증 환자가 종종 사용하게 되는 수단이다. 몇몇 폭식증 여성환자들은 토해내기를 전혀 하지 않는데, 이 경우 강도 높은 운동이나 단식을 통해서도 체중은 줄지 않는다('비구토형non purging type'). 반면에 또 다른 환자들은 하루에도 수차례씩 구토를 억지로 하여 정상 또는 그 이하의 체중을 유지한다('구토형purging type').

엘리자는 스물두 살이다. 그녀는 신경성 식욕부진으로 정신과 병원에서 수개월을 보냈다. 그녀는 정상적인 섭식을 멈추었고, 그 때문에 체중이 지나치게 줄어 있었다. 사춘기에 첫사랑의 감정을 느낄 무렵, 이미 그녀는 단기간 식욕부진을 겪은 경험이 있다. 대학에 들어갔을 때 사람들이 그녀에게 살이 쪘다고 말을 했는데, 바로 이때 모든 것이 뒤

38) Flament M., Jeamnet P., *La Boulimie : Comprendre et traiter* (폭식증 : 이해와 치료), Masson, 2002.

바뀌었다. 좀 지저분하게 식사를 하는 사람들이 역겹게 느껴졌고, 음식물은 무언가 성적인 것을 환기시키는 것으로 생각되었다. 게다가 사람들은 섭식욕구와 성적욕구를 표현할 때 동일한 단어를 사용하곤 했다. 즉, 두 경우 모두 '먹고 싶음(식욕)'이라는 표현을 쓰는 것이었다. 그녀는 두드러기가 날 만큼 여자의 몸을 싫어하게 되었는데, 옆으로 퍼진 엉덩이나 두툼한 볼기 또는 (자궁 때문에) 살짝 나온 배 등 자신의 몸을 생각하면 견딜 수 없었다. 어떤 '무성적無性的' 신체 이미지가 그녀에겐 더 어울린다고 느껴졌다. 성에 연관된 모든 것이 그녀에겐 구토를 유발하는 것으로 보였기 때문이다.

엘리자는 다섯 혹은 여섯 살 때 어떤 남자에게 성추행을 당했다. 수년 동안 그녀는 이 사건을 잊고 지냈다. 그러다 어느 날 이 사건에 대한 기억을 떠올리게 되었을 때, 그녀는 아무도 자신의 말을 믿어주지 않을까 두려워 이 일에 관해 감히 말을 꺼내지 못했다.

신경성 식욕부진은 섭식 제한이 자발적이고 발병자의 5~18%는 사망할 수 있다는 점이 특징이다. 이 질병은 종종 감식(다이어트)에서 시작이 된다. 즉, 어린 소녀는 자신이 보기에 과다하다고 판단되는 몇 킬로그램의 체중을 빼기 원하고, 그녀의 나이나 신장에 따른 정상 체중보다 훨씬 낮은 체중에 도달하기 위해 강박적으로 감식에 매달린다. 그녀는 자신의 몸이 뼈가 앙상하게 드러나는 상태에 이르렀을 때조차도 종종 이를 인식하지 못한다. 그녀는 여전히 너무 뚱뚱하다고 인식하는 것이다(자신의 몸에 대한 그녀의 인식은 거의 정신착란 수준이다). 그녀는 무엇보다도 단 1그램의 체중이라도 다시 늘게 될까 전전긍긍하며, 체중 감량을 위해서라면 무슨 일이라도 하려 한다(최소한의 식사, 강도 높은 운동, 구토, 설사약이나 배뇨제의 섭취 등). 이 병에 걸린 환자들은 겉으로는 요리법 수집이나 타인을 위한 음식 만들기 등 음식물에 대한 관심을 표명하는데, 이는 자신에게 부과하는 극단적인 섭식 제한과 대조되는 것이다. 음식 섭취에 대한 이러한 엄격한 통제도 때때로 걷잡을 수 없는 폭식 충동에 무너질 때가 있는데, 이 경우 환자는 숨어서 폭식을 하게 된다. 그리고 종종 이런 폭식 뒤에는 먹은 것을 억지로 토해내는 일이 뒤따르게 된다. 월경을 이미 경험한 여자 환자의 경우, 신경성 식욕부진 환자로 진단하려면 최소한 3개월 이상 지속적으로 무월경 증세가 있었는지 반드시 확인해야 한다. 폭식충동 발작과 '먹은 것을 토해내는' 작업이 혼합된 형태를 보이는 이러한 식욕부진 형태 외에, 우리가 '(자발적)식이제한'이라 부르는 '순수한' 식욕부진의 형태가 있다.

두 가지 또 다른 병적 섭식행태들은 최근에 규정되었다. '폭식성 섭식장애 binge eating disorder' (또는 '폭식증'이라고도 하는데 '닥치는 대로 음식을 마구 먹기'라 부를 수 있는 것이다)와 '야간 섭식 증후군night eating syndrome' ('야간 과식증'이라고도 한다)이 그것이다. 폭식성 과식증은 폭식증과 유사하지만, 섭취한 칼로리를 다시 잃기 위한(굶기나 토하기, 강도 높은 운동 등의) 시도가 없다는 점이 폭식증과는 다르다. '폭식성 과식증'은 폭식증보다 다섯 배나 더 흔하고 종종 비만을 동반한다.

'야간 섭식 증후군'은 야간 과식, 즉 하루 섭취한 칼로리 양의 3분의 1 이상을 저녁 식사 뒤부터 밤 사이에 섭취하는 증상과 한밤중에 음식을 먹기 위해 일어나는 증세로 설명된다. 비만 상태에 있는 많은 사람이 이 증후군으로 고통 받는 것으로 보인다.

섭식장애의 원인들은 무엇인가?

수많은 요인이[39] 이런 장애들의 발생을 유도하는데, 특히 사회문화적 요인들이 그러하다. 신경성 식욕부진의 발생 빈도가 이제는 조금 주춤하고 있는 가

39) *Psychiatry*, 4:4, 7, The Medicine Publishing Company, 2005.

운데, 신경성 폭식증은 나날이 증가하고 있는 추세다. 이러한 섭식장애들의 발생 빈도가 높아지고 있는 데는 ('여성다운 유일한 몸매는 날씬하고 건강해 보이는 몸매다'라는 식의) 오늘날의 사회적 미인상과 체중 감량을 위한 다이어트의 유행과 일정 부분 연관된다. 그런데 모든 종류의 지속적인 섭식 제한은 필연적으로 이에 정반대되는 행동을 유발한다는 것을 우리는 이제 알고 있다. 너무 오랫동안 먹지 않은 만큼 음식에 집착하고 과식하게 된다는 것이다. 바로 이 사실이 폭식증적 행동이 시작되는 가장 흔한 원인을 설명해준다.

그러나 실상은 이보다 더 복잡하다. 섭식장애의 유발에는 수많은 요인이 작용하기 때문이다. 이를테면 더 심각한 취약성을 야기하는 유전적 요인, 출산과 관련된 위험요인(임신 중 태아 성장과 관련된 장애, 조산 등), 부모들이 가진 요인(불안장애, 우울증, 약물중독, 비만 등), 그리고 유년기에 겪을 수 있는 여러 가지 심리적 장애(결벽증, 자기 비하, 친구교제 장애, 충동성, 행동 장애, 성폭력) 등의 요인들이 그것이다.

이 모든 다양한 요인들은 우리가 '생물-심리-사회 모델'이라 부르는 것으로 분류 정리되어 있다. 이 명칭을 통해 말하고자 하는 바는 생물학적 요인, 개인사, 문화적 맥락이라는 세 측면의 복합적 활동으로 어떤 행동이 생겨난다는 것이다.

복잡하게 얽힌 이 여러 요인은 다음과 같은 사실을 잘 보여준다. 즉, 유년기에 성폭행을 당한 경험과 섭식장애 사이에서 직접적이고 필연적인 인과관계를 끄집어내기는 어렵다는 것이다. 나아가, 유년기에 성폭행을 당한 경험과 그 경험을 지닌 어른들이 겪고 있는 정신병리 증세들 사이의 연관성에 대해서도 우리는 위와 마찬가지로 진단할 수 있을 것이다.

그럼에도 불구하고 섭식행동과 연관된 장애들에서 우리는 일정한 특징을 발견할 수 있는데, 그것은 이들 장애의 출현이 어떤 변화의 시기에 이루어진다는 점이다. 말하자면 이들 장애는 전환기 장애로, 환자의 인생사에서 어떤 전환이 이루어질 때 출현한다. 섭식장애가 출현하는 전환기는 대개 사춘기에 접어드는 시기이다. 그러나 결혼, 임신, 폐경, 친지의 사망 등의 전환기에도 섭식장애가 발생할 수 있다.

시사하는 바는 있으나 매우 가변적인 수치들

인간은 어떤 선형적 인과관계(하나의 원인⇨하나의 결과)를 찾는 경향이 종종 있다. 유년기에 겪은 성폭력과 추후에 발행하는 섭식행동 장애 사이에 어떤 인과관계가 있는지 밝혀내기 위해 세계적으로 수많은 연구자가 연구를 진행했다.

이 가운데 몇몇 연구 결과는 상당히 설득력이 있어 보인다. 그것들에 따르면, 강제 구토를 수반한 식욕부진과 폭식증 혼합형 환자의 65%, 신경성 식욕부진 환자의 37%[40], 폭식증 여성의 44%[41]가 이런 증세를 겪기 전에 성폭력을 당한 경험이 있다.

그러나 다른 많은 연구는 명확한 인과관계를 밝히는 데 실패했다. 이러한 연구 편차는 수치를 통해서 명백하게 드러난다. 왜냐하면 섭식장애를 겪고 있는 사람 중 유년기에 성폭행을 당한 전력이 있는 경우가 연구에 따라 적게는 7%, 많게는 70%에 이르는 것으로 보고되고 있기 때문이다.[42] 연구에 따라 결과의 차이가 이렇게 큰 경우도 참 드물다! 이렇게 큰 편차를 어떻게 설명할 것인가? 이유는 단순하다. 과학적 완성도가 매우 낮은 조사 방식을 사용했거나 서로 다른 조사 방식을 사용했기 때문이다. 따라서 이런 연구들에서는 어떤 확실한 결론도 도출해낼 수 없을 것이다(144쪽 '성폭력 연구에

40) Carter J.C., Bewell C., Blackmore E., Woodside D.B., "The impact of childhood sexual abuse in anorexia nervosa(아동기 성적 학대가 신경성 식욕부진에 미치는 영향)", *Child Abuse and Neglect*, 2006, 30 : 257-269.

41) Sullivan P.F., "Mortality in anorexia nervosa(신경성 식욕부진에서의 사망률)", *American Journal of Psychiatry*, 1995, 152 : 1073-74.

42) Vanderlinden J., Vandereycken W., "Les expériences traumatiques representent-elles un facteur de risque dans le développement des troubles des conduites alimentaires ? (외상 경험이 섭식장애 발달의 위험 요인이 되는가 ?)" in *Anorexie et boulimie. Modèles, recherches et traitements,* De Boeck Université, 1996.

관한 방법론적 문제들' 참조).

방법론적 부족함이나 결함에도 불구하고 한 가지 결론이 거듭 도출되고 있다. 즉, 성폭력은 신경성 식욕부진, 특히 폭식증의 발현을 야기할 수 있는 위험요인이라는 것이다. 그러나 유년기 성폭력과 성인에서 나타나는 섭식행동 장애들과는 직접적 인과관계가 없다. 더구나 다른 유형의 정신적 트라우마들이 이런 질병들의 원인일 수 있다는 점도 주목해야 한다. 이런 까닭에 섭식장애와 관련하여 환자가 그 전에 겪은 트라우마의 경험, 특히 성폭력을 당한 경험이 있는지 확인해 보는 것은 여전히 필수적이라고 생각한다. 다만 이 경우에도 환자 자신에 의해 이러한 전력이 감춰질 수 있고, 또한 이러한 전력만으로 환자가 겪는 병적인 섭식행동을 완전히 설명할 수 없다는 점은 늘 염두에 두어야 한다.

특수한 임상 삽화

섭식장애가 성폭력 전력과 연계된 경우, 이렇게 연계된 성폭력에는 몇 가지 특징이 있다. 환자가 5세 이전에 성폭력을 당했거나, 가해자가 가족 구성원이거나, 환자가 가정 폭력을 겪었거나, 가해자가 여럿이라는 점 등이 그 특징이다.

다른 한편, 성폭력과 연계되어 발생하는 섭식장애는 종종 다른 정신병리적 증상을 동반하는 특징이 있다. 불안, 우울, 분명하거나 불분명한 약물의 과다 복용, 자해 행위, 해리 증상, 나아가 소위 '경계선' 또는 '경계성' 장애 등이 바로 이러한 섭식장애에 동반되어 나타나는 정신질환들이다(본서 후반부 참조). 여러 병리적 증세가 공존하여 발생하는 현상을 동반질환이라 부르는데, 성폭력을 당했을 경우 이런 현상은 훨씬 더 빈번하다. 성폭력이 피해자의 자존감이나 신체에 대한 인식, 성생활, 타인과의 관계 등에 미치는 부정적 영향에 대해서는 더 말할 나위가 없을 것이다.

성폭력과 관련된 섭식장애에는 자주 연계되는 또 다른 세 가지 측면이 있다.[43]

- **두드러지는 폭력적 경향** : 이 경향이 향하는 대상이 환자 자신의 몸일 때도 있고(이 경우 환자는 자해 성향을 보일 수 있다), 외부 사물을 대상으로 할 때도 있다(이 경우 무의미한 기물파괴 성향을 보이게 된다). 이러한 폭력성은 환자로 하여금 더 능동적인 또는 지배적인 지위를 확보할 수 있게 한다. 즉, 타인들로부터 어떤 위협을 느낄 때 환자는 이런 폭력성을 표출하여 타인들이 환자를 멀리하도록 하고, 이로써 환자는 자신을 보호하는 것이다.
- **충동성** : 이 경향은 포식증 발작이나 폭력적 행동으로 나타날 수 있을 뿐만 아니라 도둑질 같은 범죄 행동으로도 나타나는데, 환자는 저항할 수 없는 내부의 힘에 떠밀려 이러한 행동을 하게 된다.
- **사회·직업적 부적응** : 이런 부적응은 심각한 정신 장애의 직접적인 결과로서 나타날 수도 있지만, '재피해자화revictimisation'의 결과일 수도 있다(본서 후반부 참조).

거짓자기, 감정표현불능증, 폭식증

애착관계의 불안정한 발달은 이른바 '거짓자기'라 하는 것을 아이가 형성하도록 이끈다. 아이의 욕구를 알아볼 줄 모르거나 그 상황에 맞추어 반응할 줄 모르는 어머니 앞에서 아이는 부적절하고 예측 불가능한 모성적 행동에 적응하도록 강제된다. '참자기', 곧 타고난 성향이 자연스럽게 발달하도록 두었을 때 가지게 되는 자기가 이 경우에 발현되지 못하는데, 아이의 타

43) Flament M., Jeammet P., 앞의 책.

고난 성향이 어머니의 부적절한 반응으로 거부되었기 때문이다. 즉, 아이가 자기로서 존재하는 방식이 거짓되고 인위적인 형태로 표출되는 것이다. 이 '거짓자기'는 아이의 인격을 형성하는 과정에 영향을 미치게 된다. 이런 아이가 성인이 되면 모든 심리적 긴장을 피하기 위해 어떠한 환경에서도 자신을 통제할 줄 알고 좋은 자존감을 지닌다. 일상에서도 너무 평범하게 행동하는 일반인의 외적 모습을 타인들에게 보여준다. 그는 마치 '카멜레온'처럼 모든 환경, 모든 사람에게 언제나 완벽하게 적응하는 모습을 보여준다. 그러나 이러한 과도한 적응력을 지닌 그의 외양 뒤에는 자신과 타인, 그리고 삶 자체가 비현실적이란 느낌이 존재한다.

이러한 '거짓자기'는 폭식증 환자에서 자주 발견되는데, 이런 폭식증 환자는 실제로는 자신이 텅 비었다고 느끼고, 삶을 권태롭게 느끼고, 자신이 아무 짝에도 쓸모없는 사람이라 생각하면서 자신을 비하한다. 이러한 수치심, 죄의식, 자기비하감 등은 그가 타인이나 자신을 실망시키게 되리라는 두려움과 자신이 버림받게 되리라는 불안감에서 벗어날 수 없도록 그를 더욱 옭아맨다.

더 나아가, 섭식장애로 고통 받는 사람들은 자신의 감정을 말로써 확인하거나 표현할 때 종종 어려움을 겪는데, 이 또한 자신의 내적 긴장 조절을 힘들게 할 수 있다. 감정표현불능증[44]이라 불리는 이 증상은 '감정과 감정에 수반되는 이념, 생각, 환상 등을 서로 잘 연결하지 못하는 미숙함'[45]으로 정의할 수 있다. 감정표현불능증alexithymie 이라는 용어는 세 부분, 즉 a-(배제, 결여를 의미하는 접두사), -lexis(말), -thymos(감정)으로 이루어져 있다. 감정표현불

44) 1972년에 미국인 정신병리학자 P.E. Sifneos가 창안해낸 명칭

45) Kapsambelis V., "*Termes psychiatriques français d'origine grecque*(그리스어에 어원을 둔 프랑스 정신병리학 용어집)", Masson, 1997.

능증은 섭식장애뿐만 아니라 많은 다양한 질병에서 나타난다. 예를 들면 심인성psychosomatiques 장애들, 중독, 외상후스트레스 장애, 불안장애 및 우울장애 등에서도 감정표현불능증이 발견된다.

자신의 감정을 표현하지 못하는 까닭에, 이런 환자들은 자신의 내면 상태를 다른 사람들과 주고받을 수 없다. 이는 외적인 긴장을 불러일으켜 마치 벙어리가 자기 말을 이해시키려고 애쓰는 것과 비슷한 상태가 된다. 이 때문에 이런 환자들은 다른 사람에게 때론 차갑게 보이거나, 솔직하고 자연스럽게 대응하지 않는 사람으로 비치게 된다. 또한 이들은 때때로 견디기 힘든 텅 빈 느낌에 사로잡히지만 이런 감정을 다스리고 자신을 추스를 힘이 없다.

구토를 동반한 폭식증은 (약물 남용의 경우와 마찬가지로) 이런 심리적 고통과 싸우기 위해 강구된 비뚤어진 해결책일 수 있다. 또한 폭식증은 과도한 내적 긴장을 해소하거나 견딜 수 없는 공허감을 채우려는 것 외에, 유년기의 트라우마 경험과 관련된 감정이나 생각들이 의식에 떠오르는 것을 회피하도록 만드는 역할을 하기도 한다.

의견의 차이들은 있으나, 많은 연구가 성폭력과 섭식행동에 관한 장애들 사이에 어떤 연관성이 있다는 데 동의한다. 특히 신경성 폭식 장애의 경우에는 이러한 연계성이 더욱 분명히 드러난다고 한다. 그러나 이 연계성은 어떤 단순한 인과론적 연관성이 아니다. 왜냐하면 섭식장애의 출현을 유도하는 요인 자체가 매우 다양하며, 이러한 장애의 치료 또한 (개인 또는/그리고 가족의) 심리 치료, 행동 치료, 의료적 치료, 식이요법적 치료 등 다중적인 접근을 요구하기 때문이다. 섭식장애의 치료는 대개 상당한 기간을 요하는데, 적게는 몇 달에서 길게는 몇 년에 걸쳐 점진적으로 상태 호전이 일어난다.

성생활 장애

많은 연구는 유년기에 성폭력을 겪은 여성과 남성 모두에서 성생활 장애가 빈번하게 나타남을 보여준다.[46] 이러한 성생활 장애가 때로는 환자가 심리 상담실을 찾는 1차적 이유가 되기도 한다. 그러나 좀 더 흔하게 이런 문제는 우울장애나 불안장애에 이은 2차적 문제로 치부된다. 전면에 내세운 우울증이나 불안증 같은 문제들이 조금씩 호전되기 시작할 무렵에야, 성생활 문제에 대한 환자의 관심도 거기에 얽힌 문제들과 더불어 다시 수면 위로 떠오르게 된다.

풍요로운 성생활을 영위하는 데 필수적인 여유로움과 느긋함으로 산다는 것이 수치심과 죄책감 그리고 자존감의 상실로 수년간 고통 받아온 사람에게는 결코 쉬운 일이 아니란 것은 짐작하기가 그리 어렵지 않다. 그러나 유년기 성폭력의 충격이 성인의 성생활에 어떤 영향을 미치는지 더 잘 이해하도록 하는 또 다른 설명들이 있다. 몇몇 전문가들에 따르면 성폭력은 성호르몬의 기능에 생물학적 영향을 미치고, 이런 영향은 이른 월경이나 이른 성관계 등으로 표출된다고 한다. 게다가 성폭력은 피해자인 여아의 성심리 발육을 교란시키는 신체적 문제를 발생시키는 원인이 된다. 외음부 가려움증, 피부병변, 음부감염, 전염성 성병, 빈발성 요로감염, 복부통증, 원치 않는 임신 등은 아직 이런 문제로부터 보호되어야 할 연령의 여아나 소녀가 성폭력 때문에 겪게 되는 수많은 문제들을 대변한다. 이런 문제들은 아동이 청소년기를 거치면서 겪는 기본적인 어려움을 더욱 힘들고 복잡하게 한다.

유년기에 겪은 성폭력과 연관되어 나타나는 성생활 장애는 다음의 세

46) Loeb T.B., Williams J.K., Carmona Vargas J., Rivkin I. *et coll.*, "Child sexual abuse associations with the sexual functionning of adolescents and adults(청소년 및 성인의 성기능과 아동기 성적 학대의 연관성)", *Annual Review of Sex Research*, 2002.

가지 범주로 구분해 볼 수 있다.

'재피해자화'가 몰고 온 결과들

클레르는 마흔 살이다. 그녀는 삼촌과 어머니에게 성폭력을 당했고, 어머니의 정부에게 강간을 당했다. 남자들과의 관계에서 그녀는 늘 불편을 느꼈고 만족을 느낄 수 없었다. 어떤 남자들은 성적으로 완전히 무관심하게 그녀를 대했던 반면, 또 다른 남자들은 성행위를 나누었지만 그녀를 존중하지 않았고, 정서적인 면에서 그녀를 학대했다. 성행위를 할 때 그녀는 자신이 성적으로 학대 받은 장면이나 강간 당하는 장면을 상상해야만 오르가즘에 이를 수 있었다. 하지만 정사가 끝나고 나면 자신 또한 그렇게 '변태적이고 타락했다'는 죄책감에 눈물을 주체할 수 없었다.

성폭력의 피해자인 여느 여성들과 마찬가지로 클레르는 복잡하고 고통스러운 애정관계와 성관계를 겪고 있다. 어떤 무의식적인 힘이, 때로는 위험하고 대개는 부적절한, 그래서 재피해자화의 원인이 되는 그런 선택을 하도록 강제하는 것만 같다. 자신이 다시 피해자가 되도록 하는 일은 새로운 위험 상황에 무의식적으로 자신을 다시 밀어 넣는 일이다.

성적인 영역에서 주된 위험 중의 하나는 에이즈 바이러스 감염이다. 특정한 행위가 이 위험을 증가시킨다는 것을 우린 알고 있다. 여러 명과 정사를 나누는 행위나, 보호 도구(콘돔) 없이 항문성교를 하는 행위가 그렇다. 그런데 유년기에 반복적으로 성폭력을 경험한 여성은 성폭력을 경험하지 않은 여성에 비해 위험한 성행위에 노출될 확률이 7배나 높다. 더욱이 이들은 상호 동의 하에 이루어지는 성생활을 남들보다 훨씬 일찍 시작한다.

재피해자화는 안정된 정서적 성관계 내에서도 발생할 수 있다. 특히 부부간 성폭행에서 그러하다.

남성의 경우, 성폭력의 종류와 관계없이 성폭력 피해자인 남성이 위험한 성행위에 노출되는 비율은 성폭력 피해자가 아닌 일반 남성에 비해 8배나 높다.[47]

생식기 통증

베로니크는 51세다. 그녀는 어린 시절 대부분의 기간을 아동 위탁가정과 수용기관을 오가며 보냈다. 9세부터 12세까지는 어머니가 그녀를 다시 찾아와 데리고 있었다. 그러나 이 3년의 기간에 양아버지가 그녀를 일상적으로 강간했다. 몇 년 전부터 베로니크는 한 남자와 같이 산다. 하지만 그와의 매우 드문 성관계에서 그녀는 늘 고통만 느낄 뿐 어떠한 즐거움도 느끼지 못한다.

많은 여성이 생식기 내부에서 발생하는 통증을 호소한다. 예를 들면 고통스러운 월경(월경곤란증), 성교시 통증(성교불쾌증), 또는 만성 골반통증(3개월 이상 지속적으로 하복부나 골반에 느껴지는 통증) 등이다. 유년기 성폭력은 이러한 생식기 통증들이 발현하도록 하는 위험요인에 속한다.[48] [49] 예를 들면 만성 골반통증에 시달리는 여성의 반 정도가 유년기에 성폭력을 겪었던 것으로 밝혀지고 있다.[50]

---

47) Bensley L.S., Van Eenwyk J.V., Simmons K.W., "Self-reported childhood sexual and physical abuse and adult HIV-risk behaviors and heavy drinking(자가 보고된 아동기의 성적 신체적 폭력에의 노출, 그리고 성인의 에이즈 위험행동과 과음의 연관성)", *American Journal of Preventive Medicine*, 2000, 18 : 151-158.

48) Randolph M.E., Reddy D.M., "Sexual abuse and sexual functionning in a chronic pelvic pain sample(성적 학대와 만성 골반통증 사례에서 보이는 성기능에의 영향", *J Child Sex Abus*, 2006;15(3):61-78.

49) Latthe P., Mignini L., Gray R., Hills R.and Khan K., "Factors predisposing women to chronic pelvic pain : systematic review(만성 골반통증의 소인들 : 체계적 고찰)", *BMJ*, 2006, 332:749-755.

50) Watier A., Katz D., Tabisel R.L., Devroede G., "Implications à long terme des abus physiques sexuels sur la sphère pelvic périnéale (물리적 성적 학대가 골반-회음부에 미치는 장기적 영향들)", *Acta Endoscopica*, 2002, 32(3).

성폭력은 심지어 이후에 있을 수 있는 임신이나 출산 또는 산후조리 과정에도 심각한 영향을 미칠 수 있다.[51)] 여성이 성폭력을 당하면서 감염된 성병이나 성폭력 충격의 여파로 생겨난 (에이즈 등에 노출될 수 있는) 위험한 성행동, 알코올 소비, 다양한 약물복용 등으로 인해 임신 과정에서 많은 문제에 노출될 수 있다. 출산 중에 산모의 의식에 성폭력에 대한 기억이 갑자기 떠올라 산모가 어려움에 처할 수도 있다. 성폭력을 겪었던 여자가 어머니가 되어 자신의 아이를 돌보게 될 때, (몸 씻기 등) 성폭력에 대한 기억을 불러오는 특정 상황들을 회피함으로써, 아이를 돌보는 일이 불충분해지거나 부적절해질 수 있다.[52)]

성생활의 어려움

27세인 실비는 성관계에 대한 불안 때문에 나에게 상담을 받으러 왔다. 남자 친구와 안정적인 관계를 유지하고는 있지만, 성기 삽입은 언제나 그녀를 두려움에 떨게 하고 성교에서도 쾌감을 느낄 수 없다. 그녀는 남자의 성기를 쳐다보거나 매만지는 일을 도저히 할 수 없다. 그리고 성관계를 하는 동안은 어둠 속에 있어야만 안심이 된다. 실비는 그녀에게 정신적 충격을 일으킬 수 있는 성폭력을 여러 차례 겪었다. 그녀가 8세일 때 나이가 조금 더 많은 사내아이가 그녀를 성추행했다. 이 일로 그녀는 수치심과 죄책감에 시달렸다. 5년 뒤에는 16세 남자아이가 그녀를 성추행했다. 이때 그녀는 "안돼"라고 말할 수도 없었고 그 상황을 빠져나올 수도 없었다. 15세 때 그녀는 학교 친구와 처

51) Leeners B., Neumier-Wagner P., Quarg A.F., Rath W., "Childhood sexual abuse experiences : an underestimated factor in parental care)", *Acta Obstet Gynecol Scand*, 2006, 85(8) : 971-6.

52) Leeners B., Richter-Appelt H., Imthurn B., Rath W., "Influence of childhood sexual abuse on pregnancy, delivery, and the early postpartum period in adult women(아동기 성적 학대가 성인여성의 임신, 출산, 산후조리 시기에 미치는 영향)", *Journal of Psychosomatic Research*, 2006, 61(2):139-151.

음으로 성관계를 가졌는데, 그녀에게 이 사건은 끔찍한 재난과도 같았다. 이번에도 그녀는 남자 친구에게 아무런 저항도 못했고 완전히 수동적인 상태에 놓여있었다. 이 사건 후로 그녀는 남자에게 성관계를 거절하는 건 불가능한 일이라고까지 믿게 되었다. 자신은 남자가 마음대로 할 수 있는 여자란 믿음을 갖게 된 것이다. 그녀가 남자의 성기를 아예 만질 수도 없게 된 것도 바로 이 사건 후에 생긴 일인데, 이 사건에서 그 남자 친구는 그녀에게 자신의 성기를 애무하도록 했던 것이다. 그녀는 성을 폭력과 수치심, 그리고 죄책감과 연관시키게 되었다. 남자 성기의 삽입도 그녀에겐 아무런 쾌감도 가져다 줄 수 없는데, 성적 쾌감을 느끼는 일이 그녀에겐 죄를 짓는 일로 여겨지기 때문이다. 그녀는 자신을 '더러운 년' 이라고 생각한다. 성행위에서 쾌감을 느끼는 일은 곧 자신이 원해서 먼저 그 일을 시작한다는 것을 의미하는데, 그녀가 할 수 없는 일이 바로 이런 것이다. 그녀는 자신의 질vagin을 느끼지 못한다. 그녀에게 그것은 위험하기 짝이 없는 남자의 성기에 그냥 늘 열려 있는 구멍일 뿐인 것이다. 그녀는 남자가 자신을 마음대로 할까 봐 두렵다. 남자의 성기가 자신에게 들어오는 것을 상상하는 일 자체가 그녀에게 공포와 눈물을 몰고 온다. 남자와 성관계를 할 때 삽입도 하기 전에 너무 불안해져서 둘만의 은밀한 시간을 즐길 수조차 없는 것이다. EMDR과 최면을 결합한 정신과 치료를 통해 그녀는 자신의 여성성과 미래의 성생활에 대해 비로소 안심할 수 있게 되었다. 남자의 성기에 대한 시각적 촉각적 불안도 차츰 사라지게 되었다. 비로소 그녀는 성관계에서 자신이 상황을 '통제' 할 수 있다고 느끼고, 이런 덕택에 남자의 성기 삽입을 보다 편하게 받아들일 수 있게 되었다. 이제 그녀는 모든 것을 다시 시작할 수 있게 된 것이다.

성(생활) 부문에서 가장 흔한 진료 문의는 대개 성애관계 경험과 관련된다. 여성들은 성적 욕구, 그리고/또는 성적 쾌감의 불충분이나 결여, 나아가 질경련(질근육이 저절로 수축되어 남성성기의 삽입을 막게 되는 현상) 등에 대해 문의해 오는데, 이런 증세들이 여성의 성생활이나 엄마가 되고자 하는 욕구에 미치는 결과를 상상하기란 어렵지 않다.

한 흥미로운 연구는 성생활 장애로 고통 받는 여성들에 대한 비아그라의 효과를 보여준다.[53] 이때 대상이 된 성생활 장애는 질액 분비가 불충분한 경우를 비롯해 오르가슴에 도달할 수 없는 경우 등을 포괄한다. 이 연구에 따르면, 이러한 성생활 장애가 있는 여성의 4분의 1이 유년기에 성폭력을 경험했다고 한다. 또한 성폭력을 당한 경험이 전혀 없는 여성들이 비아그라의 복용으로 긍정적인 효과를 본 반면, 성폭력에 노출되었던 여성들의 대부분은 이 약의 복용으로 어떠한 긍정적 효과도 볼 수 없었다.[54] 이것이 시사하는 바는 성생활 장애의 '매커니즘'이 위의 두 집단에서 서로 다르다는 점이다.

여러 가지 많은 요인이 연계되어 원숙한 성생활을 방해한다. 수치심, 죄책감, 성적인 것에 대한 불안, 플래시백 등이 그 요인들이다. 연애 감정으로 남성과 관계가 가까워질 때마다 여성의 마음에 불안감이나 심지어 공포를 불러일으키는 이미지들이 떠오른다면, 그 여성이 어떻게 성생활을 평온하게 누릴 수 있겠는가?

53) 비아그라는 여성 성생활 장애 치료용으로는 아직 판매가 허용되어 있지 않다. 이와 관련하여 그 효과를 검증할 연구들이 진행 중이다.

54) Berman L.A., Berman J.R., Bruck D., Pawar R.V., Goldstein I., "Pharmacotherapy or Psychotherapy? : effective treatment for FSD related to unresolved childhood sexual abuse(약물치료 아니면 심리치료? : 아직 치유되지 않은, 아동기 성적 학대 경험이 있는 여성들에게서 나타나는 성기능장애에 대한 치료)", *Journal of Sex & Marital Therapy*, 2001, 27:421-425.

남자들의 경우는 어떠한가?

과거의 성폭력 피해 경험이 성생활에 가져오는 장애가 여성들의 전유물은 아니다. 남성들도 그로 인해 고통 받을 수 있다. 남성에게 성폭력을 당한 경험이 있는 남자아이는 자신이 동성애자가 될 것이라는 데 대한 두려움을 가지게 된다. 이는 아이의 성 정체성이 정상적으로 발달하는 것을 어렵게 만든다. 또는 성욕을 전혀 갖지 않게 될 수 있고, 발기장애나 사정장애(조루증이나 사정불능)로 고통 받을 수 있다. 이런 문제들은 이들을 불필요한 외과 수술을 받도록 유도할 수도 있다.

파트릭은 14세 때 그의 숙모에게 성폭행을 당한 경험이 있는데, 그후 다른 소녀들을 사귀는 데 많은 어려움이 있었다. 16세가 되어서 겪은 첫 번째 성경험은 '재난' 그 자체였다. 여자들이 두려웠기 때문이었다. 그는 이 두려움에서 아직도 완전히 헤어나진 못했지만, 아내의 끈기와 사랑 덕택에 그나마 나은 성생활을 누릴 수 있게 되었다.

아주 심각한 경우, 어떤 남성들은 자신의 성기를 잘라내거나 고환을 없애기까지 한다.[55)]

성과 관련한 이러한 문제들을 치료하려면, 그 원인이 되는 트라우마의 충격을 제대로 치료해야 한다. 환자가 자신의 성기와 다시 관계를 맺고, 마침내 안정되고 원숙한 성관계를 향해 새롭게 나아갈 수 있도록 하는 데서 EMDR 치료법은 분명히 권장할 만한 방법이며, 최면요법과 병행할 때 더욱 좋은 결과를 기대할 수 있다.

---

55) Loeb T.B, 위의 책.

우울증

우울증, 더 정확히는 '우울증들' – 우울증에는 여러 형태가 존재하므로 – 은 매우 널리 퍼진 질병이며, 우리들 누구도 이 질병과 무관하지 않다. 최소한 본인은 아닐지라도, 자신의 가족이나 친지 중에 이 병에 걸려본 사람을 발견할 수 없는 이가 있기나 할까? 사실 이는 전혀 놀라운 일이 아니다. 왜냐하면 1년 동안 전체 인구의 3~10%가 심한 우울증에 걸린다. 이는 우울증 진단표의 진단기준에 맞는 증상을 보이는 수치다. 기준 기간을 1년이 아니라 한 사람의 일생을 놓고 보면, 우울증에 걸리는 사람의 비율은 거의 두 배(17~19%)가 된다.[56] 다시 말하면, 평균적으로 전체 인구의 거의 다섯 중 한 명은 일생에서 우울증으로 고통 받을 수 있다는 것이다. 우울증은 유년기에서 노년기에 이르기까지 모든 연령층에서 발생할 수 있는 질병이다. 하지만, 우울증에 걸리는 빈도는 여자가 남자보다 2~4배 높다.

사망에 이르게 할 수 있는 질병, 우울증

인간을 신체와 정신으로 나누는 구식의 이원론적인 방식으로 말해, 우울증은 사람의 신체와 정신 모두에 영향을 미치는 질병이라 할 수 있다. 수많은 신경생물학적 손상이 우울증과 관련된다는 것이 발견되었는데, 이 손상들은 (뉴런들 간의 신호 전달을 가능하게 해주는 세로토닌, 노르아드레날린, 도파민 등의) 신경전달물질이나 대뇌 시상하부, 뇌하수체, 그리고 부신들을 연결하는 축axe, 또는 해마체와 전전두엽피질 등 몇몇 뇌 구조체에서 관찰되고 있다. 그러므로 우울증은 어떤 변덕스러움도 아니고 지어낸 말도 아니다. 우울증에 걸린 사람들에게 '좀 즐겁게 지내도록 애써봐'라고 다독이는 일은 그들을 낫게 하는 데

56) "Itinéraires des déprimés : Réflexions sur leurs trajectoires en France(우울증 환자들의 여정 : 프랑스인의 우울증 발생 경로에 대한 고찰)", January 2001 ; 정신과전문의 Philippe-Jean Parquet교수가 이끄는 전문가 집단의 보고서

효과가 있기는커녕, 우울증 상태에서 이미 겪고 있는 무기력감이나 죄책감, 절망감을 더욱 심화시킬 뿐이다. 우울증 환자의 15%가 자살에 이른다는 사실에서 이 질병의 심각성은 더욱 분명해진다(프랑스에서는 연간 12,000건의 자살이 발생하고 있으며, 이 중 60%, 곧 7,200건이 우울증과 관련된 자살이라고 한다).

우울증은 만성적 질병으로, 재발되는 경향이 있다. 또한 재발할 때마다 또다시 재발할 가능성도 그만큼 더 커지는데, 우울증 발병 때마다 뇌가 그만큼 더 취약해지는 것처럼 보인다. 때로 우울증은 항시적 상태가 되기도 한다.

내가 아네트를 만났을 때 그녀는 40세였다. 이미 오래 전부터 그녀는 여러 항우울증 치료에도 불구하고 심각한 우울증이 지속되어 주치의에게 치료를 받고 있었다. 그녀의 얼굴은 어두웠고 거의 무표정했으며, 마음속에서 사라질 줄 모르는 우울을 드러내고 있었다. 그리고 그녀가 하는 이야기는 무언가에 불평을 늘어놓는 소리뿐이었다. 그녀는 기력도 역동성도 모두 잃어버린 상태에 빠져들었고, 그 어떤 것에도 흥미를 느낄 수 없었다. 아무것도 그녀를 즐겁게 해줄 수 없었기에 그녀는 늘 집에 있었고 주로 침대에서 시간을 보냈다. 남편과의 성생활도 아주 오래 전의 추억으로 머물러 있을 뿐이었다. 피곤에 늘 젖어 지내면서도 그녀는 잠을 이룰 수 없었다. 끊임없이 무언가를 먹었고 체중은 이내 15㎏이 늘었다. 명백한 이유도 없이 그녀는 죄책감에 빠져 자신이 비천하게 느껴졌고, 자기존중감도 잃어버렸다. 이런 상태에 있었기에 그녀의 머릿속에선 종종 자살하고 싶다는 충동이 일었다. 항시적인 불안감으로 호흡하는 것조차 힘들었고, 이것은 그녀를 견딜 수 없는 긴장 상태에서 살도록 했다. 그녀의 삶은 모든 것이 멈추어버린 듯 느려졌고, 그녀는 고통의 벽에 갇혀 움직일 수도 무얼 할 수도 없었

다. 무언가를 집중해서 보거나 기억해두는 일을 할 수 없게 되었고, 때문에 그녀는 좋아하던 독서도 더는 할 수 없었다. 때때로 그녀는 마음 속에 어떤 분노나, 심하면 적대감마저 솟구침을 느꼈고 그런 후에는 다시 탈진 상태로 빠져들었다.

아네트는 여러 해 동안 이 만성적 우울증으로 고통 받으면서도, 그녀가 일곱 살 때 할아버지가 그녀를 성폭행하려 했던 사건에 대해서는 너무 수치스러워 아무에게도 얘기하지 않고 있었다. 그녀가 마침내 이 정신적 트라우마에 대해 말을 꺼내게 되었을 때, 우리는 EMDR 요법으로 그녀의 트라우마를 치료했다. 그녀에게서 두려움이 줄어들기 시작하기까지 여러 차례에 걸친 치료가 필요했다. 치료와 더불어 그녀의 일상적 기분이 달라지기 시작했고 비교적 빠른 속도로 우울증이 개선되었다. 9개월 간의 EMDR 치료를 받은 후에 그녀는 미소를 되찾았고, 더는 자살에 대한 생각을 하지 않게 되었다. 그녀는 긍정적이고 즐거운 기억들을 되찾았고, 마침내 자신의 아이들이 자라는 것을 보며 즐거워하고 미래에 대한 계획도 세울 수 있게 되었다. 견딜 수 없는 불안도 거의 다 사라졌다.

우울증의 위험요인인 성폭력

우울증의 원인은 밝혀지지 않았다. 우리가 찾아낸 것은 몇 가지 요인이 우울증의 발현과 연관되어 있다는 사실뿐이다. 이 요인들에는 생물학적 취약성을 야기하는 유전적 요인들(어떤 가족은 다른 가족보다 이 병에 더 취약하다), 삶에서 겪는 사건들, 이 병에 대한 소인성 인격(所因性 人格 : 쉽게 발병하는 경향을 지닌 인격. 경계성 인격이 그 중 하나이며 이에 대해서는 나중에 다시 언급하도록 한다) 등이 있다.

오래 전부터 전문가들은 우울증과 유년기 성폭력의 연관성이 크다는 것을 확인했다. 1999년, 유년기 성폭력과 성년기에 발현하는 우울증의 연관성에 관한 21개의 연구(7개는 인구 전반에, 5개는 학생들에, 그리고 9개는 우울증 환자에 관한 것이다) 가운데 오직 한 연구만이 둘 사이의 연관성을 찾아내지 못했다.[57]

왕성한 식욕과 수면 행태를 보이는, 아동기 성폭력과 연관된 우울증

유년기에 성폭력이나 신체적 학대를 경험한 성인에서 발현하는 우울증에는 한 가지 특징이 있다는 것이 확인되었다.[58] 일반적으로 우울증은 식욕감퇴, 체중감소, 불면증을 동반하는데, 유년기의 성폭력과 신체적 학대와 관련된 우울증은 종종 정반대의 증세들, 즉 식욕증진, 체중증가, 수면과다 등의 증세들을 보인다. 이러한 특징들은 아직 성장 중인 신체기관에 정신적 트라우마가 가해짐으로써 유발된 신경생물학적 이상異常의 결과일 수 있다 (295쪽 참조).

'들뜸과 처짐'을 동반하는 우울증

우울증에는 여러 형태가 있다. 그 중 하나는 '조증épisodes maniaques'이라 부르는 것과 번갈아 나타나는데, 우울증과 조증의 이러한 교대 증상이 있을 때 우리는 양극성 정동장애가 있다고 진단한다. 여기서 'maniaque'라는 단어는 '지나치게 파고듦'을 뜻하는 것이 아니라, 때로 무척 놀랍기도 한 환자의 어떤 상태를 특징짓는다. 이 상태에서 환자는 생각이 극단에서 극단으로 오가면서 황당하고 위험하기도 한 오만가지 일들을 동시에 하고 싶어하고, 끊임없이 말을 쏟아내며, 즐겁고 명랑한 기분이었다가도 불현듯 신경

---

57) Weiss Erica L. et coll., "Childhood sexual abuse as a risk factor for depression in women : psychosocial and neurobiological correlates(여성 우울증에 대한 위험요인으로서 아동기 성적 학대: 사회심리학적 신경생물학적 연관성)", *American Journal of Psychiatry*, 1999, 156: 816-828.

58) Levitan R.D. 외 다수, "아동기에 신체적 또는 성적 폭력을 당했던 사람들에게 나타나는 심각한 우울증(Major depression in individuals with a history of childhood physical or sexual abuse : relationship to neurovegetative features, mania, and gender)", *American Journal of Psychiatry*, 1998, 155:1746-1752.

을 곤두세우거나 화를 내며, 수면 욕구를 전혀 느끼지 않는다.

양극성 정동장애를 겪는 환자들 중 아주 많은 사람이 성폭력을 당한 경험이 있다는 것이 밝혀졌다. 이 병은 물론 특히 유전적 요인 등 많은 요인과 연계되어 있지만, 성폭력은 이 병을 훨씬 심각한 상태로 이끄는 것 같다. 특히 우울증과 조증의 교대를 가속화시켜 정신과 전문의들이 '빠른 순환cycles rapides'[59]이라 부르는, 훨씬 치료하기 어려운 상태에 이르도록 하는 것으로 보인다.

성폭력과 연계된 정신질환에서, 그 연관성이 직접적인지 간접적인지 판단하는 일은 무척 어려운 일이다. 직접적 연관이 발견되지 않을 경우에 간접적 연관이 나타나는데, 비정상적 가정환경(예를 들면 사회적 비보호 상태, 알코올중독에 빠진 아버지, 부모의 자녀보호 부재, 사이가 안 좋은 부모 등)을 매개로 하거나, 성폭력이 있었을 경우 더욱 자주 나타나는 '경계성 인격'이라 불리는 병적 인격을 매개로 하여 이러한 간접적 연관이 드러난다.[60]

불안장애

여러 정신과 질환은 불안이 상존한다는 특징이 있다. 모든 사람이 불안에 대해 알고 있는데, 불안이 정상적인 감정들의 하나이기 때문이다. 그러나 불안이 과도한 고통을 유발하거나 그로 인해 일상적 삶이 혼란스럽다면 이것은 일종의 '불안장애'이다. 사실 이 명칭 아래 여러가지 다양한 질병이 함께 묶여 있는데, 앞에서 보았던 외상후스트레스 장애를 비롯해 범불안장

59) Garno Jessica L. et coll., "Impact of childhood abuse on the clinical course of bipolar disorder (양극성 장애의 예후에 미치는 아동기 성적학대의 충격)", *British Journal of Psychiatry,* 2005, 186 : 121-125.

60) Gladstone Gemma et coll., "Characteristics of depressed patients who report childhood sexual abuse(아동기 성적학대 경험을 보고하는 우울증 환자들의 특징)", *American Journal of Psychiatry,* 1999, 156: 431-437.

애, 공황발작, 공포증(단순공포증, 광장공포증, 대인공포증, 강박장애TOC) 등이 그것이다.

유년기 성폭력은 몇몇 불안장애가 쉽게 발병하도록 이끈다. 병적인 불안감으로 고통 받는 여성들 중 거의 반수가 이전에 성폭력을 당한 경험이 있다(이는 무작위로 추출한 일반 여성 집단에서는 단지 15%만 그런 경험이 있다는 것과 대조된다). 공황발작으로 고통 받는 여성들이 성폭력 경험과 가장 밀접한 연관성을 보여주는데, 공황발작을 겪는 여성의 60%가 유년기에 성폭력을 겪었다고 한다. 다른 종류의 불안장애를 겪는 여성 환자들의 경우, 이 수치는 30%까지 내려간다.[61) 62)] 반면에 사회(대인)관계에 대한 불안은 유년기 성폭력과 특별히 연관된 것으로 보이지 않고, 그보다는 불안장애의 가족이력과 연관되는 것으로 보인다.[63)]

성폭력이 불안장애를 일으키는 유일한 위험 요인은 아니더라도, 대체로 불안장애를 악화시키는 요인이 되는 것으로 관찰된다.[64)]

공황발작은 예전에 '급성 불안발작'으로 불렸던 것이다. 이 발작이 진행되면 불과 몇 분만에 환자가 심각한 불안감에 빠져드는데, 때로는 한밤중에도 불안 때문에 잠에서 깨어날 정도가 된다. 여기에 자기 통제력을 잃고 비정상적인 짓을 하다가 미쳐버릴 것 같다거나 곧 죽을지도 모른다는 비이성적

---

61) Stein M.B. *et coll*, "Childhood physical and sexual abuse in patients with anxiety disorders in a community sample(집단 샘플을 통해 본, 불안장애 환자들의 아동기 신체적 성적 폭력 경험)", *American Journal of Psychiatry*, 1996, 153: 275-277.

62) Gladstone G.L. *et coll*, "Implications of childhood trauma for depressed women : an analysis of pathway(우울증을 겪는 여성과 아동기에 겪은 트라우마의 관련성 : 경로 분석)", *American Journal of Psychiatry*, 2004, 161: 1417-1425.

63) Bandelow B., Charimo Torente A., Wedekind D., Brooks A., Hajak G., Rüther E., "Early traumatic events, parental rearing styles, family history of mental disorders, and birth risk factors in patients with social anxiety disorder(초기 외상 사건, 부모의 자녀양육 방식, 가족 내 정신장애 이력, 출생 시 위험 요인 등과 사회적 불안장애의 연관성)", *Eur Arch Psychiatry Clin Neurosci*, 2004, 254(6) : 397-405.

64) Friedman S. *et coll*, "The incidence and influence of early traumatic life events in patients with panic disorder : a comparison with other psychiatric outpatients(공황장애 환자에서 아동기 외상사건 경험 발생의 정도와 영향 : 다른 외래 환자들과의 비교)", *J Anxiety Disorder*, 2002, 16(3) : 259-72.

두려움이 더해진다. 공황발작은 매우 강렬한 신체증상을 동반한다. 예를 들면 심장이 매우 빠르게 뛰거나, 가슴의 통증으로 심장마비가 올 것 같은 두려움을 일으키며, 숨이 막히거나, 목이 졸리는 느낌이 든다. 식은 땀, 몸 떨림, 그리고 현기증은 환자에게 금방 쓰러질 것 같은 느낌이 들게 하는데, 이는 환자가 때때로 자신의 주변을 비현실적으로 느끼거나 자신의 비인간화/비인격화 같은 낯선 경험들을 하면서 키우게 된 두려움을 몇 배로 가중시킨다. 불안은 수 분 동안 지속되고, 드물게는 반시간이 넘도록 지속되기도 하는데, 이 동안 공황상태에 빠진 환자는 위험을 피하려는 듯이 자신이 있는 곳에서 도망치고 싶어 한다. 그러다 불안은 줄어들어 결국 사라지는데, 이 자리에는 또 다른 발작을 준비하는, 나름의 근거가 있는 두려움이 들어서게 된다.

뜬금없이 찾아오는 불안발작의 위험으로 고통을 겪는 사람들은 자신에게 일어나는 이런 일들에서 어떤 의미를 찾으려 애쓴다. 그리고는 이런 감정의 쓰나미가 몰아쳤던 상황들을 어렵지 않게 구별해낸다. 예를 들면 '자가용 안에서', '버스 안에서', '어떤 가게에서', 또는 '길에서' 등이 그러한 상황들이다. 자신에게 무슨 일이 생겼는지 이해하려는 노력의 결과로서, 불안발작이 일어났던 상황들을 그 발작의 원인이라고 여기는 것이다. 그들은 이러한 불행을 벗어날 유일한 방법은 그것들과 마주치는 일을 피하는 것이라 여기고 차츰차츰 이동 범위를 줄인다. 얼마 지나지 않아 그들에게는 자동차나 버스를 혼자 타는 게 불가능해지고, 자기 집에서 고작 몇 킬로미터 이상 벗어나는 것도 너무나 힘든 일이 된다. 이런 상태로 몇 달이 더 지나면, 그들 중 상당수가 길에 나가거나 출근하는 일조차 할 수 없어 집에 홀로 갇혀 지낸다. 그들에게 광장공포증마저 찾아와 공황발작을 더욱 악화시키는 것이다.

오래된 폐소공포증 때문에 상담을 받으러 온 콜레트는 63세다. 그녀는 자신의 아파트가 아닌 다른 곳에서 잠을 자야 할 때면 너무 불안해져 승강기를 탈 수조차 없다. 어렸을 때 그녀는 성추행을 당했다. 11세 때 그녀는 삼촌의 성기를 만지도록 강요받았다. 삼촌의 성추행은 여러 해 동안 계속되었다. 첫딸을 낳을 때까지 그녀는 이 일로 별다른 고통을 느끼지 않고 있었다. 그러나 첫딸을 낳고 나서 그녀는 이해할 수 없는 두려움에 빠져 고통을 겪기 시작했다. 그녀에게 '충동공포증 phobie d'impulsion'이라 부르는 증세가 찾아온 것이다. 50여 년 전에 자신이 겪었던 성폭력을 생각할 때마다 콜레트는 여전히 죄책감, 역겨움, 그리고 분노를 느낀다.

재피해자화와 공격성 : 트라우마를 반복하는 두 방식

'재피해자화'라는 용어는 영어에서 차용된 것인데, 이 용어가 지칭하는 것들 중에는 매우 다양한 행동들로 구성된 집합이 하나 있다. 이 집합에 속한 행동들의 공통점은 유년기의 성추행에서 유발된 심각한 정신질환을 드러낸다는 것이다. 재피해자화란 이미 피해자인 어떤 사람이 또 다시 그러한 피해자가 되는 상황, 즉 또 한 번의 신체적 감정적 고통의 원천인 잠재적 위험 상황에 빠지는 경향을 말한다. 유년기 성폭력 피해자의 3분의 2가 성적 재피해자화를 겪는다.[65] 이런 현상을 우리는 프로이트 이후 고전적 개념이 된 '반복강박'을 통해 설명할 수 있을 것이다. 즉, 유년기 성폭력 피해자들이 보여주는 재피해자화 경향은 반복강박이 발현하는 한 예로 볼 수 있다.

이러한 지적은 새로운 것은 아니다. 이미 19세기에 '해리' 개념을 창안

65) Classen C.C., Palesh O.G., Aggarwal R., "Sexual victimization, a review of the empirical literature(성적 재피해, 경험적 문헌들에 대한 고찰)", *Trauma violence and abuse*, 2005, 6(2) : 103-129.

한 심리학자이자 철학자인 자네Janet가 정신적 트라우마를 입은 사람들은 그 트라우마에 집착한다는 점을 지적했다. 이러한 현상은 그 뒤로 트라우마 고착, 트라우마 기호증外傷嗜好症, 또는 트라우마 중독 등 여러 개의 이름을 얻게 되었는데, 결국 재피해자화는 일종의 중독일 것이라는 이야기다. 어떤 이유에서 재피해자화가 중독의 일종인지에 대해서는 뒤에서 언급하게 될 것이다.

재피해자화는 유년기 성폭력에 특정된 것은 아니다. 성적, 신체적, 감정적 트라우마들 모두에서 재피해자화는 발생한다. 일부 베트남 참전용사들은 용병이 되었고, 유년기에 신체적 폭력을 겪은 사람들 중에는 자해自害하는 사람도 있다. 영화 「디어 헌터Deer Hunter」에서 월맹군의 포로가 된 크리스토퍼 월켄은 살아남고자 목숨을 건 러시안 룰렛 대결을 해야 했다. 그 후 전쟁이 끝난 뒤에도 그는 베트남에 남았고, 마약을 맞으며 러시안 룰렛 대결에 기대어 생활하다 삶을 마친다. 이를 통해 우리가 어느 정도 이해할 수 있는 것은, 왜 어떤 사람들은 늘 자신을 똑같은 상황으로 몰고 가는가 하는 것이다. 이러한 반복 중에는 자신을 폭행하는 남자 친구를 떠나는 데 성공했으나 또 다시 폭력적인 남자의 마수에 걸려든다거나, 자동차만 몰면 사고의 사고를 거듭한다든가, 사랑의 실패를 거듭하는 경우 등이 있을 것이다. 반복강박은 평생에 걸쳐 동일한 시나리오가 반복되는, 우리가 때로 '예정된 신경증névroses destinée'라 부르는 것을 만들어낸다. 일반적으로 이런 반복강박의 피해자는 자신이 동일한 사태를 반복한다는 것을 의식하지 못하며, 과거의 사건들과 현재 겪는 사건을 연관하여 보지 못한다. 이러한 (반복강박적인) 집착은 트라우마의 '재생산'을 통해 드러난다. 여기에서 트라우마의 재생산은 자신에게 적대적이거나 타인에게 적대적이라는 두 가지 상반된 방향으로 정리되는 것으로, 매우 다양한 형식으로 발생한다. 트라우마 재생산의 이러한 형식들 가운데 자신에게 적대적인 수동적 형식을 우리는 재피해자화라고 부르는 것이다. 트라우마 재생산의 능동적 형식은 피해자가 타인에게 트라우마를 재생산하는 형태로 드러난다. 예를 들면 과거의 성추행이나 강간 피해자가 나중에 그 자신이 타인에 대해 성폭력의 가해자가 되는 경우가 이에 해당한다.

여성에게 더 흔한, '수동적' 트라우마의 재생산

이러한 반복 현상이 가장 분명하게 드러나는 곳은 바로 성폭력 영역이다. 매춘 여성의 50~90%는 자신의 첫 성관계를 아버지와 가진 경험이 있다. 하지만 이는 근친상간을 당한 모든 피해여성이 매매춘 여성이 된다는 것을 의미하는 것은 아니라는 점에 주의하자! 유년기 성폭력을 겪은 여성은 성병 대비책 없이 이루어지는 다중적 성관계를 갖기도 하지만, 강간 피해자가 되기도 한다. 무작위로 추출된 한 여성 그룹 중 38%는 14세 이후에 강간을 당했거나 그럴 뻔했다는 보고가 있다. 유년기에 성폭행을 당했던 여성에서 이 비율은 68%로 늘어난다.[66)]

린다는 스물네 살 때 함께 사는 남자친구를 향해 자신이 도저히 통제할 수 없는 분노의 도가니에 빠져들곤 했다. 린다가 대여섯 살일 때 그녀는 할아버지에게 성폭행을 당했다. 할아버지는 어린 린다 앞에서 바지를 내리고 자신의 성기를 그녀가 만지도록 시켰다.

그녀가 열 살 때 이번에는 엄마의 정부가 그녀를 성추행했다. 그 후에도 그는 수년 동안 린다에게 성추행을 했다. 그는 한밤중에 린다를 깨우고는 그녀의 입에 혀를 밀어 넣었고, 자신의 성기를 린다의 손

66) Van der Kolk, Bessel A., "The compulsion to repeat the trauma : re-enactment, revictimization, and masochism(트라우마를 반복하려는 강박 : 재연, 재피해, 그리고 피학적 성애)", *Psychiatric Clinic of North America*, June 1989, 12(2) : 389-411.

으로 자극하게 하면서 린다를 애무하곤 했다. 때로는 음란 비디오를 틀어놓고 그녀가 함께 보도록 했다. 이런 일은 수년 동안이나 지속되었다. 린다는 또한 엄마가 정부들과 성행위하는 것을 여러 번 보았던 것도 기억한다.

이번에는 열네 살의 린다가 엄마의 정부가 사는 집으로 찾아 가게 된다. 린다는 거기에 가면 무슨 일이 벌어질지 잘 알고 있었지만, 자신이 그곳에 가는 것을 스스로 막지 못했다.

열일곱 살 때 린다는 모르는 남자의 차에 탔다가 강간을 당했다. 그 차에 오르기 전에 마음속에서는 그 차에 타면 안 된다며 말리던 목소리가 있었다. 이 사건이 있고 나서 그녀는 그 목소리의 충고를 따르지 않았던 자신을 자책하게 된다.

이후에 있었던 남자들과의 관계에 대해 이야기하면서 그녀는 왜 남자들과의 관계는 '섹스에만 결부되고 사랑과는 무관하게 이루어지는지' 이해할 수 없다고 말했다. 그리고는 이런 결론을 내렸다. "나는 한 번도 타인이 나를 존중하도록 하지 못했어요."

유년기에 강간을 당했던 경험이 있는 여자는 성인이 되어서 신체적인 학대, 즉 가정 내 폭력의 피해자가 될 가능성이 훨씬 더 크다는 것을 한 연구는 밝히고 있다.[67]

남성들의 경우에도 재피해자화는 존재한다. 성폭력을 당했던 경험이 있는 젊은 성인남성에서 지속적인 콘돔 사용을 실천하지 않는 비율은 그런 경험을 갖지 않은 이들보다 세 배나 높다. 이는 성폭행을 경험했던 젊은 남

67) Coid J., Petruckevitch A., Feder G., Chung W., Richardson J., Moorey S., "Relation between childhood sexual and physical abuse and risk of revictimisation in women : a cross-sectional survey(여성에서 아동기 성적 신체적 폭력과 재피해의 위험 : 횡단 연구)", *The Lancet*, 2001, 358(9280) : 450-454.

성들이 성전염병, 특히 에이즈에 노출될 위험이 더 크다는 것을 의미한다.[68]

남성에게 더 흔한, '능동적' 트라우마의 재생산

앞에서 한 번 언급했던 파트릭은 여자조카들 중 셋을 성추행했다. 후에 성인이 된 조카들은 그를 고발했다. 그는 고소 내용을 인정했고 형을 살고 나왔다.

파트릭은 그 자신이 14세 때 숙모에게 성폭행을 당했다. 하교 길에 자동차로 그를 집에 데려다 주던 숙모는 으슥한 골목에 차를 세우고 그에게 수음을 하곤 했다. 파트릭은 자신이 성폭행을 당했던 일과 자신이 성폭력을 범한 일 사이에 어떤 연관성이 있다는 것을 생각해 본 적이 없다. 자신이 당한 성추행에 대한 EMDR 치료를 받기 전에 그는 자신이 유죄라고 느꼈다. 플래시백, 이미지들, 느낌들이 불현듯 솟구치며 자신이 겪었던 일들을 다시 겪는 듯한 상황으로 그를 몰아넣곤 했다.

자신을 피해자로 볼 수 없었던 그는 숙모가 했던 일에 대해 늘 수치심과 죄책감을 느끼고 있었고, 숙모의 성폭력을 가능하게 만들었을 '일정 부분의 자기 잘못'을 늘 찾고 있었다. EMDR 치료는 그의 과거를 더 객관적으로 볼 수 있도록 (그리하여 자신이 피해자였다는 것을 알도록) 해주었고, 부적절한 죄책감에서 벗어날 수 있도록 도와주었다. 자신이 저질렀던 성추행에 대해서는, 자신의 잘못에 따른 처벌 등을 온전히 받아들이고 정당한 죄책감을 감내하며 지내게 되었다.

---

68) Brown L. K. *et coll.*, "Impact of sexual abuse on the HIV-risk-related behavior of adolescents in intensive psychiatric treatment(집중정신치료를 받고 있는 청소년에서 나타나는 에이즈바이러스(HIV) 위험행동에 미치는 성적 학대의 영향)", *American Journal of Psychiatry*, 2000, 157 : 1413-1415.

여성들에서는 다시 피해자가 되는 경향이 더 자주 보이는 반면, 남성들에서는 자신을 가해자와 동일시하고 자신 또한 가해자가 되는 경우가 더 많이 보인다(이러한 지적이 남성 전체를 놓고 볼 때는 소수에만 해당하는 것임에 주의하자). 유년기 성폭력의 피해자였다가 가해자가 된 이들이 아동을 성추행할 때, 이들은 자신도 모르게 또 다시 해리 상태에 빠질 수 있다. 왜냐하면 자신들이 이전에 피해자로서 겪었고 여전히 '소화되지' 않은 채 그들에게 남아있는 성추행 트라우마를 지금의 성적 맥락이 다시 활성화시키기 때문이다. 이러한 해리 현상은 따라서 재피해자화를 동반하게 되는데, 그 결과 피해자가 가해자가 되고 가해자가 다시 피해자가 되는 악순환이 이루어지게 된다.

가족 중의 여성에게 성폭력을 당한 남자는, 가족 중의 남성이나 가족 외의 사람에게 성폭력을 당한 남성보다 그 자신이 가해자가 될 위험이 두 배나 더 크다.[69]

몇몇 남성은 성추행의 트라우마를 위의 경우와 같이 반복하는 대신, 일반적으로 그 등가물인 폭력적 행동을 보인다.

아르노는 26세다. 그는 도저히 통제되지 않는 폭력적 행동들 때문에 나를 만나러 왔다. 여자 친구가 자기 몰래 다른 남자와 잤다는 것을 알고서 그는 그녀를 구타했고, 그녀는 그를 고소했다. 그는 또한 자신이 운전 중에 전화를 사용했다는 이유로 벌금을 부과하려던 경찰에게 죽이겠다고 협박하며 욕설을 퍼부었다. 아르노는 똑똑한 젊은이로서, 자신의 문제들을 의식하고 있었다. 두 번째 만남에서 나는 그가 어렸을 때 동물들을 못살게 구는 습관이 있었다는 것을 알게 되었다. 나는 그가 어렸을 때 특이한 성적 상황을 경험한 적이 있는지 물었다. 약간의

69) Salter D. *et coll.*, 앞의 책.

주저함은 있었지만, 그는 일곱 살 때 열두 살 난 이웃 친구와 서로의 몸을 성적으로 만져보았던 경험이 있었다고 털어놓았다. 그가 이 이야기를 누군가에게 털어놓는 것은 이번이 처음이었다. 그는 자신이 수치스러우며 더럽다고 느꼈다. 그는 이 일을 이야기하는 것 자체가 신체적으로 불쾌한 느낌들을 가져온다면서, "그게 온몸을 휘젓고 다녀요"라고 말했다. 지금도 그 남자아이의 성기가 자신의 생각 속에 떠오르고, 그는 그것을 매일 생각한다. 옆집 남자 아이와의 그 사건 이후로 그는 자신이 동성애자가 될 것이라는 두려움에 떨었던 것이다.

세상에 단순한 일은 없다. 성폭력을 겪은 어떤 여성들은 자신들 또한 성추행의 가해자가 되기도 한다. 나아가, 성추행 가해자인 여성들의 대다수가 그 이전에 성폭력을 당했던 경험이 있는 것으로 나타난다(제1장 '스무 가지 잘못된 생각들' 중 열 번째를 참조).

쥐들도 마찬가지 !

이번에는 실험실 동물들에서 어떤 일들이 벌어지는지 살펴보기로 하자. 전기가 흐르는 쥐 우리에서 전기충격을 받으며 살았던 쥐들은, 원래의 우리 옆에 전기충격이 없는 우리를 가져다 놓으면 그곳으로 가지 않고 원래의 우리로 돌아온다. 원래의 우리에서 전기 충격을 자주 받은 쥐일수록 (낯선 우리로 가기보다) 전기가 흐르는 그 우리에 머물려 하고, 따라서 쥐는 계속 전기 충격에 노출된다.[70)]

이 실험은 무엇을 보여주는가? 스트레스를 받는 상황에서는 비록 이전의 행동 도식(스키마)이 위험할지라도 그 도식으로 돌아온다는 것이다. 이 결론은 전체 동물계에도 적용될 수 있을 것이다. 스트레스를 받는 상황에서는

---

70) Van der Kolk, Bessel A., 앞의 책.

인간 역시 어떤 환경이 비록 위험의 원천이더라도 그것이 자신에게 친숙하다면 그 친숙한 환경으로 돌아가려는 경향이 있다는 것이다. 스트레스 환경에 놓인 인간에게 어떤 변화란 그에게 불안을 더욱 가중시키는 것으로 인식되기 때문이다.

트라우마의 피해자는 언제 중독자가 되는가

외상후스트레스 장애로 고통 받고 있으며 구체적인 신체적 고통을 느끼고 있는 베트남 참전용사들에게 한 가지 실험을 했다. 실험은 그들이 느끼는 고통의 정도를, 베트남에서 있었던 전투들을 묘사하는 영화를 보기 전과 영화를 보는 동안으로 나누어 측정해보는 것이었다. 이 실험에서 연구자들은, 그 영화를 보는 일이 참전용사들에게 옛날에 겪었던 트라우마를 기억하게 하고, 이것이 그들의 고통을 30% 정도 줄이는 효과가 있다는 것을 알아냈다. 이는 통증감소 효과 면에서 8mg의 모르핀 투약과 맞먹는 것이다.[71]

이 실험은 수많은 연구자가 오래 전부터 목격해온 '강렬한 감정은 내인성內因性 아편 유사물질을 분비시켜 신체적 통증을 감소시킨다'는 사실을 재확인해 준다.[72] 이는 심각한 부상을 입은 병사들이 고통을 더 적게 느끼고 더 적은 양의 진통제를 필요로 하는 이유를 설명해주는 것이기도 하다.

마찬가지로 유년기 트라우마 피해자가 어떤 스트레스 유발 상황이나 그들에게 트라우마를 상기시키는 상황에 노출될 경우, 이들의 체내에선 노르아드레날린의 농도가 상승하여 기억 기능을 자극하고 이에 따라 트라우마 기억에 대한 의식 회귀가 쉬워진다. 이때 이들의 신체에서 다량의 아편 유사물질을 분비하게 되는데, 이는 곧 모르핀 투약과 동일한 효과를 낸다.

---

71) 위의 책.

72) 내인성 오피오이드는 모르핀과 같은 아편 유도체와 유사한 분자구조를 지니고 있는 물질로서, 우리의 뇌에서 만들어진다.

신체가 아편 유사물질들을 내부에서 분비하면 다양한 결과를 낳는다.

- 이 물질은 신체 통증을 감소시키고 몸을 경직시킨다. 신체의 경직은 불안을 감소시키지만 또한 부정적 효과도 가져오는데, 즉 사유를 마비시키고 자기방어를 할 수 없게 한다. 이는 과거에 피해자였던 사람들이 다시 유사한 위험상황에 처했을 때 왜 적절한 대응을 하지 못하는가, 그리고 왜 다시 피해자가 되는가에 대한 하나의 설명을 제공한다.
- 아편 유사물질의 분비는 트라우마를 상기시키는 상황과 사람에 대한 의존성을 강화한다. 분비되었던 아편 유사물질 농도가 뇌에서 감소하면(불안, 우울, 어지럼 등) 금단증상이 나타나게 되고, 이는 피해자로 하여금 (아편 유사물질의 분비 유발기제인) 트라우마적 상황에 자신을 노출시키는 일을 계속 반복하도록 한다.

우리는 재피해자화와 관련된 역설들 가운데 하나인 '피해자와 가해자 사이의 매우 단단한 감정적 유대'가 생기는 이유를 아편 유사물질들에 대한 의존성이 생기는 과정을 통해 일정 부분 이해할 수 있다. 배우자에게 신체적 폭력을 당하는 여성에게 사람들은 수도 없이 말했을 것이다. "그렇게 맞고 사느니 그냥 그를 떠나버리면 돼잖아!"라고. 배우자의 폭행에 시달리는 여성 가운데 도망치는 여성은 왜 그토록 소수에 그치는가? 어떤 연구자들은 그 이유를 이렇게 설명한다. 즉, 여자는 자신을 폭행하는 배우자에 대해, 그리고 자신이 어린 시절에 겪었던 트라우마의 상황과 유사한 이 상황에 대해 '의존적'이 된다. 여러 해 아버지에게 성폭행을 당한 여자는 여러 명의 폭력적인 상대방과 콘돔 없이 복잡한 성관계를 가짐으로써 자신이 겪었던 트라우마를 재생산하거나, 강간 위험이 높은 상황에 노출되는 행동을 반복하는 경향을 가질 위험이 있다. 이 도식은 유년기에 성적 트라우마를 겪었던 폭력적인 남자들의 경우에도 적용될 수 있다(배우자 사이의 폭력 문제는 그것을 유발하는 요인들이 개인적·사회적으로 매우 다양하므로 여기서는 다루지 않겠다).

유년기 성폭력 피해자들은 종종 알코올과 마약 등에도 의존적이다(이와 관련해서는 나중에 다시 다룰 것이다). 이런 물질들이 유발하는 탈억제 효과는 트라우마가 반복되는 상황을 용이하게 만들며, 피해자가 폭력적으로 행동하거나 또 다른 성적 트라우마를 겪을 가능성을 높인다.

내인성 아편 유사물질에 대한 이러한 의존성은 또한 몇몇 섭식장애와 자해성향 등을 설명할 수 있을 것이다.

심리학적인 설명

재피해자화를 중독의 한 종류로 보는 것은 생물학적 관점에서 그것을 이해하려는 하나의 시도이다. 그런데 그것을 또 다른 관점, 즉 심리학적 관점에서 이해하려는 시도도 있는데, 이는 아래와 같은 몇 가지 사항들을 전제로 한다.

- 성폭력을 당했던 여성은 위험한 남자를 가려내 피할 줄 모르고 그들의 쉬운 먹이가 되는데, 이는 그녀가 자존감이 약해지고, 행동 면에서 때로는 '과잉 성애화' 되어 있으며, 남성을 이상화하려는 경향을 갖고 있기 때문이다.
- 트라우마의 반복은 자기 자신 또는 타인을 향한 일종의 분노로 이해될 수 있다. 그러나 성적 트라우마의 피해자들은 이러한 분노와 트라우마 사이의 연관성을 거의 의식하지 못하며, 분노를 표출하는 그들의 행동이 과거에 자신이 겪었던 트라우마 사건들을 무의식적으로 재생산한다는 것을 인식하지 못한다.
- 재피해자화는 또한 성폭력으로 인한 피해자의 죄의식을 누그러뜨리는 수단이 될 수 있다. 말하자면 재피해자화가 일종의 처벌로 작동하는 것이다.

그러나 이 죄의식은 단지 '수치심'이라는 더 끈질기고 고통스러운 감정을 숨기기 위한 '가리개' 역할을 하기도 한다. 이처럼 수치심이 죄의식 밑에 숨어 그것에 끊임없이 영양소를 공급한다. 때문에 재피해자화와 연관된 모든 고통은 이 '가짜' 죄의식을 결코 누그러뜨릴 수 없다.

- 능동적 재생산은 자신이 누군가를 통제한다는 느낌을 준다. 그래서 성폭력을 당할 때 피해자가 느꼈던 무기력감을 대체할 수 있게 한다.
- 애착 현상은, 어떤 피해자는 왜 가해자와 함께 머무르고 있는가를 이해할 수 있게 한다. 큰 불안을 느끼는 상황에서는 누구나 자신을 안심시키고자 어떤 편안함의 원천, 즉 애착의 대상을 찾기 마련이다. 이는 개인의 심리적·정서적 발달 상태와 무관하게 이루어진다. (배우자, 가족, 친구 등) 익숙한 애착의 원천에 기댈 수 없을 때 피해자는 가해자에게 기대려 할 수 있고, 이 경우 가해자와 매우 강한 감정적 유대 관계에 빠지게 된다. 인질이 오히려 인질범을 변호하는 현상인 스톡홀름 증후군이 바로 이런 것이다(291쪽 참조). 나중에 언급하겠지만, 애착 현상도 내인성 아편 유사물질에 대한 의존 체계를 그 토대로 한다. 요컨대, 아무에게도 의지할 수 없는 것보다는 자신을 괴롭히는 사람에게라도 기대는 게 낫다는 것이다.
- 가해자와의 동일시 : 정신분석학에서 나온 이 표현은 피해자가 가해자의 이미지를 함입incorporation하는 것을 가리킨다. 성폭력을 당한 개인의 정신 구조에는 가해자와 피해자가 공존한다. 이 단계에 이어 피해자는 상황에 따라 자신을 가해자와 동일시하거나 피해자와 동일시한다. 그리고 이런 경우에 다음의 세 가지 상황이 가능하다.

1. **내면화된 가해자가 피해자를 공격한다** : 피해자가 자기 자신을 공격(자해)하게 됨.
2. **내면화된 가해자가 다른 사람들을 공격한다** : 피해자가 타인에게 트라우

마를 재생산하게 됨.

3. 자신을 나름대로 피해자로 파악하긴 하지만, 다시 타인들로부터 피해 받는 상황에 스스로를 밀어 넣는다 : 이것이 바로 재피해자화가 일어나는 경우다.

어떤 이들은 이러한 반복강박을 '트라우마를 소화하려 하지만 실패할 수밖에 없는 시도'로 해석했다. 이 해석에 따르면, 반복강박은 의존성의 결과인데 바로 이 의존성 때문에 피해자는 최초의 트라우마를 해소하지 못한 채 또 다른 트라우마나 고통을 낳는 상황으로 스스로를 내몰고, 결국 함정에 빠지게 된다.

자해와 자살 기도

유년기 성폭력은 피해자에게 아주 심각한 두 가지 결과를 초래하는데, 바로 자해와 자살기도다.

자해

자해는 자신에게 해를 가하는 일로, 가장 흔한 경우로는 자신의 몸을 칼로 상해하는 것이다. 팔이나 허벅지 또는 배에 환자가 직접 커터나 칼, 가위 등으로 상처를 내어 흉터들이 생긴 모습을 보는 건 드물지 않은 일이다. 비교적 흔한 자해 행동방식 중에는 담뱃불로 자신의 피부를 지지거나 주먹으로 벽을 내려치는 일 등도 있다.

샹탈은 11세 때 이웃에게 강간당할 뻔했다. 그 이웃은 여러 차례 강간을 시도했지만 결국 (성기) 삽입에는 실패했다. 내가 그녀를 알게 되었

을 때는 사건이 있은 지 10년이라는 세월이 흐른 뒤였는데, 그녀는 아직도 팔을 칼로 긁는 습관이 있었다. 정신과 병원에 입원해있는 동안, 그녀는 유리조각으로 팔을 베기 시작했다. 그리고 집으로 돌아간 뒤에는 유리조각 대신 커터로 상처를 냈다. 커터로 자해를 하고 나면 그녀는 그 커터를 내다버렸다. 하지만 얼마 지나지 않아 결국은 가게에 가서 커터를 새로 사서 또 다시 자해를 했고, 그녀는 이러한 일이 반복되는 것을 멈출 수 없었다. 그녀는 이렇게 말했다. "칼로 팔을 베고는 피가 바닥에 떨어지지 않도록 옷소매로 팔을 감추었어요." 그녀의 이러한 자해 행동이 완전히 사라지기까지는 약 3년간의 치료가 필요했다. 이제는 팔에 남은 흉터만이 그녀가 겪었던 힘들었던 지난날을 증언하고 있다.

이 자해 행위에 대해 그녀는 자신이 '무언가에 홀려있었다'고 이야기한다. "나를 벌해야만 했어요. 마치 무언가를 덜어내려는 것처럼 말이죠." 그녀에게 고통은 자해 후에야 오는 것이었고, 자해 행위 중에는 고통을 전혀 느끼지 못했다.

자살기도

유년기 성폭력을 겪은 피해자는 자살기도를 하게 될 위험이 훨씬 더 크다. 피해자가 성폭력을 겪은 나이에 따라 그 위험 정도가 달라지는데, 16세 이전에 성폭력을 당한 경우는 16세 이후에 당한 경우보다 자살기도 위험이 세 배나 더 커진다.[73)]

또한 반복적 자살기도는 유년기에 성적 또는 신체적 폭력을 겪었던 여

73) Davidson J.R. *et coll.*, "The association of sexual assault and attempted suicide within the community(집단 내에서 성적 학대와 자살기도의 연관성)", *Archives of general psychiatry*, 1996, 53(6).

성들에서 더 빈발한다.[74] 5세의 아동들을 10년 동안 추적 관찰한 결과, 우리는 성폭력을 당했던 청소년들이 그렇지 않은 청소년들보다 8배 높은 반복적 자살기도 성향을 보인다는 것을 알게 되었다. 자살기도 위험을 파악하는 기간을 개인의 일생으로 확대해 보면, 성폭력을 당했던 사람에서 그 위험은 거의 4배 증가한다.[75] 학대의 유형들 가운데, 성폭력의 경우보다 더 큰 자살기도 위험성을 보여주는 유일한 유형으로는 감정적 학대가 있다. 이 경우 자살기도 위험은 5배로 증가한다.

자살기도와 자주 연관되는 요인들에는 약물중독과 우울증이 있다는 것도 잊지 말자.[76]

아동기에 성폭력을 당한 경험이 있는 우울증 환자들은 그런 경험이 없는 환자들보다 자살기도의 위험이 더 크고, 그런 시도를 하게 되는 나이 또한 더 이른 나이로 앞당겨진다. 또 이런 환자들은 경계성 인격장애의 유병율도 더 높다.[77]

성폭력이 인격에 미치는 영향

사람은 누구나 인격이 무엇인가에 대한 대략적인 관념을 가지고 있지만, 그것에 대해 간명하게 정의를 내리는 일은 불가능한 일에 속할 것이다. 나름

---

74) Ystgaaed M. et coll., "Is there a specific relationship between childhood sexual and physical abuse and repeated suicidal behaviour ? (아동기 성폭력 및 신체적 학대와 반복적인 자살기도 사이에 특이적 관계가 있는가?)", *Child Abuse Negl*, 2004, 28(8) : 863-75.

75)Brown J., Cohen P., Johnson JG., Smailes EM., "Childhood abuse and neglect : specificity of effects on adolescent and young adult depression and suicidality(아동기에 겪은 폭력과 방치: 청소년과 청년의 우울증과 자살성향에 미치는 영향의 특이성)", *J Am Acad Child Adolesc Psychiatry*, 1999, 38(12) : 1490-6.

76) Dube S.R. *et coll.*, 앞의 책.

77) Brodsky Beth S. *et coll.*, "The relationship of childhood abuse to impulsivity and suicidal behavior in adults with major depression (아동기에 겪은 성폭력과 주요우울증 성인에서 나타나는 충동성 및 자살성향과의 관계)", *American Journal of Psychiatry*,2001, 158 : 1871-1877.

대로 정의해 보자면, '인격이란 각자가 생각하고 느끼고 행동하고 타인과 관계를 맺는 방식, 즉 각자 삶을 살아가는 방식'이라고 할 수 있을 것이다. 인격의 형성은 한편으로는 유전적 생물학적 요인들, 다른 한편으로는 교육적 심리학적 사회문화적 요인들, 이 두 측면의 요인들이 상호작용하여 형성된다.[78] 인격은 청소년기에 거의 완성되어 드러나며 그 뒤로는 안정상태에 있게 된다. 즉, 청소년기가 끝나면 시간이 지나도 인격은 거의 변화를 거치지 않는다.

한 사람의 인격이 사회적 정상기준에서 멀어지거나 일상생활에 문제를 일으키는 방식으로 드러날 때, 우리는 '인격 장애'나 '병리적 인격'을 얘기하게 된다. 이러한 인격장애에는 열한 가지 이상의 유형이 있는데, 그 각각은 행동 면이나 지적 정서적인 면을 상당히 특이적으로 묘사하는 진단기준들로 규정된다. '정상적' 인격과 마찬가지로 병리적 인격들도 시간의 경과 속에서 안정되어 있다. 그러나 정상적 인격은 융통성이나 적응력이 있는 반면, 병리적 인격들은 융통성이 없고 늘 변화하는 환경에 부적응적인 모습을 보인다. 병리적 인격이 외부에 대처하는 방식은 병리의 강약 면에서만 차이가 날 뿐, 다소 '요란스럽게' 표출된다.

경계성 인격이란 무엇인가?

엘리자베스는 50세이다. 그녀가 처음 자살을 시도한 것은 6세 때였는데, 뱃멀미 때문에 여러 개의 알약을 한꺼번에 삼킨 것이었다. 지금까지 살아오면서 그녀는 100번이 넘는 자살기도를 했는데, 대부분은 약물 과다 복용의 방식으로 이루어졌다. 청소년기에는 (팔이나 손에 칼을 대는) 자해를 하기도 했지만, 이런 자해 행동들은 단지 몇 개월 동안만 계속

78) Debray Q., Nollet D., "*Les personnalités pathologiques, approche cognitive et thérapeutique*(병리적 인격들, 인지치료적 접근)", Masson, 1997.

되었다. 19세 때 그녀는 처음 입원을 하게 되었다. (머리를 빡빡 밀어버리는 등의) 행동 장애, (TV에 자기를 감시하는 장치가 숨겨져 있다거나, 길에서 그녀를 미행한다는 등의) 피해망상증, 그리고 환청 등이 후일 간헐적으로 그녀에게 나타났다. 기분장애가 계속되었는데, 우울한 상태에서 기쁨에 들뜬 상태로의 전환이나 그 반대방향으로의 전환이 때로는 단 몇 분 간격으로 그녀에게 일어나곤 했다.

그녀는 정서적으로 매우 불안한 상태에 있고, 남자 친구에게 헤어지기를 요구하는 상태에서 그와 결혼하고 싶고, 그에게 거부감을 느끼면서도 사랑을 느끼는 식으로 마음이 왔다갔다 한다. 그러다 가끔 며칠 동안은 아무 일 없다는 듯이 안정적인 상태에 있기도 한다. 그녀는 신경이완제, 항우울제, 그리고 항불안제 치료를 받아야 하는 상태인데, 이런 약물들은 그녀가 그래도 생활을 해나갈 수 있게 해주기는 하지만, 변덕스러운 기분 변화나 단기성 정신착란 증세를 해결해주지는 못하고 있다. 끊임없이 발생하는 이런 증세들로 그녀는 짧은 입원이긴 하지만 정기적으로 병원 신세를 지고 있다.

엘리자베스는 6세에서 13세까지 아버지에게 성추행(외음 핥기)을 당했다. 17세가 되어서야 그녀는 처음으로 이런 얘기를 털어놓았는데, 처음에는 의사에게, 그 다음에는 오빠에게 말했다(이야기를 들은 오빠는 그녀의 따귀를 때렸다고 한다). 그녀는 자신이 엄마의 남편을 훔쳤다는 생각으로 여전히 수치심과 죄책감을 느끼고 있다.

이러한 증상들은 그녀에게 어떤 병리적 인격, 즉 '경계성 인격'이란 문제가 있음을 보여준다. 또한 이 증세들은 (조현병이나 양극성 정동장애 등) 몇몇 정신과적 질병을 암시하는 것이기도 하다. 그녀에게 나타나는 가장 중요한 특징은 불안정성이다. 두 극단을 오가면서 타인과의 관계나 기분, 감정, 행동, 자아상 등에 영향을 미치는 불안정성이 그녀에게서 명백하게 발견되는데, 이를 구체적으로 정리하면 다음과 같다.

- 타인들은 열렬하게 사랑 받거나 아예 거부되고, 이상화되거나 아예 폄하되는데, 이로 인해 타인과의 관계들이 매우 강렬하면서 동시에 매우 불안정해진다.
- 우울증 상태에서 너무 즐거운 (조증) 상태로, 혹은 그 반대 방향으로 기분 변화가 빈번하고 이는 급작스럽고 이해할 수 없는 방식으로 일어난다.
- 통제할 수 없고 종종 이유도 없는 분노가 충동에 수반되고, 때로는 버려짐에 대한 두려움과 연계되며, 반복적인 자살기도나 여러가지 위험한 행동을 실행하는 경향이 있다.
- 자아상이 매우 혼동되고, 내적 공허감을 느끼며, 자기정체성이 혼란스럽다.
- 이 모든 증상에 피해망상이나 환각과 같은 정신증적 증상들이 더해진다. 이 때문에 정확한 진단을 내리기 어렵다.

그 다수가 트라우마를 지니고 있는 경계성 인격

경계성 인격을 보이는 사람들의 전부 또는 거의 대부분이 유년기에 정신적 트라우마를 겪었다는 사실은 이미 오래 전부터 알려져 있다. 사실 아이의 보호자이자 아이가 좋아하는 바로 그 어른이 어느 날 신체적 또는 성적 폭행자로 돌변한다면, 어떻게 그 아이가 충분히 안정된 자아상이나 타인관계를 성취하리라고 기대할 수 있겠는가? 경계성 인격을 보이는 사람들에서 외상후스트레스 장애가 나타나는 경우가 빈번하기 때문에, 더더욱 사람들은 경계성 인격이 이러한 트라우마들의 결과라고 결론지었다. 심지어 사람들은 경계성 인격이 사실은 유년기 트라우마와 연관된, 외상후스트레스 장애의 한 형태가 아닐까 의문시 하고 있었다.

그러나 최근 조사된 자료들은 이전의 이러한 생각을 부정하고 있으며, 현재로서는 동일한 개인에서 나타나는 경계성 인격장애와 외상후스트레스 장애 간의 연관성을 이해할 수 있도록 하는 명백한 설명은 없다.

성폭력이 경계성 인격의 형성에 어떤 역할을 하는지도 알기 어려운 일이다. 다만 통계적으로 보면, 경계성 인격장애 환자의 29~70%가 과거에 성폭력을 당한 경험이 있다는 사실이 알려져 있다.[79)]

현재로서는 경계성 인격장애의 '형성'에서 성폭력은 필수조건도, 충분조건도 아닌 것으로 여겨진다. 경계성 인격장애는 여러 가지 다양한 요인과 연결되어 있는 것으로 보이는데, 그 요인들로는 장기화된 모성 결핍[80)], 감정적 폭력, 가족 관련 정신질환 등이 있다.[81)]

더 나아가 유년기 성폭력은 다른 종류의 인격장애 발생에도 영향을 미치는 것으로 알려져 있다. 특히 타인의 권리를 멸시하고 침해하는 사람이란 의미에서 예전에는 사이코패스라 불렸던 '반사회적 인격', 타인의 의도나 관심을 자신을 해치려는 것으로 해석하고 심한 의심과 경계심[82)]으로 특징되는 '망상적(편집증적) 인격', 지나친 감정적 반응과 늘 타인의 시선을 끌려 하는 태도의 일반화로 정의되는 '연극성 인격', 일상을 지배하는 우울증적

---

79) Golier J.R., Yehuda R. *et al.*, "The relationship of borderline personality disorder to posttraumatic stress disorder and traumatic events(경계성 인격장애와 외상후스트레스 장애 및 트라우마 사건과의 연관성)", *American Journal of Psychiatry*, November 2003, 160(11) : 2018-2024.

80) Zanarini M.C., Willams A.A. *et al.*, "Reported pathological childhood experiences associated with the development of borderline personality disorder(경계성 인격장애의 발달과 연관된 것으로 보고된 병리적 아동기 경험)", *American Journal of Psychiatry*, 1997, 154 : 1101-1106.

81) Bandelow B., Krause J., Wedekind D., Broocks A., Hajak G., Rüther E., "Early traumatic life events, parental attitudes, family history and birth risk factors in patients with borderline personality disorder and healthy controls(경계성 환자들의 초기 트라우마 사건, 부모의 태도, 가족사, 탄생 관련 위험요인들과 대조군 비교연구)", *Psychiaty Res*, 2005, 134(2) : 169-79.

82) Bierer L.M., Yehuda R., Schmeidler J., Mitropoulou V., New A.S., Silverman J.M., Siever L.J., "Abuse and neglect in childhood relationship to personality disorder diagnoses(아동기에 겪은 폭력 및 유기 경험과 인격장애 진단의 상관성)", *CNS Spectr.* October 2003, 8(10) : 737-54.

인지 행동으로 규정되는[83][84] '우울증적 인격' 등의 발생과 관련이 있다고 한다.

그러나 이러한 수치들이 어떻든 한 가지 분명한 사실이 있다. 즉, 아동이 겪은 폭력이 심각할수록 그가 가지게 될 경계성 인격장애도 심각해진다. 성폭력의 피해자였으며 경계성 장애로 입원치료를 받는 환자 중 절반 이상이 유년기나 청소년기에 특별히 심각한 성폭행을 경험한 바 있다. 여기서 말하는 '특별히 심각한 성폭력'이란 두 명 이상의 가해자가 있고, 이 중 적어도 한 사람은 피해자의 부모이거나 친지이며, 이들로부터 적어도 1년간 일주일에 한 번 이상 강제나 폭력에 의해 삽입을 동반한 성폭력을 당한 것을 말한다.[85]

이 경우에도 우리는 성폭력과 병리적 인격들 사이의 직접적 인과관계를 설정할 수 없다. 그러나 신체적·감정적 학대, 안정되지 못하고 비정상적인 교육, 또는 가족 내 정신장애와 같은 다양한 위험요인과 더불어, 이들 병리적 인격은 병리적 인격의 발생에 있어서 의심할 바 없는 또 하나의 위험요인임이 분명하다.

83) DSM, Manuel diagnostique et statistique des troubles mentaux(정신장애의 진단 및 통계 편람).

84) Johnson J.G., Cohen P. *et coll.*, "Childhood maltreatment increases risk for personality disorders during early adulthood 아동 학대는 성인 초기 인격장애 발생 위험을 높인다)", *Arch Gen Psychiatry*, 1999, 56:600-606.

85) Zanarini M.C., Yong L. *et coll.*, "Severity of reported childhood sexual abuse and its relationship to severity of borderline psychopathology and psycho-social impairment among borderline inpatients(보고된 아동기 성적 학대의 심각성과, 경계성 입원환자들의 경계성 병리 및 정신사회성 침해의 심각성 간의 관계)", *J Nerv Ment Dis*, June 2002, 190(6) : 381-387.

증가된 위험, 중독

우리는 또한 의존성을 의미하는 영어에서 온 표현인 '중독addiction'에 대해서 말한다. 유년기 성폭력과 연관된 여러 정신장애 중 가장 대표적인 것은 알코올 등 중독성 물질의 과다 소비인 것으로 보인다.

수많은 연구가 보여주는 바에 따르면, 유년기에 성폭력을 당한 경험과 몇 해 뒤에 발현되는 중독성 물질에 대한 의존성 사이에는 어떤 연관성이 있다. 이런 중독성 물질에는 술·담배·마약 등이 있는데, 허가된 중독물질인 술이나 담배 등에 대한 의존성은 더 어린 나이에 많은 양의 소비로 시작되는 반면, 대마초·헤로인·코카인 등 불법적인 중독물질에 대한 의존성은 특히 성폭력이 여러 차례에 걸쳐 이루어졌을 때와 관련이 있다.[86)]

한 연구에 따르면[87)], 여러 종류의 중독물질을 소비하는 환자 중 여성의 70%와 남성의 56%가 유년기에 성폭력을 겪었으며, 이 가운데 여성의 50%와 남성의 40%는 성관계 경험을 포함한다.

8세에서 14세까지 니콜은 고통을 당했다. 아버지가 밤이면 와서 그녀에게 외음핥기(쿤닐링구스)를 하고, 어머니는 그녀에게 신체적·감정적 학대를 했다. 결국 17세에서 22세까지 그녀는 약물중독에 빠졌다. 그녀는 마리화나haschich와 LSD, 환각성 버섯, 암페타민, 그리고 약간의 헤로인과 모르핀 등을 사용했다. 남자친구의 죽음으로 그녀 스스로 자

86) Nelson E.C. et coll., "Childhood sexual abuse and risks for licit and illicit drug-related outcomes : a twin study(아동기 성적 학대와 합법, 비합법 중독물질과의 연관성 : 쌍생아 연구)", *Psychological Medicine*, 2006, 36 : 1473-1483.

87) Schäfer M., Schnack B., Soyka M., "Sexual and physical abuse during early childhood or adolescence and later drug addiction(아동기나 청소년기에 겪은 성적 신체적 폭력과 그 후 나타나는 약물중독)", *Psychother Psychosom Med Psychol*, 2000, 50(2) : 38-50.

신의 인생을 바꾸어야겠다고 생각하게 되기까지 이 약물들의 복용은 계속되었다. 다행히도 그녀는 자신이 이 위험한 길을 계속 간다면 여러 방면, 특히 직업 면에서 그 동안 애써 이룬 모든 것을 잃게 되리라는 사실을 비로소 깨닫기에 이른 것이다. 이후로 그녀는 모든 중독성 약물에서 완전히 손을 뗐다.

중독성 약물(마약)을 얘기할 때, 거기에는 향정신성 의약품도 포함되는데, 특히 진정제들(Lexomil©나 Xanax©)이나, 수면제들(Stilnox©나 Noctran©)이 그러하다. 유년기에 성폭행을 당한 여성들의 경우 수면제를 복용할 확률이 보통 사람의 두 배, 진정제는 세 배에 이른다.

샹탈은 11세 때 한 이웃에게 성폭행(성기삽입 시도)을 당했다. 16세부터 그녀는 향정신성 약물에 의존하게 되었고, 그 뒤로 엄청난 양의 복용을 멈출 수 없었다. 약물의 일상적 소비량을 조금이라도 줄이려고 시도할 때마다 그녀는 무척 큰 고통을 받았다. 결국 우리는 아주 점진적으로 그 양을 줄여나가는 것에 만족해야 했다. 어쨌든 치료의 목표는 약물복용의 완전한 중단이 아니라, 그녀에게 좀 더 균형 잡힌 일상생활을 가능하게 해줄 '합리적' 복용량이다. 어느 날 그녀가 스스로 별 어려움 없이 복용량을 절반도 넘게 줄였다고 말했을 때 나는 무척 놀랄 수밖에 없었다.

이 주제에 관해 진행된 모든 연구는 하나 같이 그것이 과거추적 연구, 즉 다양한 해석의 가능성이 있는 연구라는 이유로 비판 받았다. 때문에 더 명확한 결론을 위해, 한 미래추적 연구[88]는 성폭력을 당한 경험이 있는 소녀들이 그 후 어떤 변화를 겪는지 추적했다. 그 결과 청소년기의 중독성 약물의 소비와 그 이전의 성폭력 경험과의 직접적 연관성을 확인해주었다.

게다가 중독성 약물의 복용은 외상후스트레스 장애와 아주 빈번하게 연관된다.[89] 앞에서 우리는 성폭력 피해자에서 이 장애가 빈번히 발생한다는 점을 보았다. 외상후스트레스 장애를 겪을 경우, 환자가 약물중독에 빠질 위험은(8~25%에서 21~43%로) 약 두 배 정도 더 커진다. 더구나 15~41%의 약물중독 환자는 외상후스트레스 장애를 겪고 있으며, 이들은 알코올이나 마리화나에 의존하는 경우보다 습관성이 강한 마약이나 다종의 약물에 의존하는 경우가 더 많다. 호주의 경우, 인구 일반을 놓고 볼 때 암페타민 중독자의 24%, 아편계(헤로인) 중독자의 33%가 외상후스트레스 장애를 겪고 있는 것으로 나타났다. 이는 알코올 중독자의 5.4%, 대마초 소비자의 5.2%에서만 이 장애가 발견되는 것과는 대조적이다. 외상후스트레스 장애와 습관성이 강한 마약 중독 사이에 이토록 강력한 연관성이 나타나는 이유 중 하나는, 트라우마 피해자들이 외상후스트레스 장애로 인한 증상을 견디고자 중독성 약물을 자가 처방하는 경향이 있다는 점에서 찾을 수 있을 것이다.

---

88) Bailey J.A., McCloskey L.A., "Pathways to adolescent substance use among sexually abused girls(성적 학대 피해 소녀들이 (중독성) 약물 사용에 이르는 경로)", *J Abnorm Child Psycho*, 2005, 33(1) : 39-53.

89) Schäfer I., Najavits L.M., "Clinical challenges in the treatment of patients with posttraumatic stress disorder and substance abuse(외상후스트레스 장애와 (중독성) 약물남용이 공존하는 환자들 치료에서의 도전)", *Curr Opin Psychiatry*, 2007, 20(6) : 614-618.

우리 몸이 말할 때

유년기에 성폭력을 당했던 성인들은 다른 이들보다 훨씬 더 자주 신체적 질병으로 고통받는다. 그들은 의사를 훨씬 더 자주 찾으며, 응급 서비스도 마찬가지다. 또한 그들은 일생에 평균 8차례에 달하는 외과적 치료를 받는데, 불행하게도 대부분의 치료는 불필요했던 것으로 판명 난다.

이들이 겪는 신체적 질병들은 거의 모든 장기에서 발생한다. 머리에서(편두통, 만성 두통) 내장을 지나(과민성 대장증후군, 항문경련증) 방광에 이르기까지(요로감염증 및 요로폐쇄증) 유년기 성폭력은 거의 모든 기능성 장애를 유발하는 위험 요인이다. 여러 가지 보조적 검사에도 불구하고 어떠한 해부학적 병변도 명백하게 발견되지 않는 경우, 이러한 질병을 '기능성' 질병이라 일컫는다. 즉, 신체 장기의 기능에만 문제가 있다는 것을 의미하는 것이다.[90] 그러나 해부학적 병변이 있는 몇몇 심장기관 질환의 경우처럼 이전의 성폭력 피해 경험과 연관되어 있으면서 해부학적 병변이 있는 경우도 있다.[91]

우리가 생각하기에는 유년기에 폭력을 겪은 사람들은 신체적 질병이나 스트레스에 대한 저항력이 약하다. 게다가 그런 사람들은 신체적 고통에 대해서도 무척 민감하다. 말하자면, 고통에 대한 비정상적인 처리가 뇌에서 이루어지기 때문에 그들의 지각한계[92]가 낮아져 있는 것이다.[93] 피해자가

---

90) Dictionnaire de Médecine(의학사전 3판), Flammarion.

91) Goodwin R.D., Stein M.B., "Association between childhood trauma and physical disorders among adults in the United States(미국 성인에서 아동기 트라우마와 신체적 장애의 연관성)", *Psychol Med*, 2004, 34(3) : 509-20.

92) 지각한계란 사람이 지각을 느끼는 자극의 최저 수준을 의미한다. 지각한계가 낮을수록 작은 자극(고통)에 예민해진다. －역주.

93) Scarinci I.C., Mac Donald-Haile J., Bradley L.A., Richter J.E., "Altered pain perception and psychosocial features among women with gastrointestinal disorders and history of abuse : a preliminary model (폭력피해 경험 및 소화계 장애가 있는 여성들에서 보이는, 변질된 고통지각과 심리사회적 특성들 : 예비적 모델)", *American Journal of Medicine*, 1994, 97 : 108-118.

유년기에 겪은 폭력이 몇몇 신경생물학적 시스템, 그 중에서도 특히 세로토닌과 함께 작동하는 시스템을 교란시켰을 수 있다. 이럴 경우 피해자들은 편두통, 우울증, 섬유근육통, 과민성 대장증후군 등의 다양한 질환에 취약하다.[94)]

편두통과 만성두통

성폭력은 편두통 및 만성두통과 아주 밀접한 연관이 있다. 편두통 장애는 아주 흔한 것으로, 일반인구 집단에서 약 6%의 남성과 약 17%의 여성이 경험한다. 그런데 편두통을 겪는 여성 중 4분의 1 이상이 유년기에 성폭력을 당한 경험이 있다.

두통 장애 중에는 편두통과는 또 다른 유형이 있는데, '만성 두통'이라 부르는 것이다. 만성 두통은 두통 증세가 한 달에 15일 이상, 하루 4시간 이상, (치료하지 않을 경우) 최소 3개월 이상 지속되는 것을 말한다. 일반인구 집단의 3%가 만성 두통을 겪고 있는데, 여기서도 여성환자가 남성환자보다 세 배 더 많다. 그런데 이렇게 만성 두통을 겪는 여성 중 거의 3분의 1이 유년기에 성폭력을 당한 바 있다.[95)]

한편, 편두통과 관련된 우울 장애의 비율이 무척 높다는 점도 주목해둘 필요가 있다. 편두통과 우울증을 함께 앓는 여성들은 편두통만 앓는 여성들보다 유년기 성폭력의 피해자일 확률이 두 배 더 높은 것으로 나타난다.[96)]

---

94) Tietjen G.E., *et coll.*, "History of childhood maltreatment is associated with comorbid depression in women with migraine(편두통 여성에서 아동기 학대 경험은 우울증 동반질환과 연계된다)", *Neurology*, 2007, 69 : 959-968.

95) Peterlin B.L., Ward T., Lidicker J., Levin M., "A retrospective comparative study on the frequency of abuse in migraine and chronic daily headache (편두통 및 일상적 만성두통과 성적 학대 경험의 빈도에 관한 후향 비교 연구)", *Headache*, 2007, 47(3) : 397-401.

96) Tietjen G.E., 앞의 책.

소화기 장애

미국·프랑스·캐나다에서 이루어진 여러 연구에 따르면, 오늘날 소화기 기능성 장애를 겪는 환자 중 적어도 30~40%가 성폭력 피해 전력이 있다.[97] 과민성 대장증후군과 항문경(항문경련증) 또한 유년기 성폭력과 가장 흔하게 연관된 소화기 장애들이다.[98]

과민성 대장증후군은 일단 시작되면 곧바로 생활에 큰 불편을 초래하는 기능성 질환이다. 그 증세들로는 배의 통증과 더부룩함, 식사 후 때로는 오래지 않아 발생하기도 하는 복부팽만감, 변비와 설사의 연속적 또는 순환적 발생, 갑자기 뒤가 마렵거나 변을 봐도 배설이 불완전하게 느껴지는 것 등이 있다. 초기에는 간헐적으로 생기는 이 증상들은 점차 반복적으로 생기고, 복부 전반에 걸친 통증이 늘 느껴지면서 가끔씩 짧지만 평온을 되찾았다가 다시 더 심한 통증이 몰려오는 상태로 발전한다. 이런 증세들로 고생하는 사람은 자신이 섭취하는 음식에 집착하고 저녁식사를 거르는 등 자신의 섭식 습관과 일치하지 않는 모든 상황을 거부한다. 그리하여 복부 통증의 원인으로 쉽게 단정하고 거부하는 음식물의 가짓수가 자꾸 늘어난다.

이 증후군의 환자 중 거의 3분의 1이 유년기에 성폭력을 당한 전력이 있다는 것을 연구들이 보여준다.[99] 또한 환자가 겪는 기능성 소화기장애의

---

97) Watier A., 앞의 책.

98) Labat J.-J., "Abus sexuels and pathologie fonctionnelle pelvi-périnéale(성적 학대와 골반-회음부 기능성 질환)", *ConStat*, 1996, 3 :10-13.

99) Delveaux M., Denis P., Allemand H., "Sexual abuse is more frequently reported by IBS patients than by patients with organic digestive diseases or controls : results of a multicentre inquiry. French Club of Degestive Motility(성적 학대 피해경험은 기질성 소화기 질병 환자군이나 대조군보다 과민성 대장증상 환자군에서 더 자주 보고 된다 : 다초점 연구 결과. 소화기관 운동성 연구 프렌치 클럽)", *Eur. J. Gastroenterol.* Hepatol, 1997, 9 : 345-352.

증상 수가 많을수록, 그리고 병원을 찾는 경우가 잦을수록 소화기 장애의 정도가 심각해질 뿐 아니라, 그들이 겪었던 성폭력의 심각성도 뒤따라 증가하는 경향을 보인다.[100] 몇몇 전문가들에 따르면, 과민성 대장증후군을 앓는 여성들 중 절반은 성폭력을 당한 경험이 있을 것이라 한다.

기능성 소화기장애를 앓는 유년기 성폭력 피해자들에게서 거의 예외 없이 발생하는 질병이 있을까? 그런 질병이 있다. 바로 '항문경련증'[101]이다. 이 장애가 보여주는 증세는, 변을 보려고 힘을 줄 때 항문 외부괄약근과 항문을 이 근육들(골반 기저부)이 비정상적으로 수축하여 변 배출이 막히는 것이다. 하지만 주의하자. 유년기 성폭력 피해자이면서 소화기장애를 겪는 환자의 대부분에서 항문경련증이 발견된다고 모든 유년기 성폭력 피해자가 항문경련증을 겪는다는 것은 아니요, 모든 항문경련증 환자가 유년기 성폭력 피해자라는 것도 아니다. 예를 들면 항문경련증은 많은 수의 변비 환자에서도 발견되는 것이다. 몇몇 연구자들에 따르면, 항문경련증은 성폭력 피해 경험에 대한 일종의 생리적 표식, 말하자면 어떤 심각한 감정적 충격에 대한 신체의 기억일 것이라고 한다.

이러한 (기능성 소화기장애) 환자들을 다루는 의사는 그들이 유년기 성폭력 피해자였을 개연성이 높다는 것을 생각해야 한다. 그래야만 환자들이 혼란스럽고 비일관적이며 무익한 치료를 받으러 다니는 일을 피하게 해줄 것이다. 이런 환자들은 적절한 치료로 인도해 주어야 한다. 즉, 심리치료를 병행하고, 때로 특정한 조건 하에서는, 예를 들어 생체자기제어biofeedback 장비

---

100) Longstreth G.F., "Is a history of abuse linked to the aetiology and course of functional dypepsia and irritable bowel syndrome ? Yes(성적 학대 피해경험은 병인학 관점에서 볼 때, 기능성 소화불량과 과민성 대장증상의 발현과 연관되는가 ? 그렇다)", *In* Goebell H., editor. Functional dyspepsia and irritable bowel syndrome. Falk Symposium 99. Norwell, MA : Kluwer Academic Publishers. In press ; 1998.

101) Labat J.-J., 위의 책.

를 이용한 괄약근 재교육 등 행동치료도 병행해야 하는데,[102] 특히 직장이나 질의 직접 접촉 등 무용한 임상검사를 가능한 한 피해야 할 것이다.

배뇨 장애들

성폭력 피해자들에서 배뇨 장애는 주로 트라우마 사건이 있고서 며칠 안에 발생하지만, 때로는 사건이 발생한 뒤 많은 시간이 지나서 생기기도 한다.[103] 가장 흔한 장애로는 오줌을 누거나 참는 것과 관련이 있는 요실금이다. 유년기 성폭력을 겪은 여성들의 4분의 3(72%)이 요실금 증상으로 고통을 받는데, 성폭력을 겪지 않은 여성들이 요실금 증상을 앓는 경우(22%)와 대조된다.[104] 이러한 비뇨기 장애들은 종종 성폭력 사건 직후에 나타나 그 뒤로 계속된다. 또 다른 여성들은 요도의 긴장 과도로 인한 소변잔류 증상을 겪는다. 끝으로, 비뇨기 감염 환자의 4분의 1이 유년기에 성폭력을 당한 경험이 있다.

골반기저부 과다활동 증후군SPPH

소화기, 비뇨기, 생식기의 기능성 장애들과 변비, 소변 잔류, 질경련 사이에는 어떤 공통점이 있을까? 그것은 바로 골반 기저부의 과다 활동이다.[105]

---

102) Leroi A. M., "Les troubles fonctionnels ano-rectaux après abus sexuel(성적 학대 이후 항문-직장 기능 장애)", *Pelvi-périnéologie*, 2006, 1(3).

103) Le Fort M., Labat J.-J., Rigaud J., "Troubles vésico-sphinctériens et abus sexuel(방광 괄약근 장애와 성적 학대)", *Pelvi-périnéologie*, 2006, 1(3).

104) Davila G.W., Bernier F., Franco J., Kopka S.L., "Bladder dysfunction in sexual abuse survivors (성적 학대 피해자들에서 나타나는 방광 기능장애)", *J Urol*, 2003, 170(2) : 476-9.

105) Van Lunsen R. H. W., Ramakers M.J., "Les syndrome du plancher pelvien hyperactive(골반기저부 과다활동 증후군)", *Acta Endoscopica*, 2002, 32(3).

골반 기저부란 골반 공간(골반강)을 분리하여 떠받치는 근육들로, 회음부(항문부 올림근과 꼬리뼈 근육들)에 포함된다. 골반 기저부가 있기 때문에, 인간은 직립한 채로 골반 내 장기들을 제자리에 유지할 수 있다. 골반 기저부는 임신과 성생활에서 남녀 모두에게 무척 중요한 역할을 한다. 위에서 본 여러 가지 막힘이나 고통을 동반한 증상들의 대부분은 골반 기저부의 수축이 (항문, 질, 요도 등) 여러 관에 미친 역학적 효과들로 설명될 수 있다.

성적 트라우마들은 골반 기저부의 근육들에 긴장을 불러일으킨다. 근육들의 긴장이 통증들을 유발하고, 이 통증들이 불안 장애를 일으키는 것이다. 여기서 생긴 불안감이 또한 증세들을 더욱 증폭시키게 되므로 일종의 악순환이 이어진다. 이 순환에서 심리적 고통은 골반 기저부의 비정상적 활동을 불러오는 원인이자, 골반 기저부의 비정상으로 발생된 통증들의 결과이기도 하다.

섬유근육통과 만성피로 증후군

만성적인 통증 증후군을 앓게 되면 통증에 더 민감해진다. 통증에 대한 감각 한계점이 낮아지는 것이다. 동일한 강도의 통증 자극이 주어질 때, 만성적 통증 증후군을 앓는 이들은 정상인들보다 더 강하게 통증을 느낀다. 최근 몇 년 사이에 많은 논의의 주제가 된 섬유근육통은 통증 한계점의 이러한 변화를 보여주는 전형일 것이다. 섬유근육통은 오래 전부터 '광범위 다발성 근육통'이나 '섬유조직염' 등의 다른 이름으로 알려져 있던 일종의 통증 질환으로, 환자가 광범위한 통증을 느낌에도 그 원인이 될 만한 생물학적 또는 해부학적 이상, 곧 병의 근거인 '신체조직상의 기층基層'을 발견할 수 없는 병이다. 따라서 이 병은 기능성 질병의 범주에 들어간다. 그럼에도 이 병은 1992년 세계보건기구가 인정한, '비특이적' 류마티스성 질병으로,

인구의 약 4%가 이와 관련될 정도로 꽤나 흔하며, 남성보다 여성에서 7배 정도 더 발병하고 있다. 이 병은 치료하기 어렵다. 진통제들도 효과가 거의 없고, 대개의 경우 이 병은 불안증, 우울증, 불면증, 피곤증, 소화 장애, 기억력 집중력 장애 등과 연관된다. 많은 정신과 의사가 이 병을 히스테리에 대한 현대적 표현으로 생각하는 반면, 또 다른 이들은 이 병을 일종의 불안장애, 특히 '기분저하증'이라 부르는 일종의 만성우울증으로 본다. 많은 연구자들은 섬유근육통이 균일한 질병은 아니며 불안증이나 우울증의 동반 여부, 통증의 정도 등에 따라 섬유근육통 환자들을 여러 개의 하위 유형으로 나눌 수 있을 것으로 본다.

하지만 여러 연구들에 따르면 섬유근육통 환자의 40~65%가 성폭력 피해 경험이 있으며, 특히 심한 불안장애를 동반하는 환자들에서 그 비율이 높다. 또한 섬유근육통 환자의 40%가 외상후스트레스 장애를 겪고 있다는 점도 주목할 만하다.[106)] 그런데 이 연구들에서도 그 결과가 서로 충돌하고 있다. 앞의 연구들과 달리 또 다른 몇몇 연구들은 섬유근육통과 성폭력 피해 경험 사이의 연관성을 발견하지 못하는 것이다. 다만 이 연구들에서도 섬유근육통과 외상후스트레스 장애 사이의 연관성은 여전히 발견되고 있다.[107)] 말하자면 섬유근육통은 유년기 트라우마와 직접적 연관이 있는 것이 아니라, 스트레스에 대한 생리적 반응에서의 이상증異常症들-내하수체와 부신을 잇는 시상하부 축에서의 장애들-과 직접적인 연관이 있는 것 같다. 섬유근육통의 발현에 취약 요인으로 작용하는 것이 바로 이러한 이상증이다. 남은 문제는

106) Thieme K., Turk D.C., Flor H., "Comorbid depression and anxiety in fibromyalgia syndrome : relationship to somatic and psychosocial variables (섬유근육통 증후군에서 우울증과 불안증의 중복이환(重複罹患) : 신체적 및 심리사회적 변수들과의 관계)", *Psychosomatic Medicine*, 2004, 66 : 837-844.

107) Ciccone D.S., Elliott D.K., Chandler H.K., Navak S., Raphael K.G., "섬유근육통 증후군 여성들에서 성적 학대 및 신체적 학대 피해 경험 : 트라우마 원인 가설에 대한 검토(Sexual and physical abuse in women with fibromyalgia syndrome : a test of the trauma hypothesis)", *Clin J Pain*, 2005, 21(5) : 378-86.

이러한 이상증이 유전적인 것인가, 그래서 트라우마에 앞서 있던 것인가, 아니면 외상후스트레스 장애들이 트라우마의 결과임이 밝혀진 것과 마찬가지로 이 이상증 또한 유년기 트라우마의 결과인가 하는 것이다[108] (295쪽 참조).

만성피로 증후군은 그 실재 자체가 논쟁이 되고 있다. 피로와 근육통, 힘든 일을 할 때의 어지럼증, 두통, 기분장애, 기억력장애, 집중력장애 등을 하나로 연결하는 것은 설명할 수 없는 어떤 만성 질병인 것이다. 조금만 힘을 써도 찾아오는 피로가 때로는 정상적인 삶을 방해할 정도로 심한 경우도 있다. 만성피로 증후군의 증상들은 섬유근육통의 증상들과 겹치는 부분도 있다. 만성피로 증후군 환자들은 일반 집단과 비교할 때 이전에 신체적 학대나 감정적 학대를 겪은 경우가 더 많은 것으로 확인되었지만, 이 환자들이 일반 집단보다 유년기 성폭력 피해를 겪은 경우가 더 흔한 것 같지는 않다. 그러나 여기서도 여전히 연구 결과들이 일치하지는 않는다.[109] 왜냐하면 성폭력과 만성피로 증후군 사이에 연관이 있음을 보여주는 연구들도 있기 때문이다.[110]

이 복잡하고 상반된 연구들로부터 우리는 다음 사항들을 기억해두자. 우선 유년기 성폭력은, 성인이 된 피해자가 비정상적인 만성피로를 포함한 수많은 장애를 겪도록 하는 역할을 할 수 있다는 점이다. 이는 특히 환자들이 앞의 장애들과 함께 불안장애나 외상후스트레스 장애를 겪을 때 더욱 분

109) Raphael K.G., "Fibromyalgia syndrome : a role for sexual abuse and other traumatic events?(섬유근육통 증후군 : 성적 학대 및 기타 트라우마 사건들의 역할)", *Primary Psychiatry*, 2006, 13(9) : 61-65.

110) Van Houdenhove B. et coll., "Victimization in chronic fatigue syndrome and fibromyalgia in tertiary care : a controlled study on prevalence and characteristics(3차 진료에서 만성피로 증후군과 섬유근육통 환자들이 지닌 피해자화(성적 학대 피해경험) : 유병률과 특징들에 대한 대조군 연구)", *Psychosomatics*, 2001, 42 : 21-28.

111) Taylor R.R., Jason L.A., "Chronic fatigue, abuse-related traumatization, and psychiatric disorders in a community-based sample(지역기반 표본 집단에서의 만성피로, 학대와 연관된 외상, 정신과적 장애)", *Soc Sci Med.*, 2002, 55(2) : 247-56.

명해진다. 또 하나 기억할 것은 유년기에 겪은 신체적·감정적 트라우마들 역시 만성피로의 출현에 어떤 역할을 한다는 점이다.

성폭력 연구에 관한 방법론적 문제들

약 20여 년 전부터 (성폭력을 연구하는) 연구자들은 여러 나라, 특히 선진국에서 얼마나 많은 사람이 유년기 성폭력의 피해자가 되는지 알아보고자 수많은 연구를 수행해 왔다. 이 연구들은 성폭력과 피해자의 신체적·정신적 건강 사이의 연관성을 더 잘 이해하자는 목적도 있다. 그러나 이 연구들의 수행 방식은 방법론적인 면에서 많은 문제점을 안고 있다. 여기서는 그 문제들 중 제일 중요한 것들에 대해 알아보자.

무엇이 정확히 성폭력인가?

여기서 가장 주된 편차는 성폭력의 정의에 관계된 것이다. 성폭력은 나라마다 시대마다 의미하는 것이 조금씩 다르다. 노출증은 성폭력인가? 성폭력이 성립하려면 피해자의 나이는 반드시 18세 또는 15세(프랑스에서 성적으로 성인인 나이) 미만이어야 하는가? 두 당사자 간의 나이 차이가 몇 살 이상이면 성폭력이라고 부를 수 있는가(프랑스에서는 5세 이상이다)? 피해자가 동의했거나 가해자의 폭행이 없었어도 성폭력은 성립하는가?

질문과 사용된 단어에 따라 달라지는 대답들

우리가 피해자에게 질문할 때 피해자의 대답은 질문이 주어지는 방식과 질문의 개수, 그리고 질문에 사용된 단어에 따라 달라진다. 어떤 이에게 그 자신이 성폭력을 당했는지 직접 묻는 일은 그 사람이 '성폭력은~한 것이다'라고 믿는 바에 따라서 틀린 대답을 유도할 위험이 있다. 예를 들어 대답하는 사람이 강간만이 성폭력에 해당한다고 믿는다면, 자신이 누군가에게 성추행을 당했거나 어느 노출광의 피해자였다 하더라도 성폭력을 당하지 않았다고 대답하게 될 것이다. 많은 수의 성폭력이 이런 이유로 집계되지 않을 수 있다. 그러므로 피해자에게 질문을 던질 때는 성폭력으로 인정되는 모든 행동을 알려주어야 할 것이다. 나아가 남자들은 몇몇 행동들에 대해 성폭력에 해당하지 않는다고 보는 경향이 여자들보다 크다. 이런 경우 남자들은 '성생활 입문식'을 치렀다고 말하거나, 그 경험을 평범한 일인 것처럼 말한다. 남자도 성폭력의 피해자일 수 있다는 생각에 대해 사회가 받아들이는 것을 주저하는 경향이 아직도 남아 있다. 이런 이유로 남자에 대한 성폭력 또한 실제보다 과소평가될 가능성이 크다.

성폭행 연구는 어떤 집단을 토대로 하는가?

입원환자들과 중학생들은 비교의 대상이 될까? 또는 주어진 한 지역에서 무작위로 선택된 사람들과 심리치료사나 정신과 의사에게 치료 받는 사람들을 비교할 수 있을까? 연구의 조사 대상 집단은 종종 균일하지 않다. 연구에 일반적으로 사용되는 수치는 아주 다양한 출처에서 나온다. 경찰이나 사법기관의 자료는 고발이나 소송으로 이어진 성폭력만을 계산한다. 이런 수치는 성폭력의 실제 발생 수치보다 훨씬 낮게 잡힌 것이다. 나아가 정신과적 장애를 겪는 사람들에 대한 연구에서 나오는 수치는 일반인 집단을 토대로 한 수치보다 높을 수밖에 없을 것이다.

더구나 연구 대상자의 수도 그 결과가 통계학적으로 의미가 있을 만큼 늘 충분하게 큰 것도 아니다.

과거추적 연구들의 문제

많은 연구 가운데 과거추적, 즉 회고적 연구는 응답자의 기억에 호소하는 것이어서 그 자체로 많은 오류를 불러올 위험이 있다. 우선 응답자가 실제로 성폭력을 당한 적이 있는지의 여부는 언제나 확인 가능한 것이 아니다. 다른 한편, 일정 정도의 성폭력은 피해자가 그것을 망각하는 경우가 있으므로 결국 집계된 결과에 포함되지 못하는 문제가 있다.

반면에 미래추적 연구는 이보다 신뢰할 만하다. 왜냐하면 미래추적 연구에서는 성폭력을 당했다는 증거가 확인된 아이들을 대상으로 그들이 어떻게 성장하는지 수년에 걸쳐 관찰하기 때문이다.

매우 불충분한 설문지들

성폭력이 지속된 기간과 그 심각한 정도, 그리고 학대를 구성하는 모든 특징(누가 가해자였고, 나이는 몇 살이었으며, 부모와는 어떤 관계인가 등), 즉 학대를 정의하는 이런 요인들이 성폭력 연구에서 언제나 고려되는 것은 아니다.

앙케이트 조사 도구들

과거에 학대받았던 경험을 찾아내거나 심리적 장애 정도를 파악하기 위해 이용되는 앙케이트 수단은 대면 조사, 전화 조사, 무기명 설문조사 등 무척 다양하다. 그러나 이들 조사 결과가 언제나 그 유효성이 인정되는 것은 아니다(과연 통계적 유효성이 있는지는 증명되지 않은 것이다). 어떤 피해자들은 자신이 겪었던 학대에 대해 면담이나 전화상담에서는 말하려고 하지 않지만, 무기명 설문지에는 쉽게 털어놓을 수도 있다.

유년기에 겪은 성폭력이 정신과적 질병의 원인이 되는 유일한 요인은 아니다. 이런 장애에는 유전적 측면이나 가정환경 또한 일정 역할을 하는데, 이런 점들이 언제나 적절히 고려되는 것은 아니다. 만일 정신과적 증상이 성폭력을 겪은 후에 나타난 것이라면, 그 장애가 과연 성폭력 때문인지 또는 유전적·가정적 요인 때문인지 판가름하기가 무척 어렵다. 예를 들면 유년기에 학대받은 사람들은 가족 환경에도 심각한 문제가 있었다. 즉, 부모 가운데 한 쪽 또는 둘 모두가 알코올중독, 우울증, 가내 폭력 등이 있었던 경우가 허다하다. 성인에서 관찰된 정신과적 장애들이 성폭력과 관련되어 있다 하더라도, 부모의 알코올중독이나 우울증과는 무관하다고 어떻게 단정할 수 있겠는가?

이런 문제점들을 피해가기 위해 몇몇 연구자는 특정 쌍둥이를 대상으로 관찰했다. 이 쌍둥이는 동일한 가정에서 자라고 성별이 같지만, 둘 중 한 명만 성폭력을 당한 경험이 있다. 연구자들이 하는 일은 이들이 어떤 정신과적 장애를 갖게 되었는지 관찰하고 나서, 복잡한 통계 방법들을 동원하여 둘 사이에 어떤 유의미한 차이점이 있는지 분석, 조사하는 것이다. 이러한 비교 조사는 몇몇 장애가 성폭력에서 비롯하는지, 아니면 가정환경에서 비롯하는지 분별하도록 해줄 것이다.

이러한 방식으로, 여러 연구들이 쌍둥이 형제 중 한 쪽은 유년기에 성폭력을 겪었지만 다른 한쪽은 그렇지 않은 남녀 성인들을 대상으로 그들에게서 나타난 정신과적 장애들을 조사, 분석했다.[111) 112) 113)] 이 연구에서는 몇몇 정신과적 장애를 갖게 될 위험이 가정환경이나 유전적 요인에만 연관되지 않고, 성폭력에도 분명히 연관된다는 것을 보여주었다.

아동기에 성폭력을 당한 사람은 얼마나 될까?

아래는 많은 인구를 대상으로 실행된 조사 결과들 가운데 몇 가지이다.

---

111) Kendler K.S. *et coll.*, 앞의 책.

112) Nelson et coll., "Association between self-reported childhood sexual abuse and adverse psychosocial outcomes 자가 보고된 아동기 성폭력 경험과 부정적인 심리사회적 결과들 간의 연관성)", *Arch Gen Psychiatry*, 2002, 59 : 139-145.

113) Bulik C.M., *et coll.*, "Features of childhood sexual abuse and the development of psychiatric and substance use disorders 아동기 성적 학대의 특징들과 정신과적 장애 및 약물 남용)", *British Journal of Psychiatry*, 2001, 179 : 444-449.

- 1994년 일반 인구집단에 대하여 21개국(미국, 캐나다, 호주, 유럽, 남아공화국 등)에서 실행된 연구 결과에 따르면,[114] 7~36%의 여성과 3~29%의 남성이 유년기에 성폭행을 당했다.
- 유럽에서의 과학적 조사에 따르면, 아동의 10~20%가 유년기에 성폭행을 당할 위험이 있다고 한다.[115]
- 1995년에서 1997년까지 캘리포니아에 사는 17,337명의 성인들에 대한 조사에 따르면, 25%의 젊은 여성과 16%의 남성이 유년기에 신체접촉을 동반한 성폭력을 당했다고 대답했다. 이 가운데 40%의 남성과 6%의 여성은 다른 여성에게 성폭행을 당했다.[116]

다수의 사람을 대상으로 실행된 이 연구들에서 우리는 다음과 같은 '이성적인' 잠정적 평가를 이끌어낼 수 있다. 즉, '여성 4명 중 1명, 남성 6명 중 1명은 유년기에 성폭행을 당했다'는 것이다.

114) Finkelhor D., "The international epidemiology of child sexual abuse(아동 성학대라는 세계적 전염병)", *Child abuse & Neglect*, 1994,18 : 409-417.

115) *L'abus sexuel des enfants en Europe*(유럽에서의 아동 성 학대), Editions du Conseil de l'Europe, 2003.

116) Dube S.R. *et coll.*, 앞의 책.

제3부

그날의 기억

"그 고통스러웠던 기억을 어떻게 잊을 수 있겠어요?"

흔한 일인가 아니면 트라우마적 사건인가 : 동일한 방식으로 기억하지 않는 사람들

우리는 종종 익숙한 경험은 쉽게 받아들이고 기억하지만 그 기억에 대한 구체적 내용은 시간이 갈수록 점점 희미해진다는 것을 경험한다. 반대로, 어떤 트라우마적 사건은 우리의 기억 속에 고정된다. 그래서 시간이 지나가도, 그 일이 있고 나서 우리가 행복한 사건들을 경험해도, 그런 것들과는 무관하게 그 사건이 그대로 남아있는 것을 본다. 왜 이러한 차이가 생기는가?

서로 상이한, 평범한 기억내용과 트라우마의 기억내용

평범한 기억내용을 회상할 때(학창시절의 일, 결혼식, 누군가의 탄생, 생일 등을 떠올릴 때), 우리는 그 장면들이 같은 냄새, 같은 이미지, 같은 소리, 같은 감정을 지니며 똑같이 반복된다는 느낌, 즉 그 순간을 다시 되풀이해 산다는 느낌을 받지 않는다. 우리가 어린 시절에 다녔던 학교에 대한 꿈을 꿀 때, 우리가 보는 것은 '극단적으로 현실적인' 것이 아니다. 그 옛날의 사건이 지닌 어떤 떨칠 수 없는 장면이 우리가 원하지 않는데도 대낮에 우리를 파고든다는 느낌도 갖지 않는다. 결국, 과거의 이런 이미지들은 삶의 어떤 특정한 순간에 나타나서 마치 우리가 그 장면을 처음 경험하는 것 같은 느낌으로 우리에게 나타나지도 않으며, 우리가 그런 이미지를 잊기 위해 많은 노력을 기울여야 하는 것도 아니다.

반면에 트라우마 기억내용은 방금 말한 모든 특징들이 발견된다. 그 이유는 이러하다. 트라우마 기억내용은 트라우마 사건의 충격이 그대로 남아 있는 한, 사건을 구성하는 요인들 – 시각적, 청각적, 후각적, 신체적, 감정적 요인들 – 은 우리의 기억망 속에 어떤 변환이나 희미해짐도 없이 저장되기 때문이다. 이렇게 기억망 속에 저장되고 나면, 사건의 장면은 이른바 악몽이나 플래시백을 통해 늘 동일한 모습으로 끊임없이 나타난다.

그렇다면 이러한 트라우마 기억내용은 어떤 점에서 평범한 기억내용과 다른 것일까?

단순하지만 늘 믿을 수만은 없는, 평범한 사건의 기억내용

'진실을 말하려 할 때는 당신의 기억을 믿지 마세요.' 이 말은 얼핏 보기에 참 놀랍지만, 트라우마적 내용이 없는 사건들에 대한 기억은 결코 실제 일어났던 일에 대한 아무런 변형도 없이 저장된 그런 기억이 아니다. 달리 말하면, 우리가 가진 평범한 기억내용들은 기억창고 속에 어떤 변화나 변질로부터 보호되어 저장된 필름 같은 것이 아니다. 오히려 그것들은 끊임없이 무의식적으로 손질되고 있으며, 어떤 식으로든 그것들과 연관된 다른 경험들에 의해 수정될 수 있고(예를 들어 당신이 같은 장소에 여러 번 휴가를 다녀오는 경우가 그러하다. 이런 식으로 특정 장소와 연관된 트라우마 경험을 수정하기도 함), 그런 기억내용들을 머릿속에 떠올리는 순간의 감정 상태에 의해서도 수정될 수 있는 것이다(예를 들면 당신이 우울한 상태이거나 슬픔에 잠긴다면, 즐거웠던 일에 대한 당신의 기억내용도 다르게 변형되어 나타날 수 있다). 바로 이런 의미에서 우리들의 기억내용은 언제나 거짓이다. 게다가 당신은 이를 확인해볼 수도 있다. 가깝거나 먼 과거에 당신과 특별한 사건을 함께했던 사람에게 그 사건에 대한 기억을 이야기해 보라고 하라. 곧 당신은 그 사람의 기억내용이 여러 가지 점에서 당신의 기억내용과 다르다는 것 – 거기에 누가 있었는지, 무슨 요일이었는지, 날씨는 어땠는지, 무슨 일이 벌어졌는지 등 – 을 확인하게 될 것이다.

'정상적'인 기억저장 활동은 뇌의 해마체에 특히 의존하는데, 해마체는 변연계에 속하는 구조체로 '자전적自傳的 인 기억기능'과 관련이 있다[117](272쪽 '기억이 하는 일' 참조). 이 기억은 과거의 흔적을 만들고 보관하는 것을 가능하게 하는 기능으로, 기억내용을 어떤 맥락에 속한 형태로, 즉 이미지나 소리, 감정, 때로는 냄새나 신체적 느낌 등과 연계하여 볼 수 있도록 하는 것이다. 이러한 기억내용들은 '자전적'인 것인데, 그 이유는 이런 기억내용들을 각자의 개인사 속에 자리매김할 수 있기 때문이다. 그것들에는 날짜가 매겨지고(당신의 기억력이 꽤 좋다면), 당신은 그것들에 특정한 시작과 중간, 끝을 가진 연대기를 붙여줄 수도 있다. 그것들을 꺼내 이야기로 풀어내거나 심지어 변형하는 것도 당신에게는 어려운 일이 아니다. 당신은 그것들의 전개 순서를 변화시키거나, 시간을 단축하여 요약하거나, 흐름 중 몇 부분만 꺼내 쓰거나, 심지어 흐름에 어떤 부분을 덧붙여 넣기도 할 수 있다. 그러므로 이 자전적 기억내용은 다소간, 아니 상당한 정도 왜곡이 되어 있다고 해도 과언이 아니다.

아이가 태어나고 처음 3년 동안 해면체는 아직 구성 중인 상태에 있다. 따라서 이 기간에 해면체는 '자전적 기억내용들을 만드는 공장'이라는 역할을 완전히 소화할 수 없는 상태에 있게 된다. 이 때문에 아이가 그 기간에 경험하는 것은 '묵시적' 기억이라는 또 다른 형식의 기억으로 저장되는 것이다. 밋밋한 형태인 아이의 뇌는 신체의 상태나 감각, 소리, 얼굴 또는 다른 이미지, 감정 등을 기억하지만, 이는 의식적이지 않은 방식으로 이루어진다. 바로 이런 이유로 우리는 태어나서 첫 3~4년 간 경험한 일을 의식적

117) '명시 기억'이라고도 부른다. 왜냐하면 이러한 자전적 기억은 명시적으로 언어화될 수 있기 때문이다.

으로 떠올릴 수 없는 것이다. 우리는 이것을 '유아 기억상실증'이라 부른다.

또 다른 기억저장활동인 트라우마의 기억내용

트라우마 사건들에 대한 기억저장활동은 트라우마가 아닌 경험들에 관한 기억저장활동과는 대조된다. 전자는 특이한 특성들을 가지고 있는데, 그것들에 대해서는 이미 백년도 넘게 심리학자들이나 정신과의사들에 의해 관찰되고 기술되어 왔다.

우리의 뇌는 두 개의 반구(우뇌와 좌뇌)로 이루어져 있는데, 각각 기능도 다르고 기억체계 또한 분리되어 있다. 이것을 뇌의 비대칭성이라 한다. 이를 통해 설명될 수 있는 사실은, 태어나서 처음 몇 년 사이에 일어난 트라우마적이고 위협적인 경험들은 우뇌에 저장되고 좌뇌에는 알려지지 않은 채로 있을 수 있다는 것이다.

(서너 살 이전의)트라우마 사건들의 맥락은 유아의 기억 속에 저장되지 않는데, 왜냐하면 '자전적 기억'(또는 명시적 기억)을 관장하는 해마체가 아직 충분히 기능을 다할 수 없기 때문이다(유아 기억상실증). 해마체가 유아의 삶 초기에 발생한 트라우마의 모든 세부 사항을 기억공간에 저장할 수 없기에, 아이가 성인이 되어 이 트라우마를 회상할 때 그 내용에 오류가 포함되는 것은 당연한 일이다.

좌뇌에 대해 살펴보면, 아이의 뇌는 경험하는 것을 단어로 번역할 만큼 언어능력을 충분히 개발시키지 못했기 때문에 기억할 수 있는 것이 거의 없다. 트라우마가 언어로 표현되지 않는 이상, 그것은 시간의 순차적 흐름에 자리할 수도 없다(뒤에서 우리는 좌뇌가 시간을 관장한다는 것을 보게 될 것이다). 아이의 트라우마적 기억내용은 비언어적 형태로 우뇌에 (주로 감정이나 신체적 느낌의 형태로) 저장된다. 그것은 무의식적이며 비시간적이다.

유아기의 최초 3~4년이 지나고 나면, 해면체가 마침내 제 역할을 다할 수 있게 되어 자전적 기억내용을 구축하기 시작한다. 유년기에 성폭행을 당했던 사람들 중 어떤 이들은 자신이 겪은 일을 평생 기억 속에 간직한다. 하지만 또 다른 이들은 그런 일들을 부분적으로나 전체적으로 잊어버린다. 어떤 특별한 사건(예를 들면 어떤 영화, 또 다른 트라우마, 어떤 토론이나 치료 등)이 잊힌 트라우마 사건에 대한 기억을 살려내어 그것이 다시 의식 속으로 떠오르기까지, 이러한 망각은 수 년 동안 지속될 수 있다.

자신들이 겪은 성폭행에 대한 기억을 찾는 일이 이렇게 '뒤로 미루어져' 나중에야 '되찾았다'고 말하는 사람의 비율은 연구에 따라 19%에서 82%에 이를 정도로 다양하다.

나는 다음 장에서 이러한 망각에 관한 중요한 질문과 '거짓기억 증후군'에 관한 논쟁을 언급할 것이다.

하지만 우선 이 질문에 먼저 답해보자. 어떤 트라우마적 사건에 대한 기억저장활동에 영향을 주는 요인들은 어떤 것일까?

기억저장활동을 방해하는 해리

자신에게 공포와 무력감을 몰고 오는 트라우마 사건과 맞닥뜨리면, 그의 주의력은 갑자기 저하되고 주변에서 일어나는 일을 인지하는 능력 또한 매우 약해진다. 자신의 시야에서 주변부에 있는 것들에 대해 파악한 세부적 내용들이 사라질 뿐 아니라, 일어나고 있는 사태의 맥락도 사라지고 시간에 대한 지각 또한 함께 사라진다. 반면에 그의 모든 주의력은 사건이 벌어진 순간의 시야 중심부에 집중된다. 주의력의 이러한 극단적인 집중은 그가 지각하고 느끼는 것들을 상당히 왜곡하게 되는데, 이러한 왜곡은 고통에 대한 무감각, 탈인격적 경험(마치 제3자의 눈으로 자신이 겪는 일을 바라보는 것), 시간이 느리게 가는 느낌, 그리고 기억상실증 같은 것을 유발한다. 일종의 해리 상태에 빠지는 것이다.

트라우마 사건은 이러한 해리적 반응을 유발시키는 힘이 있다. 어떤 이들은 극심한 공포와 마주했을 때 본능적으로 해리 상태에 들어간다. 또 다른 이들은 본의 아니게 이러한 상태를 유발하는 법을 '배우게' 되는데, 특히 이들이 트라우마 사건에 반복하여 노출될 때 그러하다.

트라우마 사건의 순간에 이런 심각한 손상이 의식에 일어난다는 사실은 트라우마 기억내용이 지닌 몇몇 비정상적 특징들을 설명해준다. 트라우마가 발생한 사건 당시에 주의력은 매우 제한되고 극단적으로 집중되기 때문에 그 당시 경험된 신체적 감각들(냄새나 소리, 이미지 등)과 다른 모든 감각은 기억 속에 뚜렷하고 깊이 새겨진다. 반면에 사건의 맥락이라든가, 사건이 시간 속에서의 어떤 경험일 수 있다는 점, 그냥 가벼운 이야기로 넘길 수 있다는 점 등은 희미하게 기록된다.

조각조각 잘려진 영화처럼

극심하거나 장기화된 스트레스에 대한 어떤 반응은 부신에서 부신피질 호르몬의 다량 생산을 유발한다. 해마체에 대한 중독 효과로 많은 수의 뉴런이 기능저하에 빠지고, 이것은 맥락을 기억하는 능력인 자전적(또는 명시적) 기억기능이 훼손되게 한다(272쪽 '기억이 하는 일' 참조). 이렇게 (자전적 기억에 맥락화되어) 통합되지 못한 트라우마 기억내용은 강렬하고 파편화된 상태의 이미지나 감각, 감정 등으로 남는다. 이때 이런 파편적 기억내용에 연계된 언어적 또는 서술적인 내용은 거의 없거나, 있더라도 일반적으로 아주 단순하고 건조한 수준에 머문다. 달리 말하면, 트라우마 사건을 개인사로 통합해내어야 할 명시적 기억기능이 임무를 다하지 못하는 것이다.

이러한 상황에서도 묵시적 기억기능은 여전히 작동한다. 트라우마 사건에서 감정, 감각, 신체의 반응을 기록하는 것은 바로 이 묵시적 기억기능이다.[118] 나중에 어떤 특정 상황에 놓였을 때 트라우마를 겪은 피해자는 트라우마에서 겪은 감정과 감각을 그대로 다시 느끼면서 어떤 특정한 행동을 보이게 되지만, 왜 이런 일이 벌어지는지 그 이유를 스스로 이해할 수 없는 까닭은 바로 이러한 기억내용들이 묵시적 기억기능을 통해 저장되어 있기 때문이다.

트라우마를 겪은 사람들에 대해 조사한 연구들은 다음과 같은 사항들을 보여준다. 우선 피해자들 가운데 트라우마 경험 직후 자신에게 일어난 일들에 대해 일관성 있게 이야기를 풀어놓을 수 있었다고 기억하는 이는 아무도 없다. 그 다음으로, 그렇지만 트라우마 사건 당시 피해자의 나이와 관계없이 이들 모두가 사건의 시작 부분에 대해서는 (이미지, 소리, 냄새, 신체감각 등) 감정적이고 감각적인 플래시백 형태로 기억을 떠올릴 수 있다. 이러한 기억의 침습(트라우마 사건)이 최대한에 도달하고 트라우마 사건과 관련된 모든 감각이 재생된 다음에야 비로소 이야기 형태의 기억내용도 자리하기 시작한다.

트라우마 경험에 대해 어떤 이야기를 풀어놓을 수 있게 되어도, 피해자 대부분은 불행하게도 수년 후에 다시 트라우마 경험으로 고통을 당한다.[119]

다시 말하면, 피해자들은 트라우마 기억내용을 비트라우마 기억내용처럼 처리하지 못한다. 즉, 기억내용의 모든 요인을 연결하여 일관성과 통일성을 지닌, 진화하는 하나의 집합으로 통합해내지 못한다.

---

118) Van der Kolk B.A., "The body keeps the score : memory and the evolving psychobiology of posttraumatic stress(신체는 수치를 기록하고 있다 : 기억 그리고 진화하는 외상후스트레스의 정신생물학)", *Harvard Review of Psychiatry, 1994, 1 : 253-265.*

119) Van der Kolk B.A., Fisler R., "Dissociation and the Fragmentary nature of traumatic memories ?: overview and exploratory study(해리와 외상 기억의 파편적 속성: 개관 및 탐구)", *Journal of Traumatic Stress,* 1995, 8(4) : 505-525.

이로 인한 결과로서 다음 세 가지 사항이 임상적 관찰을 통해 확인되었다.

- 자전적 기억에 기대어 자신이 겪은 일(트라우마 사건)에 대해 일관된 이야기를 만들어냄으로써 트라우마 기억내용에 접근하려는 시도는 그다지 효과적이지 못하다.
- 트라우마 사건에서 기억된 감각과 동일한 어떤 감각은 트라우마에 대한 기억내용에 접근하는 길을 열어준다. 예를 들면 강간 사건 와중에 피해자가 맡았던 향수 냄새를 몇 년 후에 다시 맡았을 때 강간사건에 대한 기억내용을 상기시킬 수 있다.
- 이러한 트라우마 기억내용은 최면상태에서 더 쉽게 접근할 수 있다. 왜냐하면 최면 유도, 즉 최면상태로 이끄는 일이 해리 상태를 유발하기 때문이다.

뇌영상 기법을 통한 관찰

컴퓨터 단층촬영CT, 자기공명영상MRI, 양전자방출 단층촬영PET scan 등 뇌영상 분야의 상당한 발전은 이러한 임상 데이터들을 (물리적으로) 확인할 수 있게 해주었다. 그리고 뇌영상 기술을 이용한 검사는 뇌의 여러 영역에서 벌어지는 활동을 실시간으로 계측할 수도 있다.

외상후스트레스 장애를 겪는 사람에게 트라우마 사건을 회상하게 하면, 그들의 뇌에서 특정 영역인 – 말하기(실제 경험한 것을 말로 풀어내는 일)를 관장하는 부분인 – '브로카 영역'의 활동이 감소한다. 이와 동시에 강렬한 감정과 시각 이미지를 처리하는 우뇌의 영역들은 상당히 활성화된다.

트라우마는 어떻게 다시 활성화될 수 있는가?

트라우마 순간에 있었던 감각적 또는 감정적 자극들과 동일하거나 매우 유사한 또 다른 자극들에 노출됨으로써, 트라우마와 그것과 연결된 모든 고통이 다시 활성화될 수 있다.

기억이란 '서로 연관된 정보들을 각기 저장하는 신경망이 모여 구성하는 어떤 것'으로 설명할 수 있다. 하나의 신경망에 들어 있는 기억의 내용은 어떤 사건의 한 국면이다. 예를 들면 트라우마 사건에서 느꼈던 공포감 같은 것이 그 예이다. 이런 기억내용 하나가 활성화되면, 그 기억내용과 연계된 다른 모든 기억내용이 다시 활성화되는 일이 용이해진다. 이것을 다른 각도에서 보면 긍정적인 결과를 도출할 수 있다. 즉, 트라우마 사건에 대한 기억내용과 연계된 감정이 다시 활성화되지 않는다면, 성폭력 피해자들 중 많은 사람이 나름대로 만족스러운 삶을 보낼 가능성도 커질 것이다. 이 점은 다른 폭력 상황, 예를 들면 강간이나 배우자 폭행 같은 상황에서도 마찬가지로 적용될 수 있을 것이다. 그러나 이런 기억내용이 다시 활성화되는 상황에서는 마치 옛날에 겪었던 성폭력을 또 다시 겪는 것처럼 느끼고 행동할 수 있다.

트라우마 사건에 대한 기억내용을 재활성화시키는 자극에는 두려움만 있는 것이 아니다. 트라우마 사건과 관련된 모든 종류의 감정이 그 사건에서 피해자가 느꼈던 감각들을 다시 떠오르도록 하는 신호가 될 수 있다. 예를 들면 몸을 가까이 댄다든가 하는 사적 친밀감, 성적 흥분, 수치심, 죄책감 등이 그러하다.

되찾은 기억 vs 거짓기억

유년기에 성폭행을 당한 피해자가 과연 자신이 받은 학대를 잊을 수 있을까? 또한 몇 년이 지나서 그것을 다시 회상해낼 수 있을까? 1980년대 미국에서는 이 질문에 대한 격렬한 논쟁이 소용돌이쳤다. 이 질문은 아동일 때 겪은 성폭력에 대한 기억을 잊었다가 되찾았다는 피해자들의 주장을 송두리째 흔들 수 있는 근본적인 것이다. 그러나 학대에 대하여 어떤 기억도 가지고 있지 않다가 자신이 어린 시절 성폭력을 당했다는 것을 알게 된, 즉 '무에서 솟아난' 기억을 발견하게 된 모든 피해자에게 이 질문은 더더욱 근본적이다. 이 질문은 실험실에서 기억의 작동기제를 연구하는 심리학 또는 신경학 전문가나 연구자들에게도, 심리상담실이나 병원에서 일하는 (정신과의사, 심리상담사, 심리치료사 등) '심리 전문가들'에게도 핵심적이다.

모든 논란은 1980년대 초 심리치료사들과 그들의 환자들이 '되찾은 기억 운동Recovered Memory Movement'이라는 조직을 미국에 설립하면서 시작되었다. 이 조직의 목적은 환자들이 심리치료를 받기 전에는 모르고 있던, 그러나 치료를 받으면서 과거에 겪었음을 뒤늦게 기억해낸 '잊혔던 성폭력'에 대한 환자들의 증언을 세상에 알리는 일이었다.

이 운동에서 수많은 환자에게 지침서로 사용하게 한 책이 한 권 있으니, 『극복할 용기 : 아동기 성학대 피해 여성들을 위한 가이드북』이 그것이다.[120] 이 책의 공저자들은 상담치료 전문가들이 아니다. 그들은 이 책을 통해 일련의 증상 목록을 제공하면서, 환자가 유년기에 성폭력을 겪었다는 일

120) Bass E., David L., The Courage to heal : a guide for women survivors of child sexual abuse(극복할 용기 : 아동기 성학대 피해 여성들을 위한 가이드북), *Harper Collins*, 1988.

말의 기억을 가져본 적이 없더라도 지금 이 목록에 나열된 증상이 있다면, 유년기 성폭력 피해자임을 강력하게 시사하는 것이라고 주장했다. 그런데 이 목록의 증상들이 너무 흔하고 일상적인 것이어서, 정신적 고통을 겪고 있는 사람이라면 누구나 이런 증상이 있을 가능성이 농후했다. 이런 증상이 있다는 것만으로 유년기 성폭력 피해자로 결론 짓는 일은 너무 성급한 판단이 아닐 수 없었다.

이렇게 해서 '잊혔던' 성폭력에 대한 '기억'의 뒤늦은 '귀환'은 수많은 여성으로 하여금 가해 혐의자들을 고소하도록 이끌었고, 이러한 가해 혐의자들이 대개는 (아버지, 어머니, 오빠, 삼촌 등) 가족 중 누군가였기 때문에 이들의 고소는 결국 수많은 가정 파탄으로 이어졌다.

되찾은 성폭력의 기억이 전염병처럼 퍼지자, 이에 대한 반발로 대학과 연구소, 정신과의사 및 심리상담사, 그리고 자신들에 따르면 '성폭력 누명을 쓴' 부모 등이 모여 1991년에 거짓기억증후군재단False Memory Syndrome Foundation = FSMF을 설립했다. 이들은 이 재단을 통해 그 전까지 알려지지 않았던 모종의 병을 규정하는 증상들의 집합, 곧 하나의 새로운 증후군을 창안해냈다. 이 재단은 억압된 기억들을 되살려준다고 알려진 모든 심리치료 기법에 맞서 싸우는 것을 목표로 했고, 이렇게 반박 대상이 된 기법들의 제1순위는 최면치료 요법이었다. 이 외에도 시각화 치료, 예술치료, 몸작업technique corporelle, 꿈의 해석, 감정에 대한 작업, 집단치료 등이 망라되었다. 이 조직은 심리치료 과정에서 되살아난 성폭력에 대한 '기억들'의 진실성을 부정하고, 가해 혐의자들을 상대로 한 피해자들의 소송에서 이러한 심리치료 기술들이 사법적으로 허용되는 것에 격렬하게 반대했다. 이 조직은 고소인들과 이들을 담당한 심리치료사들을 상대로 피해배상을 요구하는 맞고소를 제기하도록 가해 혐의자들을 격려했다.

이렇게 해서 '신자들'(유년기 성폭력에 대한 기억내용은 피해자의 기억에서 잊힐 수 있으며, 때때로 나중에 다시 돌아오기도 한다는 것을 믿는 사람들)과 '회의론자들'(위의 주장을 전혀 믿지 않는 사람들) 사이에 격렬한 싸움이 시작되었다. 이 싸움은 승패에 따라 수많은 사람의 이해가 엇갈리는 대전투가 될 수밖에 없었다. 왜냐하면 미국에서 이러한 소송들은 기하급수적으로 늘어났으며, 수많은 피고소인이 자신의 무죄를 주장했기 때문이다. 그렇다면 이들 가운데 누가 진실을 말한 것이었을까?

회의론자들은 이 되찾은 기억의 효율성을 부정했다. 왜냐하면 최면은 암시에 기반을 두는 것인데, 이러한 기억들이 최면치료 과정에서 나타났다는 것은(신자들의 말대로 하면 '다시 나타났다'는 것은) 누군가의 암시에 의해 그것들이 나타났다고 의심받을 수 있기 때문이었다. 바로 이런 이유로 회의론자들은 치료사들이 자신들의 소신이나 기타 이유에 따른 암시를 통해 환자들에게 영향을 미쳤다고 고발했다. 여기서 우리가 기억해야 할 점은, 당시 불안장애나 우울장애 등으로 심리치료사들을 찾은 많은 여성이 치료사들에게 유년기 성폭력에 관해서 아무런 암시도 하지 않았다는 점이다. 또 한편으로, 많은 심리치료사가 성인에게 나타나는 모든 병증은 유년기 트라우마에서 비롯된 결과라고 믿고 있었다는 점도 같이 기억해야 할 것이다. 그들이 지녔던 이 믿음은 '되찾은 성학대의 기억들'이 나타나는 데 결정적인 역할을 했던 것으로 보인다.

활동을 시작한 지 얼마 되지 않아, 거짓기억증후군재단은 기억을 전공한 심리학자 엘리자베스 로프터스Elisabeth Loftus로부터 결정적인 지지를 얻어냈다. 그녀에 따르면 어떤 트라우마를 완전히 망각했다가, 즉 무의식 속으로 억압했다가 나중에 그 기억을 되찾는 일은 불가능하다. 따라서 이런 종류의 '기억들'은 그것이 참인지를 그 어떤 것도 증명해주지 않기에 재판상 증거가 될 수 없다는 것이었다.

1994년에 로프터스는 『거짓기억증후군』[121) 122)]이란 책을 썼는데, 이 책에서 그녀는 억압되었다가 되찾은 기억들을 인정하는 주장들을 논파하는 수많은 증언을 발표했다. 이 책은 다음과 같은 합당한 의심을 불러일으켰다. 한편에서는 다른 아이들이 희생물로 바쳐지고 동물의 배를 가르는 그런 악마적 모임에서 그렇게 많은 아버지, 어머니, 조부모가 자신들의 딸을 강간했다는 주장이 도대체 믿을 만한 일인가? 이런 내용의 고발에 그 이전의 사건들의 경우에는 경찰의 수사가 결코 진행된 적이 없다. 어떻게 해서 이 광란의 기계가 작동하기 시작했고, 이러한 황당한 결과에 이르게 되었는가?

이 '극단의 심리치료사들'에게는 강간이나 근친상간 장면 등 성적 이미지가 들어 있는 모든 꿈들이, 유년기 성폭력을 드러내는 정황의 증거로 간주되었던 것이다. 그런 까닭에 그들은 설득력을 지닌 영향력을 발휘했고, 그들의 환자들은 정말로 그러한 일들을 믿기에 이르렀다. 예를 들어 어떤 사람은 이렇게 주장했다. "당신의 과거 속의 어떤 것이 자신을 알리려고 합니다. 그것에 계속 귀 기울이고, 기다리고, 지켜보고, 상상하세요. 그럼 그 기억들은 되돌아올 겁니다." 심리치료사들은 너무도 큰 영향을 끼쳤다. 심지어 치료에 참관자로 온, 환자의 자매들까지도 성폭력의 기억들을 아주 빨리 '되찾았다'!

'신자들'과 '회의론자들' 사이의 이 격렬한 충돌은 때때로 그야말로 전쟁과도 같은 싸움으로 비화되기도 했는데, 이 과정에서 각 진영은 상대방의 사적 영역에 대한 공격도 마다하지 않았다. 거짓기억증후군재단의 인사들은 아동성애자라고 고발당하기도 했고, 최면기법을 이용하던 몇몇 심리치

121) Loftus E., Ketcham K., *Le Syndrome des faux souvenirs*(거짓기억증후군), Edition Exergue, 1997.

122) Loftus E., Ketcham K., *The Myth of Repressed Memory : false memories and allegations of sexual abuse*(억압된 기억이라는 신화 : 거짓기억과 성폭행 혐의), St. Martin's Griffin, 1994

료사는 (아이들에 대한 성폭력) 가해자로 고발당한 부모들에게 집요하게 괴롭힘을 당해야 했다. 데이비드 캘로프David Calof의 경우가 대표적인 피해자다. 그는 미국의 심리치료사로 최면에 대한 저서를 한 권 내기도 했다.[123] 비록 그의 환자들 중에는 아무도 부모를 성폭력으로 고발한 사례가 없었지만, 캘로프는 최면요법을 행하고 그에 관한 글을 썼다는 이유만으로 몇 개월 동안 괴롭힘을 당했다.

진실이긴 한데, 어떤 진실인가?

회의론자측 연구자들의 연구 목표와 방법은 (신자측) 심리치료사들과 동일하지 않았다. 기억과 트라우마들에 관한 개념이 서로 매우 달랐기 때문이다. 불행하게도 이러한 관점 상의 불일치로 수많은 오해와 몰이해가 생겨났다. 가장 큰 갈등은 진실이 무엇이냐 하는 것이었다.

진실에 대해서는 두 가지의 개념이 충돌한다.

- 역사적 진실vérité historique : 이 진실은 그 실제가 확실한 방법으로 규명될 수 있는 어떤 사건을 토대로 한다.
- 서사적 진실vérité narrative : 이 진실은 환자가 이야기한 사건으로, 우리가 실제로 그런 사건이 일어났는지는 알지 못하지만, 치유라는 목적을 달성하려면 반드시 고려해야 하는 것이다. 자신이 겪은 일을 이야기한다는 것은, 듣는 사람이 이해할 수 있도록 경험한 일을 재구성한다는 것을 뜻한다. 이야기는 진술될 때마다 변형된다(사용되는 단어와 문장 형식이 달라지고, 새로운 은유들이 나타난다). 이때 이야기는 또 다른 의미가 될 수도 있다. 이야기가 구현될

123) Calof D., *Monsieur ma femme, Madame mon mari* (미스터 내 아내, 미시즈 내 남편), Editions JC Latt ès, 1997.

때 사건은 새롭게 각색되고, 이것은 환자가 고통에서 벗어나는 과정에 영향을 미친다.

연구소 실험실이나 재판정에서 중요한 것은 역사적 진실, 즉 '실제로 무슨 일이 있었는가'이다. 그리고 이러한 역사적 진실에 근거하여 진실에 대한 기억과 망각, 왜곡 등에 영향을 주는 요인들을 찾아나간다. 예를 들면 연령이라든가 정신 병리, 약물중독 등이 미치는 영향에 대해 연구하는 것이다.

심리치료사의 관점은 위와는 무척 다르다. 왜냐하면 대개의 경우 환자에 대한 역사적 진실을 아는 것은 심리치료사에게 불가능한 일이기 때문이다. 그러므로 심리치료에서 근거로 이용되는 것은 '서사적 진실'이다. 어떤 사건의 역사적 진실을 밝히는 것은 심리치료의 맥락에서 필수적이지 않다. 심리치료사의 작업에서 중요한 것은 실제 일어난 일과 그렇지 않은 일을 구분하기 위해 치료사가 직접 탐정이 되는 것이 아니라, 환자의 말을 그대로 받아들여 주는 것이다.

고통스러운 과거에 대해 이야기를 풀어놓는 것 자체가 환자에게는 무척 어려운 일이다. 자신의 과거를 이야기하려면 환자는 수치심, 죄책감, 불안, 버려짐에 대한 두려움 등 장애물들을 뛰어넘어야 한다. 비밀을 가렸던 커튼을 거둠으로써, 환자는 자신의 취약점을 드러내고 고통스러운 사적 영역을 치료자와 공유한다. 환자가 드러낸 이러한 내적 현실을 치료자가 아무런 조건 없이 받아들일 때 비로소 환자와 치료자 사이에 동맹 관계가 성립하게 되는데, 이 동맹 관계야말로 심리치료에서 핵심적인 것이다.

거짓기억들의 존재

그렇다면 어떤 기억들은 결국 거짓이었을까? 그럴지도 모른다. 이러한 가정을 뒷받침하는 몇 가지 주장이 있다.

1. 우선, 다음의 사실을 상기하자. 일상생활에서 많은 사람이 어떤 심리치료와도 무관하게 지극히 자연스러운 상태에서 그 진실성을 의심할 만한 기억을 이야기한다는 것이다. 예를 들면 전생에 대한 기억이나 외계인에게 납치되었던 기억 등이다. 그러므로 인간은 꽤 황당한 사건에 대해서도 거짓기억을 만들어낼 가능성이 있다.
2. 많은 사람이 심리치료 중에 유년기 성폭력의 기억을 되찾았다고 주장했다가 나중에 이 주장을 철회한 경우가 있다. 몇몇 회의론자들에게, 이런 철회들이 많다는 것은 곧 거짓기억이 실재한다는 증거가 되기도 한다.
3. 여기서 더 나아가, 실험실에서 이루어진 몇몇 연구는 거짓기억내용을 기억에 심는 것이 확실히 가능하다는 것을 보여주었다. 두 명의 전문가들이 시각화 훈련을 이용한 실험을 했다. 지원자들에게 어떤 상황들, 예를 들면 웨딩드레스를 입은 신부에게 오렌지 칵테일을 붓는다거나 유리창을 주먹으로 깬다거나, 또는 쇼핑센터에서 아이를 잃어버리는 상황 등을 머릿속에 그려보라고 주문했다. 이 지원자들은 결국 실제로 이러한 경험을 한 적이 있다고 믿게 되었다.
4. 마지막으로, 우리들 각자가 부모의 과거로부터 무의식 중에 영향을 받을 수 있다는 사실이다. 이 과정은 전적으로 가족 내 비밀과 연관되는 문제다. 심각한 경험을 감추고 사는 성인은 완전히 비의지적이고 무의식적으로 자신의 아이에게 어떤 감정이나 감각을 불러일으킬 수 있다. 아이가 성인이 되면 그 감정이나 감각이 자신에게 왜 생겼는지 이해하려고 애쓰게 된다. 문제는 이러한 감정이나 감각이 마치 자신이 겪은 사건과 관련

된 것처럼 오해할 소지가 있다는 것이다. 예를 들어 과거에 강간을 당한 경험을 감추고 사는 한 어머니가 있다고 하자. 이 어머니가 자신의 아이와 함께 자신이 겪었던 성폭력을 떠올리게 하는 어떤 뉴스나 영화를 보고 있다. 아이는 어머니에게서 자신이 이해할 수 없는 신체적·감정적 반응이 전이되는 것을 느끼게 된다. 예를 들어 어머니가 갑자기 떨거나, 몸이 경직되거나, 울기 시작하는 등의 반응을 아이가 느끼게 되는 장면을 생각할 수 있다. 이때 아이는, 아이들이 무의식적으로 흔히 하는 행동인 흉내 내기를 통해 어머니의 신체적·감정적 행동을 자신 위에 '베껴 쓴다'. 어머니가 불안해질 때 아이도 그 불안감을 느끼게 되는 것이다.[124)]

자신이 느끼는 것에 어떤 의미를 부여하려는 아이는 왜 그런 느낌이 생겼는지 이해하고 싶어 한다. 때로는 자신이 느낀 신체적·감정적 반응을 텔레비전 화면에서 보았던 이미지들과 연결시키기도 한다. 세월이 흘러 아이가 성인이 되었을 때, 그는 이러한 신체적·감정적 반응에 대한 기억들을 생겨나게 한 상황, 즉 어머니의 감정이 자신에게 전이된 상황은 잊어버리고 다만 그 기억들만 간직하고 있다. 이렇게 신체적·감정적 반응을 했던 기억은 있지만 그러한 반응을 가져야 했던 이유를 알 수 없을 때, 그는 자신이 잊고 지냈던 것일 수도 있는 어떤 정신적 트라우마, 특히 성적 트라우마를 그 이유로 가정하고 그것을 찾으려 애쓴다(239쪽 참조).

실험실에서 이루어진, 거짓기억을 만들어보인 실험에 대하여 제기된 주된 비판은 다음과 같다. 모든 부분을 조작하여 만들어진 거짓기억은 오직 평범한 사건들에만 관련될 뿐, 트라우마 사건에 대해서는 거짓기억이 존재할 수 없다는 것이다. 사실 지원자들로 하여금 성폭행이나 강간과 같은 심

124) Tisseron S., *Vérités et mensonges de nos émotions*(우리 감정의 진실과 거짓), Albin Michel, 2005.

각한 트라우마를 만드는 실험에 참여하게 하는 것은 윤리적으로 불가능하다. 그런데 문제는 이렇게 비트라우마적 사건에만 한정된 실험 결과들을 트라우마 사건에도 일반화시켜 적용하는 것이 과연 일관성 있고 과학적인가 하는 것이다.

앞에서도 말했지만 결국 '심리적 유산'에 대한 모든 정황은, 실제로는 가까운 어떤 이가 겪은 사건이지만 마치 자신이 겪은 것처럼 진심으로 믿게 될 수 있다는 것을 보여준다. 말하자면 자신이 느끼는 모든 감정을 무조건 자신이 실제로 겪은 사건과 관련된 것으로 믿어서는 안 된다는 것이다. 자신이 어떤 트라우마 사건을 직접 겪었다고 생각하기에 앞서, 자신의 부모 중 한 사람이 겪었던 것은 아닐까 스스로에게 질문해보는 것이 필요하다.

암시의 힘

거짓기억들은 '의원성醫原性의 산물', 곧 치료자가 환자에게 영향을 미쳐 생겨난 것일 수 있다. 인간은 암시에 특히 민감하며, 본성적으로 믿는 동물이다. 19세기의 최면요법 의사였던 베른하임Bernheim은 '신뢰경향crédivité' 이라는 용어까지 만들어 이러한 인간 본성을 이해하고자 했다. 무언가를 믿는다는 인간의 근본적 특징은 사회적, 종교적, 직업적, 치료적 활동 등 인간 활동의 모든 영역에 관계한다. 인간에게 '자유로운 의사결정 능력'(자유의지)이 있다고 믿는 것이 너무 힘들 정도다.

논의를 좀 더 넓게 진행해보자. 우리는 타인에게 의도적으로 영향을 줄 수도 있지만, 전혀 의도하지 않고도 영향을 줄 수 있다. 역으로, 타인 역시 우리에게 영향을 준다고 의식하지 않지만 우리는 그에게 영향을 받는다.

이런 영향들은 평범한 질문, 직접 표현되거나 암시된 생각, 침묵, 비언어적 의사소통 신호들(흉내, 자세, 몸짓, 목소리의 높낮이 등)을 통해 얼핏 이루어진다.

믿음과 관련해 이루어지는 사람 간의 영향은 심리치료에서 특히 두드러진다. 모든 종류의 심리치료에서, 이를테면 그러한 영향에 무척 조심하는 정신분석치료에서도 암시는 작동한다. 최면치료와 같은 몇몇 치료활동에서 암시는 의도적으로 사용되며, 숙고되고 인정된다. 반면, 정신분석 등 다른 치료활동에서 암시는 비의도적이고 무의식적이다!

어떠한 심리치료 기술이 사용되든, 심리치료 과정에 스스로 참여한다는 단순한 사실 자체가 환자를 특히 암시에 걸리기 쉬운 상태로 만든다. 치료자의 믿음(병이 어떻게 나타났고, 원인은 무엇이고, 어떻게 다루어야 하는가에 대한 그의 생각들)은 환자와 그가 앞으로 하게 될 상호작용의 틀을 형성하게 될 것이다. 치료자가 던지는 질문의 내용과 방식은 실질적인 암시로 작용한다. 예를 들어 "어릴 때 성폭력을 당한 적이 있나요?"라는 직접적 질문은 명백한 간접적 암시를 담고 있다. 한 번도 성폭행을 당한 적이 없는 사람에게 이 질문은 '당신도 피해자일 것'이라고 암시하는 것이다.

암시를 운반하는 것에는 질문만 있는 게 아니다. 치료자의 조금 긴 침묵, 헛기침, 어떤 특수한 순간의 행동, 이런 것들이 제각각 환자에게는 강력한 암시로 작동할 수 있다. 이렇게 '숨겨진' 암시들은 환자가 치료자의 관점과 믿음에 따라 자신의 문제를 해석하게 만들 위험이 있는데, 이렇게 '숨겨진' 암시를 주고받는 일은 종종 환자와 치료자 모두에서 완전히 '무의식적으로' 이루어진다.

암시가 미치는 영향력은 모든 종류의 심문에서도 발견된다. 특히 사법적 심문에서도 암시가 이루어질 수 있으며, 이것이 거짓기억을 만들도록 이끌 수 있다. 예를 들면 성폭력을 당했다고 밝힌 아이는 수사 및 재판 과정에서 경찰관, 판사 또는 의사에게 질문조사를 받을 수 있는데, 이때의 질문 방식 또한 아이로 하여금 거짓기억을 형성하게 할 수 있다.

거짓기억증후군재단에서 문제 삼는 성폭력에 대한 거짓기억(또는 그 일부)

의 경우, 유년기 성적 트라우마가 여러 심리장애의 거의 유일한 원인이라는 믿음에 치료자들이 너무 쉽게 휩쓸린 것이 분명해 보인다. 그들은 이러한 믿음에 기대어, 때로는 직접적이고 의도적으로, 때로는 의도하지 않고 환자들에게 영향을 주었다. 문제는 이러한 영향이 대단히 성공적이어서, 결국 치료자의 기대에 걸맞은 거짓기억을 환자들이 만들어내도록 하기에 이르렀다는 것이다.

하지만 거짓기억이 거의 확실히 존재한다고 해서, 되찾은 모든 기억이 거짓이라는 뜻은 아니다.

참 기억도 존재하는 '되찾은 기억들'

진실된 '되찾은 기억'이 있다는 것을 증명하려는 여러 연구가 있었다. 이 연구들은 트라우마 사건을 망각하고 다시 몇 년 뒤에 기억 속에 되찾는 일이 사실은 꽤 흔한 일이라는 것을 보여준다.[125)]

19세기부터 이미, 트라우마로 심한 정신적 충격을 받은 많은 환자에서 기억상실증, 즉 트라우마에 대한 전체적이거나 부분적인 망각 현상이 관찰되어 왔다. 또한 이러한 망각증은 아주 다양한 트라우마들, 이를테면 자연재해, 사고, 전쟁, 유괴, 고문, 집단수용소 감금, 신체적 학대 및 성폭력 등에서 확인되어 왔다.

1980년대 이후, 일반 인구집단 및 환자집단에 대하여 실시된 많은 연구와 조사는 트라우마에 대한 기억이 망각되었다가 다시 돌아오는 일이 있음을 확인했다.

125) Van der Kolk Bessel A., 앞의 책.

전향적prospective 연구라는 점에서 더 설득력이 있는 한 연구를 인용해 보자.[126] 이 연구는 17년 전 유년기에 성폭행을 당한 적이 있는 129명의 젊은 여성을 상대로 진행했다. 이 조사의 대상자들은 모두 성폭력 사건 직후에 병원 응급실에서 치료받았고, 이때의 기록 덕분에 연구자들이 그녀들을 나중에 다시 찾을 수 있었다. 연구자들은 그녀들이 살면서 겪은 상황에 대해 여러 가지 질문을 던졌다. 그녀들 중 약 38%는 자신이 겪은 성폭력에 대해 말하지 않았다. 이 가운데는 그런 경험에 대해 이야기하는 것을 원치 않았거나 감히 이야기할 수 없는 경우도 있었지만, 여전히 적지 않은 수의 피해자가 자신이 유년기에 겪었던 성적 트라우마를 망각하고 있었다는 사실 또한 연구에서 분명하게 드러났다.

이 연구에서 10%의 피해 여성은 질문 조사 중에 자연스럽게 (자신이 겪었지만 그 전에는 잊고 있었던) 성폭력 사건에 대한 기억을 되찾았다.

성폭력에 대한 기억 '되찾기'는 가능한 것처럼 보인다. 그러나 이렇게 되찾은 기억들 중 확실한 방법으로 확인될 수 있는 경우는 얼마나 될까? 많은 연구에 따르면 되찾은 기억 중 약 절반 정도가 확실한 방식으로 (예를 들면 친지나 동일 사건의 다른 피해자의 증언, 가해자의 자백, 또는 피해자가 사건을 기록해둔 일기의 발견 등을 통해) 확인되었다고 한다.

모든 종류의 트라우마가 동일한 빈도로 망각되는 것은 아니다. 트라우마에 대한 망각은 특히 다음과 같은 경우에 가장 빈번하게 보인다.

- 유년기에 성적학대를 당한 경우
- 아동으로서, 가정 내 폭력의 목격자인 경우
- 그리고 전쟁 기간 전투에 노출된 경우

---

126) Siver H., Schooler J., Freyd J.J., "Recovered memories(되찾은 기억들)", in V.S. Ramachandran(Ed.), *Encyclopedia of the Human Brain* (인간두뇌백과사전, pp. 169-184), New York Academic Press, 2002.

트라우마 사건을 겪은 나이가 어릴수록 그에 따른 기억상실의 정도도 심각하고 장기화된다. 기억상실이 지속되는 기간은 매우 다양하고, 단 몇 시간에 불과하거나 여러 해가 되기도 한다.

심리상담실에서는 무슨 일이 일어날까?

거짓기억을 만들어내는 일이 충분히 쉬운 일이라는 것이 밝혀졌다 해도, 거짓기억에 관한 논쟁은 어쩌면 가장 중요한 것을 빠뜨렸을 수 있다. 만일 엘리자베스 로프터스가 희화화하고 있는 그 모든 믿기 어려운 상황 뒤에 또 다른 현실이 숨어있다면?

여기서 말하고자 하는 숨은 현실이란 심리상담실의 현실이다. 심리치료사는 세 종류의 아주 다른 상황들을 마주하고 있다.

피해자가 사건을 잊은 적이 없는 경우

환자는 심리적인 장애(그 종류가 어떤 것이든)로 고통받기 때문에 심리치료사를 찾는다. 그리고 자신이 잊은 적이 없는 유년기 성폭력에 대해 치료 초기나, 치료 진행 중에(는 더 자주) 치료자에게 털어놓는다.

나에게 찾아온 45세의 뤽은 (공격성, 분노폭발이라는) 특이적 증세를 보이는 우울장애를 겪고 있다. 그는 10년 이상이나 항우울 약물치료를 받아 왔는데, 우울증 약이 없으면 생활하기 어렵다고 한다. 그는 첫 상담에서 자신이 8세 때 같은 동네에 사는 두 명의 청소년에게 강간당했던 경험을 털어놓았다. 그는 42세가 될 때까지도 도저히 이 사건을 아내에게 말할 수 없었다.

사건을 인지하고 있었으나, 잊고 지내다 기억을 되찾은 경우

어떤 사람은 어릴 적 겪은 성폭력에 대한 기억을 수년 동안 완전히 '잊었다가' 기억 속에 '되찾는' 경험을 한다. 그는 자신이 학대당했다는 것을 알고 있었다. 그러나 이 '앎'은 '잊혀져' 수년 동안 '억압되어' 있다가 어떤 특정한 상황이 오자 다시 나타나게 된다. 잊었던 기억을 되살리는 상황은 매우 다양하다. 예를 들어 또 다른 트라우마를 겪을 때, 아이를 낳을 때, 심리치료 중에, 자신이 겪은 성폭력을 떠올리게 하는 어떤 상황과 마주칠 때, 가해자가 죽었을 때 등이 그러하다.

주느비에브의 예를 들어보자. 60세인 그녀는 아직 12세 밖에 되지 않았을 때, 21세였던 친오빠에게 강간당했다. 이런 트라우마는 무척 심각한 것이지만 그녀는 그 일을 잊어버렸다. 이 잊힌 기억내용은 이후 14년 동안이나 기억저장소 깊숙이 억압되어 있다가 첫 아들을 낳게 될 무렵에 다시 의식 속으로 되돌아왔다. 이때 그녀의 나이는 26세였다. 첫 아이를 갖게 되었다는 행복한 사실을 알고 얼마 지나지 않아서였다. 그녀는 다리를 건너고 있었다. 그녀 위로 몸을 기울인 오빠의 이미지가 갑자기 머릿속에 떠올랐다. 이와 더불어 모든 고통스러운 느낌, 수치심, 자신의 침묵에 대한 기억, 그리고 머리를 감는다며 욕실로 도망치듯 달려갔던 기억 등이 떠올랐다. 이 트라우마 사건에 대한 그 고통스러운 기억이 다시 돌아왔을 때부터 그녀는 30년이나 지속된 우울증 상태로 빠져들기 시작했다.

사건을 인지하지 못하다가 후에 기억 속에 나타나는 경우

때때로 심리치료 중이나 여타 다른 상황에서, 이전에는 자신이 전혀 알지 못했던, 유년기에 겪었을 성폭력을 연상시키는 감정이나 느낌, 이미지가 머릿속에 떠오르는 경우를 보게 된다. 그 사건에 대한 기억들은 의식이 접근할 수 없는, 특정한 유형의 기억 속에 저장되어 있다가 몇 년 뒤에 어떤 계기로 툭 건드려져 의식에 나타나는 것처럼 보인다. 이렇게 전에 몰랐던 사건에 대한 기억들이 불쑥 떠오를 때 가장 흔히 생기는 일은, 환자가 평소 겪고 있던 고통이나 불편한 마음에 대해 어떤 '설명'을 해준다는 것이다(151쪽 '흔한 일인가 아니면 트라우마적 사건인가 : 동일한 방식으로 기억하지 않는 사람들' 참조).

치료에서는 당연히 이런 경우가 가장 당황스럽고, 또 가장 많은 의문을 일으키게 한다.

마리 프랑스의 이야기는 이런 경우에 대한 좋은 예이다. 나에게 상담을 하러 찾아왔을 때 그녀는 35세였다. 그녀는 불안장애, 공포증(암 공포증, 거미 공포증), 폭식증, 성욕감퇴, 의욕감퇴 등을 보이고 있었다. 나를 찾기 4년 전에 그녀는 언니의 자살을 겪었다. 나와 치료를 시작한 지 20개월이 되어서야, EMDR 치료 중에 그녀는 이런 얘기를 털어놓았다. 비록 그 사건에 대해 아무런 기억도 할 수 없지만, 그녀는 6세 경에 삼촌에게 성폭행을 당했다고 생각한다는 것이었다. 그녀는 17세 때부터 그것을 스스로에게 묻기 시작했다고 기억한다. 그 무렵 그녀는 숙모가 운영하는 바에서 일하고 있었다. 삼촌은 그의 친구들과 함께 한 쪽 테이블에 있었다. 그들이 야한 노래들을 부르기 시작하던 순간이었다. 그녀는 갑자기 몸의 불편함과 어떤 불안감을 느꼈는데, 이 느낌은 즉각적으로 삼촌을 연상하게 했다. 그녀는 이미 성생활을 하고

있었고 야한 노래들을 듣는 것도 처음이 아니었기에, 자신의 이런 반응에 무척 놀랐다. 이때 느낀 불편함과 불안감은 노래의 가사만큼이나 그녀의 삼촌이란 사람 자체와 연결되는 것으로도 보였다. 이런 일이 있고 난 얼마 뒤 침대시트, 불빛, 구강성교(펠라치오) 장면 같은 조각난 이미지들이 떠오르기 시작했다. 그리고는 소리가 들려왔다. 그 사람은 그녀에게 이 놀이가 마음에 드는지, 기분을 좋게 하는지 물었고, 그렇지 않다고 대답하는 소리가 그녀 자신 안에서 들렸다. 삼촌이 그녀에게 이 놀이를 하자고 한 것은 그녀가 5~6세 때일 것이다. 그녀는 자책을 했다. 자신이 그냥 그 놀이를 거절했으면 되었을 텐데라고. 그녀는 그것을 하지 말라고 말했어야 한다고 생각한다. 이 성폭력 사건에 있었던 이미지 때문에 그녀는 늘 가슴이 에인다.

이 사례에서 보면, 마리 프랑스는 17세 전까지는 성폭력 사건에 대한 어떤 기억도 하지 못하고 있었다. 어느 날 다가온 작은 자극들, 이미지들, 그리고 소리들이 이 사건을 의식의 표면으로 다시 떠오르게 만든 것이다. 이 사례에서, 성폭력을 연상케 하는 요인들이 다시 기억 속에 되돌아온 것은 심리치료와는 완전히 별개로 이루어졌다는 점을 주목하자.

앞에서 본 두 가지 경우(주느비에브와 마리 프랑스의 경우)의 진실성을 엘리자베스 로프터스와 거짓기억증후군재단은 반박했다. 성폭력이 '망각'되었다가 기억 속에서 '되찾아질' 수 있다는 생각, 그리고 그렇게 '돌아온' 기억이 '참'일 수 있다는 생각을 거부하는 것이다.

다양한 상황들에 어떻게 접근할 것인가?

성폭력에 대한 기억이 언제나 의식 속에 있을 경우건, 또는 어느 때까지는 의식 속에 있었지만 그 뒤 '망각' 되었다가 '되찾은' 경우건 치료자가 환자의 말을 믿고 그 기억을 의심하지 않고 숙고한다는 것을 환자가 느끼는 것이 중요하다. 전에는 전혀 몰랐던 성폭력의 기억이 떠올랐을 때(마리 프랑스의 경우처럼), 환자는 치료자가 자신을 믿지 않고 진지하게 받아들이지 않을까 봐 두려워할 수 있다. 이 경우 치료자는 두 가지 문제에 직면하게 된다. 첫 번째 문제는, 암시나 영향력을 통해 성폭력에 대한 거짓기억을 유도하게 되는 것이다. 엘리자베스 로프터스가 비판하는 예들은 이런 경우인 것으로 보인다. 두 번째 문제는, 환자의 이야기를 완전히 부정함으로써 그를 고립과 절망 속에 내버려두는 것이다. 이런 상황에서 권할 만한 선택은 치료자가 환자에게 다음과 같은 사실을 말해주는 것이다. 즉, 환자의 진술 외에 증거나 증인이 없다면 환자가 기억하는 트라우마 사건에 대해 아무런 확실성도 가질 수 없지만, 그렇다고 이러한 불확실성이 환자의 기억과 관련한 치료에 방해가 되는 것은 결코 아니다.

어떤 과정을 통해
우리는 트라우마를 잊을 수 있을까?

상당히 많은 사람을 대상으로 진행된 연구들이, 심한 트라우마도 잊힐 수 있다는 것을 확인해 주고 있다. 그러나 그런 트라우마들이 의식 바깥으로 치워졌다가, 나중에(때로는 몇 년이 지나서) 다시 돌아오게 된다는 것을 어떻게 이해해야 하는가? 이런 현상을 설명해줄 수 있는 과정은 무엇일까?

서로 연계될 수 있는 여러 가지 망각 기제(메커니즘)들이 현재 알려져 있다. 이 기제들은 일상의 경험들을 부호화(감각기관이 포착한 정보들을 정신적 표상으로 변환)할 때뿐만 아니라, 저장(기억에 담아둠)할 때, 그리고 그것들을 나중에 회상(호출)할 때도 어떤 왜곡을 가져올 수 있다. 트라우마에 대한 망각에서는 저장과 회상 과정에 부과되는 망각 기제에 의한 왜곡이 특이적으로 관여하는 반면, 다른 망각 기제들, 곧 '부호화 과정에 개입하는' 망각 기제들은 평범한 사건 및 트라우마적 사건 모두에 개입한다.

단순한 망각

분명히 여러분은 일상에서 다양한 사건을 잊는 자연적 경향이 인간에게 있음을 이미 경험으로 알고 있을 것이다(그렇다고 알츠하이머병을 말하는 것은 아니다). 이런 일상적 망각들과 더불어, 트라우마는 아니지만 중요한 사건을 한참 동안 잊었다가 다시 기억하게 된 경험도 어쩌면 해봤을 것이다.

이러한 자연적 경향이, 몇몇 경우에서는 유년기 성폭력에 대한 망각을 설명해줄 수도 있을 것이다. 다시 말해서 이러한 망각은 단순히 시간이 경과했음을 보여주는 것이며, 우리가 모든 경험을 늘 기억할 수 없다는 사실을 보여준다.

의도적 망각

여러분은 고통스럽거나 불편했던 기억을 일부러 잊으려고 애써본 적이 있는가? 이러한 의도적 망각 능력은 일상생활에서뿐만 아니라 연구실에서 진행된 실험에서도 확인된다. 정상적으로는, 정보들이 우리 안에 기억된다. 다시 말하면, 반복 과정을 통해 그것들은 단기 기억에서 장기 기억으로 넘어간다. 어떤 정보가 의도적으로 금지되었다면, 즉 의식에서 쫓겨났다면 그 정보는 충분히 반복되지 않은 것이고, 따라서 충분한 기억저장활동으로 이어지지 않는다.

유년기에 겪은 성폭력을 생각하지 않으려고 늘 애쓰는 것, 또는 비밀로 두기를 원하는 것은 그 사건에 대한 기억이 충분히 반복되지 못하도록, 그리하여 반복이 결여되도록 유도함으로써 결국 그 사건에 대한 기억저장활동의 질을 떨어뜨릴 수 있다.

간섭

간섭에 대한 이론들은, 어떤 정보(예를 들면 어떤 이름)를 회상하는 것이 같은 주제와 관련된 다른 정보를 회상하는 능력을 방해할 수 있다는 것을 보여준다.

순행간섭proactive과 역행간섭rétroactive이라는 두 종류의 간섭이 있다.

순행간섭에서는 과거의 어떤 정보가 새로운 정보를 회상하는 능력을 방해한다. 예를 들어 여자친구 딸의 성씨를 내가 오래 전부터 잘 알고 있었다면, 나는 그녀가 최근에 결혼하여 새로 얻게 된 성씨를 쉽게 떠올릴 수 없게 된다. 왜냐하면 그녀의 새 성씨를 떠올리려 할 때마다 내 머릿속에 그녀의 결혼 전 성씨가 항상 먼저 떠오르기 때문이다.

역행간섭에서는 새로운 정보에 대한 기억저장활동이 과거의 정보를 회상하는 것을 방해한다. 이를테면, 내 여자친구의 딸이 결혼하면서 얻은 새 성씨가 그녀의 옛 성씨를 떠올리는 것을 방해하는 경우다.

이번에는 어린아이에게 그보다 나이가 좀 더 많은 사촌이 성추행하는 상황을 상상해보자. 성추행은 이 사촌과 함께했던 즐거운 상황들(예를 들면 같이 수영장에 갔던 상황)과 더불어 기억된다. 아이는 '사촌/수영장' 연관을 자주 생각함으로써 (즉, 반복 과정을 통해) 그 상황을 기억하는 한편, '사촌/성추행' 연관은 생각 속에서 거의 반복하지 않을 것이다(왜냐하면 사촌은 아이에게 그 추행사건을 아무에게도 말하지 못하게 했거나, 또는 아이가 그 사건을 잊어버리려 하기 때문이다).

간섭에 관한 이론들에 따르면, 사촌/수영장 연관이 가진 힘이 점차적으로 사촌/성추행 연관을 떠올리는 능력을 축소시켜 결국 성추행 자체를 떠올릴 수 없도록 한다.

재편

재편再編은 어떤 사건에 대한 이해의 내용에서 이루어진 변화를 가리킨다. 일반적으로 널리 퍼진 '잘못된 생각들'(제1장)에서 보았듯이 아이가 성적 트라우마를 겪을 때, 그 순간에는 아이가 아직 충분히 성숙하지 못했기 때문에 자신에게 닥친 그 일의 의미를 이해하지 못할 수 있다. 비일상적인 신체적 접촉의 의미를 해석할 수 있으려면, 우리가 살고 있는 계층/지역의 사회적 규준과 타인의 의도를 이해할 수 있어야 한다. 말하자면 타인이 가한 신체적 접촉이 받아들일 만한 것으로서 추행과 무관한 것인지, 아니면 받아들일 수 없는 추행인지 알 수 있어야 하는 것이다. 때로 어른에게도 힘든 이런 판단은 아이에게는 더욱 어렵다.

그러므로 성적 접촉은 어떤 특정한 방식으로 이해되고 기억된다. 어린 여자아이가 아침에 할아버지와 침대에서 간지럽히기 장난을 하고 있었다면, 그러던 중에 할아버지의 손이 자신의 성기를 만져도 아이는 이 행동을 할아버지가 자신을 쓰다듬는 일 정도로 느낄 수 있다. 그러나 몇 년 후 청소년이 되면서 아이는 사회적·도덕적 규준을 자기 안에 동화시키게 된다. 이렇게 사회적 규준을 자기화한 아이가 이전에 할아버지가 침대에서 자신에게 했던 행동을 성폭력 행동으로 무의식적으로 재해석하게 될 때, 그 순간 아이는 그 사건을 발견했다는 (마치 그 사건이 처음으로 기억 속에 불쑥 나타났다는) 느낌을 받을 수 있다.

결국 아이는 할아버지의 행동을 이전과는 다른 의미, 즉 성폭력으로 해석하게 되면서 사건 당시에 무의식적으로 기억되었을 뿐 의식하지는 못했던 세부 사항들을 새삼 기억해낼 수 있다. 이러한 현상은 다음과 같은 실험으로 증명되었다. 두 그룹의 지원자들에게 어떤 집에 대한 묘사를 읽게 했는데, 한 그룹은 강도의 관점에서, 다른 그룹은 잠재적 구매자의 관점에서 볼 것을 주문했다. 그 결과, 그룹에 부여된 관점에 따라 지원자들이 기억한 정보가 달랐다. 뿐만 아니라 그룹의 관점을 바꾸게 하고 두 번째로 그 묘사를 읽게 했을 때, 지원자들은 이미 읽었던 그 묘사에서 다른 정보를 '재발견' 했다. 이 새롭게 '발견된' 정보는 첫 번째 읽기에서 무의식적으로 기억되기는 했으나, 의식이 접근하거나 또는 의식에 들어오지 못했던 것이다.

부호화 특이성spécificité d'encodage과 상태 의존성

'부호화 특이성'이란, 자신이 어떤 사건에 대한 기억을 되찾을 가능성을 더 높이기 원한다면, 무엇보다도 그 사건이 일어났을 때 처했던 (특이적) 맥락 속에 자신을 다시 놓아둘 필요가 있다는 것을 뜻한다.

이와 약간 비슷하게 '상태 의존성'은, 만일 내가 내 기억들을 최적화하길(더 쉽게 찾을 수 있도록 하기를) 바란다면, 내가 찾으려는 정보가 저장될 당시의 정신 상태로 다시 빠져들 필요가 있다는 것을 의미한다. 말하자면 트라우마는 우리의 정신 '상태에 의존적인' 특수한 방식으로 기억들을 저장하게 만들 수 있다.

이와 관련하여 진행된 몇 가지 실험이 있다. 단어 목록을 기억하게 하고 다양한 맥락에서 그것들을 회상해내는 것(잠수부가 물속에서 외운 단어 목록은 땅 위에서보다 물속에서 더 잘 기억난다), 그리고 다양한 정신 상태에서 그것들을 회상해내는 것(취한 상태에서 기억한 것은 취했을 때 더 잘 기억난다)을 비교했다. 여러분도 스스로 실험을 해보라. 그러면 당신이 슬플 때나 즐거울 때, 어떤 종류의 기억이 더 잘 기억나는지 알게 될 것이다.

망각되었다가 다시 생각난 성폭력의 기억들을 특정해서 보자면, 사건 당시의 상황(어느 곳, 하루 중 어느 때, 들은 소리나 말, 몸으로 느낀 것 등)과 그 사건에 대한 기억을 다시 찾았을 때의 상황 사이에 매우 밀접한 유사성이 있다(앞에서 본 마리 프랑스의 사례를 참조).

트라우마 기억내용들은 각각의 부분이 서로 분리된 채 파편화된 형태로 기억 속에 저장된다는 주장이 점점 더 신빙성을 얻고 있다(그것들은 어떤 소리, 단어, 느낌, 이미지, 냄새 등 서로 분리된 형태의 기억들로 저장된다). 트라우마 기억내용이 되찾아지려면, 트라우마 사건과 동일한 신호들을 포함하는 맥락 속에 기억 주체가 다시 놓임으로써, 잊힌 기억의 흔적들을 이 신호들이 다시 활성화시킬 수 있어야 한다.

야간에 경험한 일들의 망각

성폭력에 대한 망각과, 꿈에 대한 망각 사이에는 어떤 공통점이 있을까? 그것은 둘 다 한밤중에 일어난다는 점이다. 일부 성폭력 사건은 꿈의 경우와 마찬가지로 침대에서 잠을 자는 야간에 발생한다.

어떤 연구자는 이런 가설을 내세운다. 즉, 꿈을 망각하게 하는 심리기제가 밤중에 벌어진 성폭력을 망각하는 데도 어떤 역할을 할 것이라는 점이다. 여러 실험에 따르면, 일반적으로 알려진 바와는 반대로 잠에 들기 직전에 기억된 정보들은 저장 상태가 좋지 않다고 한다.

사실, 많은 피해자가 자신들이 한밤중에 겪은 트라우마 경험을 이렇게 묘사한다. "마치 제가 꿈을 꾸는 것 같았어요." 아이는 한밤중에 성폭력을 겪어도, 그것을 희미하게 기억나는 어떤 '나쁜 꿈'으로 생각할 수 있고, 나쁜 꿈을 점차 잊어버리듯 그 사건도 잊어버릴 수 있다.

심리학 이론들은
트라우마에 대한 망각을 어떻게 설명하는가?

억압

'억압refoulement'은 정신분석의 용어로, 바람직하지 않다고 판단된 무의식적 충동으로부터 의식과 자아를 보호하는 역할을 하는 일종의 방어기제를 가리킨다. 이 용어는 많은 심리치료사에 의해 사용될 뿐만 아니라 일상어에서도 사용되고 있다. 하지만 용어의 대중화는 용어의 원래 의미가 퇴색되는 결과를 낳았다. '억압하다'가 의미하는 것은 지나치게 고통스럽다고 의식에 인식되는 것, 특히 트라우마 사건과 같은 것을 무의식 안에 밀어 넣는 활동이다. 엘리자베스 로프터스와 거짓기억증후군재단은 바로 이러한 '억압'의 존재를 믿지 않는다.

정신분석의 관점에서 볼 때, 우리가 무의식에 억압해 넣을 수 있는 것은 개인적 충동과 연관된 이미지나 언어적 표현(단어)뿐이다. 따라서 실제적인 트라우마 그 자체가 억압되는 것이 아니라, 우리 정신의 일부에 의해 관용될 수 없는 것으로 인식된 환상이 억압되는 것이다. 이러한 억압된 환상이 의식 안에 다시 출현하는 것, 바로 이것이 트라우마를 형성한다.

이런 이유로 정신분석가들은 실제 경험 그 자체는 트라우마적 성격을 지닌다고 믿지 않는다(나아가 그들은 외상후스트레스 장애에 대해서도 거의 관심을 두지 않는다).

그러나 프로이트는 자신의 연구 초기에, 신경증 환자에게 있는 트라우마 기억내용은 실제 트라우마 사건에서 유래한다고 믿었다. '유혹 이론'이라 명명된 이론에서 그는 신경증이 유년기에 있었던 성적 트라우마의 결과라고 주장했다. 그러다가 프로이트는 이 관점을 완전히 포기하고 트라우마 기억내용들이 실제 경험된 사건이 아니라, 환상과 관련된 것이라고 주장하게 된다. 이때부터 그는 아동의 성, 즉 아동에게 있는 억압된 성욕을 찾는 데 방점을 두게 된다.

정신분석가에게 있어 실제적 트라우마의 복권은 프로이트 초기 개념들로의 회귀, 즉 정신분석의 선사시대로 회귀하는 것을 의미한다. 때문에 이런 회귀는 정신분석가들에게 결코 받아들여질 수 없는 일이다.

또한 당시 '유혹 이론'의 포기는 특히 미국 여성주의 운동진영의 격렬한 반발을 불러왔는데, 그들은 프로이트가 여성들이 침묵하기를 원한다고 비판했다.

해리

해리에 관해서는 앞에서 이미 서술한 바 있다. 여기서는 다음의 내용을 다시 한 번 상기해 두자. 해리는 의식의 통일된 기능에 생긴 단절이다. 일시적 해리 반응들(예를 들면 어떤 감정적 마비상태, 안개속에 있는 느낌, 자신의 신체와 분리된 느낌, 비현실적 세계 속에 있는 느낌, 일어난 일을 전혀 기억할 수 없는 상태 등)은 심각한 트라우마 직후에 나타나서 며칠이나 몇 주가 지나면 사라진다. 이런 해리 현상들은 아주 다양한 종류의 트라우마 피해자들에서 관찰되었다(예를 들어 전쟁이나 성폭력, 사고, 자연 재해 등). 이러한 일시적 스트레스 상태가 트라우마 사건에 대한 기억이 제대로 진행될 수 없도록 한다는 것을 우리는 안다. 이 경우 트라우마에 대한 기억들은 파편화되거나 일부 결손이 생길 수 있다(154쪽 '트라우마 기억내용에 관한 장 참조).

위의 사실은 이러한 기억들이 최면 상태에서 더 용이하게 되찾아지는 이유를 설명해준다. 왜냐하면 최면은 환자가 또 다른 트라우마를 거치지 않고도 해리 상태에 들어갈 수 있도록 하기 때문이다(이렇게 해리 상태에 들어가는 일은 특수한 정신 상태에서 기억된 것을 쉽게 회상하도록 한다. 즉, 특수한 '상태에 의존적인' 기억을 상기하도록 해준다).

거짓기억증후군재단은 유년기 성폭력에 대한 망각을 설명할 때 억압 개념의 타당성을 부정하듯이 해리 개념의 타당성 또한 부정한다.

회상했던 것을 망각함

트라우마에 대한 기억을 잠시 잊었다가 때로 장기화되기도 하는 일정 기간의 기억상실 상태를 거쳐, 나중에 되찾게 된 기억들을 설명하는 또 하나의 가설이 있다.[127] 유년기 성폭력에 대한 기억을 되찾았다고 믿는 사람들 중에는, 자신들이 그 사건에 대해 기억상실증 상태에 놓여 있었다고 주장한 그 기간 동안 사실은 주변 사람들에게 그 사건을 이미 말했었다는 사실을 알게 되고는 무척 놀라는 이들이 있다. 그들은 실제로는 자신이 성폭력 사건을 기억하고 있었다는 것을 망각했던 것이다. 우리는 이런 현상을 '그 영향을 내내 망각해버리는 것forget it all along effect'이라 부른다.

배신감이라는 트라우마 이론

망각된 성폭력에 대한 또 다른 설명은, 앞에서 이미 언급했던 배신감에 대한 트라우마 이론[128]을 낳았다. 이 이론에 따르면, 트라우마에 대한 기억상실증이 갖는 기능은 고통을 줄이는 데 있는 것이 아니라, 트라우마로부터

127) Schooler J.W., "Discovering memories in the light of meta-awareness(메타인식을 통한 기억 회복)", Journal of Aggression, *Maltreatment, and Trauma*, 2001, 4 : 105-136.

128) Freyd J., "Betrayal trauma : traumatic amnesia as an adaptive response to childhood abuse(배신에 따른 트라우마 : 아동기 학대에 대한 적응된 반응으로서의 외상후 기억상실)", *Ethics and Behavior*, 1994, 4 : 307-329.

그야말로 살아남을 수 있게 하는 데 있다. 실제로, 자신이 의지하는 부모에게 성폭력을 당한 아동에게는 그 사실 자체를 망각하는 것이 자신이 살아남을 수 있는 유일한 방법이다.

성폭력의 가해자가 피해 아동의 부모나 친지 등 아이가 신뢰하고 의지하는 사람일수록, 아이가 학대에 대한 기억을 망각할 가능성도 커진다. 왜냐하면 그런 사건은 정서적 애착 관계에 대한 배신을 내포하기 때문이다. 피해자가 가해자에게 의존할수록 기억상실이 일어날 가능성도 커지는 것이다.

그런데 자신의 생존에 필수적인 애착 관계를 보존하기 위해 아이는 이러한 배신을 망각해야 한다. '정상적인' 관계에서라면 당연히 아이로서는 고통의 원인인 (학대를 자행한) 부모에게서 도망쳐 나와야 하는데, 아이로서는 망각 외에 애착 관계를 유지할 방법이 없다.

배신 이론에 따르면 기억과 감정을 분리함으로써(의식은 되지만 연관된 감정을 제거하여 기억을 간직함으로써), 또는 그것을 망각함으로써(의식 바깥에, 즉 무의식에 그 기억들을 저장함으로써) 아이는 학대와 배신으로 인한 고통을 차단한다.

성폭력과 관련된 기억상실의 경우, 근친상간 또는 가족에 의한 성폭력과 관련된 경우의 비율이 그렇지 않은 경우의 비율보다 더 높다는 사실은 이러한 이론의 타당성을 뒷받침한다.

결론적으로 말하면, 성폭력과 관련된 되찾아진 기억을 인정하지 않는 일은 아동에 대한 성폭력이 그렇게까지 많지는 않다고 믿게 할 위험성이 있다. 성폭행의 기억을 되찾았다고 말하는 여성들, 악마적이고 의례적인 학대(160쪽 참조)를 당했다고 주장하는 여성들도 이 같은 선상에서 볼 때, 그들의 기억은 모두 의심스러워진다. 그러나 이러한 논쟁은 트라우마 사건들과 기억 절차에 관한 연구를 촉진하고, 불확실하고 변하고 항상 바뀌는 기억의 속성을 강조했다는 점에서 유익하다. 기억은 하나의 재구성이지 정확한 재생이 아니다. 이러한 논쟁의 또 다른 긍정적인 면은, 종종 심한 트라우마 사건들은 '망각' 될 수 있으며 수년이 지난 뒤에야 다시 기억되기도 한다는 점을 확증하는 연구들을 불러왔다는 것이다.

제 4 부

치유

"나는 과연 나을 수 있을까요?"

사람들은 아동에게 가해진 범죄에 대해서는 말을 많이 한다. 그리고 '만성적인' 성폭력에 대해서는 훨씬 적게 말하고, 그런 학대로 인한 성적 트라우마를 어떻게 치료하는지에 대해서는 거의 말하지 않는다. 그렇지만 오늘날에는 성폭력과 관련된 장애를 겪는 이들을 효과적으로 치료할 수 있는 치료법들이 있다.

심리적 문제들에 대한 '치료'를 이야기할 때, 일반적으로 크게 두 가지의 치료를 생각한다. 심리치료와 약물치료가 그것이다. 달리 말하면 말하기와 듣기를 통한 정신치료가 한 축을 이루고, 향정신성 약물을 이용한 신체치료가 다른 한 축을 이룬다. 그런데 이는 정신과 신체가 분리될 수 있는 것처럼 생각하는 분류다. 데카르트에게서 상속받은 이러한 시각은 사실 오늘날 우리가 인간을 이해하는 방식과는 맞지 않다. 오늘날 우리는 정신과 신체가 하나의 동일하고 분리될 수 없는 실제의 두 측면을 보여준다는 것을 안다. 이미 17세기에 또 다른 철학자인 스피노자는 정신과 신체가 하나의 동일한 실체에서 나온다고 이해했다.[129] 우리는 아마도 인간을 바라보는 관점 상의 이러한 변화를 표현할 새로운 단어들을 발명해야 할 것이다. 그렇게 될 때까지 일단 나는 약물을 사용하지 않는 모든 치료를 가리키는 말로 '심리치료'라는 표현을 사용하겠다. 이런 치료법은 (비서방 국가들의) 전통적 치료법이나 종교적 치료법을 제외하고도 약 200에서 400여 가지에 이른다. 이 책에서 나는 다음의 세 가지 치료만을 언급할 것이다. 최면치료, 행동치료, 그리고 EMDR 치료가 그것이다.

129) Damasio A., *Spinoza avait raison*(스피노자는 옳았다), Odile Jacob, 2003.

언제, 정말로 치유되었다고 느끼게 될까?

성폭력에서 치유되는 것! 그렇게 오래 되고 때로는 아주 심층까지 영향을 미친 충격의 상처가 정말로 치유될 수 있는 것일까? 일상어에서 '낫다', '치유되다'라는 말은 '건강을 되찾다', '신체에 영향을 미치는 나쁜 것에서 벗어나다'를 의미한다. 그러나 여기서의 관건은, 마치 아무 일도 일어난 적이 없었던 것처럼 트라우마가 발생하기 전의 상태로 돌아가는 것을 말하는 것이 아니다. 만일 이러한 회귀를 치료라고 본다면, 아무리 순수한 신체적 질병이라 해도 이런 치료는 불가능하다. 왜냐하면 감염은 곧 면역체계 상의 변동이라는 형태로 그 흔적을 남기고, 골절은 눈으로는 볼 수 없지만 뼈의 부러진 부위가 다시 이어졌음을 보여주는 가골假骨 이란 조직을 남긴다. 그러므로 치유란 어떤 내적 재조직화로, 질병의 증세가 소멸됨으로써 나타나고, 환자가 자기 자신, 그리고 타인들과 더불어 더 나은 삶을 살 수 있도록 하는 것이다.

심리학에서 보면, 피해자마다 치유에 대한 기준이 존재한다. 린다가 스스로에 대해서 생각하는 치유란 무엇인지 들어보자.

> 자신이 겪은 트라우마를 누구에게든 이야기할 수 있고,
> 다른 일을 생각하고, 말할 수 있으며,
> 정상적으로 잠을 자고,
> 화를 내는 일이 줄어들고,
> 옷을 벗은 장면이 있어도 텔레비전을 볼 수 있고,
> 성행위를 더 이상 구역질 나는 일로 생각 않고,
> 성적 욕구를 느끼고,
> 연애 관계에서 주도적이 되고, 즐거움을 느끼고,

집 밖에서 사회적 삶에 참여하고,
얼굴만 알던 사람이나 전혀 모르는 사람과도 대화를 하게 되고,
이방인과 눈을 마주하고 쳐다볼 수 있고,
미래에 대해 관심을 가지는 것!

또, 로랑스가 말하는 치유는 다음과 같다.

거울 앞에서 자신을 보고, 스스로를 사랑하고,
쓸데없는 걱정을 덜하고, 자신을 위해 살고 싶고,
사는 재미를 되찾고,
자신의 삶에서 더는 관객이 아닌 배우가 되고,
자신이 겪은 일을 잊지는 않지만 그저 지나간 과거로 한 켠에 치워두고,
그 일을 다시 생각할 때도 우울에 빠지지 않게 되는 것!

각 피해자에게 '치유'라는 단어는 다른 의미를 지니지만, 린다와 로랑스의 목표에는 분명히 많은 공통점이 있을 것이다.

트라우마에서 '치유되었다'고 말할 수 있으려면 치료사의 입장에서 몇 가지 조건이 필수적으로 충족되어야 한다고 본다. 트라우마와 관련된 기억의 되살림reviviscence 이나 악몽이 사라짐으로써 트라우마가 이제는 환자 개인사의 한 부분, 즉 시간적 흐름의 한 부분으로 정리되어 어떤 기억으로 환자에게 자리 잡혔다는 게 확인되어야 한다. 성격상의 모든 혼란(쉽게 화내고 의심하며, 타인에게 문을 닫고 자신 속에 갇혀 지내고, 늘 우울한 기분을 느끼는 등의 증세들)이 치유와 더불어 사라지고, 환자는 트라우마 사건에서 의미를 찾게 되고, 결국 이를 통해 환자에게 더 풍성해진 새로운 인격이 자리한다.

말만으로는 충분하지 않은 치유

성폭력 피해자들 중 많은 사람이 고통과 숙명론에 갇힌 채 어떤 치료도 받지 않는다. 그렇지 않은 이들은 치유할 길을 찾아 나서고 심리치료를 받기 시작한다. 불행하게도 상태가 나아지더라도 대개는 부분적인 호전일 뿐이거나 불안정하고 일시적이기 쉬우며, 심지어 호전되는 일이 아예 없기도 하다. 그럼에도 치료 기간은 대개 길다.

아주 오랫동안 정신분석에서뿐만 아니라 정신과에서도 트라우마의 외적 실제를 인정하지 않았으며, 대신에 환상의 내적 실제에 관해 연구하는 것을 선호했다. 이는 마치 성인이나 할 수 있는 성관계에 대한 환상을 어린 아이가 가질 수 있는 것처럼 여기는 것이나 다름없었다. 아이는 분명히 다정함이나 애정, 사랑을 요구하는 존재이지만, 성(성적 관계)을 요구하는 존재는 아니다. 성은 성인의 언어인 것이다. 페렌치Ferenczi가 말한 '언어의 혼동'에 대해서는 이미 앞에서 언급했다. 그는 프로이트의 친구이자 정신분석학자였는데, '아이의 언어'인 다정함과 '성인의 언어'인 열정을 구분했다.

치료에서 행해지던 유일한 제안은 환자에게 자신이 겪은 트라우마를 '말로 풀어놓으라'는 것이었다. 즉, 트라우마에 대해 말하기를 반복하여 이야기를 구성할 수 있게 함으로써 환자가 자신에게 일어난 일을 이해하고, 그것에 의미를 부여하도록 이끄는 데 목적이 있었다. 그러나 자신이 겪는 고통에 대해 말하는 것만으로 그 고통을 충분히 떨쳐낼 수 있을까?

고통을 더 심화시킬 수도 있는 말하기

많은 치료사가 환자를 변화시키는 핵심적인 방법으로 말하기를 이용한다.

'언어적 표출'은 모든 종류의 고통을 줄이는 데 분명히 좋은 효과를 나타낸다. 그러나 어떤 트라우마가 실재했다면 이야기는 달라진다. 피해자는 시간이 지나도 어떤 기억이나 이미지, 인식, 단어 등 트라우마의 순간을 떠올리게 하는 모든 것에 대해 '과민한' 상태로 남아 있다. 심지어 그런 것들에서 도망치려는 경향을 띠기도 한다. 제1장의 잘못된 생각 첫 번째와 세 번째 항목에서 우리는 고통을 말로 풀어내는 일이 상태를 더 악화시킬 수 있다는 것을 보았다. 이에 대한 확인은, 환자가 자신이 겪은 트라우마와 그때 느꼈던 것들에 대해 말하기 시작할 때 심한 불안이 환자를 엄습하는 것을 관찰하는 것으로 족하다. 단어들 하나하나가 환자의 목에 걸린다. 왜냐하면 단어들은 트라우마를 다시 활성화함으로써 순식간에 환자를 '재피해자화'로 이끌 수 있기 때문이다. 환자가 말로 풀어내는 일이 고통스러운 반면에 치료사의 말은 환자에게 큰 도움이 된다. 이미 많은 성폭력 피해자가 부정적으로 경험한, 몇몇 치료사의 '치료 중 침묵'은 이제 사라져야 한다. 피해자들은 침묵 속에서 성폭력을 겪었으며, 아주 오랫동안 그것을 침묵 속에 간직해야 했고, 누군가에게 그 일을 말했을 때도 피해자는 타인의 침묵을 감당해야 했다. 얼마나 많은 피해자가 치료사의 무관심을 견디다 못해 치료를 영원히 그만두려고 했던가!

언제나 가능하지만은 않은 말하기

트라우마를 말로 풀어내는 일은 늘 가능한 것도 아니고 쉽지만도 않다. 환자 중 많은 사람이 자신이 겪은 일을 말로 풀어내지 못한다. 그들은 감정을 '다시 느낀다.' 그러나 그것을 '표현할' 수는 없다. 우리는 앞에서 트라우마 사건과 평범한 사건들은 각각 다른 방식으로 기억된다는 것을 보았다. '정상적인' 기억이 쉽게 말로 풀어낼 수 있는 자전적 이야기를 만드는 반면에, 트라우마 기억내용은 말로 풀어내기가 훨씬 더 어렵다. 트라우마 순간에 경험된 감정과 감각은 명시적 형태로 기억되지 않고[130], 묵시적 기억 속에 저장된다[131] (272쪽 참조).

앞에서 섭식장애를 다루면서 감정표현불능증을 겪는 환자들에 관해 말한 바 있다. 이런 환자들은 감정을 느끼지만 표현하지는 못한다. 이런 상태에 대해 우리는 '조작적 사고pensée opératoire'가 있다고 말한다. 이 표현이 의미하는 바는, 이들이 구체적·물질적인 것에 매여 있어 상상력이 거의 존재하지 않는 상태에 있다는 것이다. 이들은 무척 순응적이어서 자신의 개인적 어려움을 평범한 일로 취급한다. 그들이 하는 말은 사실이나 사건, 물리적 감각 등에 대한 묘사로 가득할 뿐 어떤 감정적·상상적 흔적은 묻어있지 않다. 타인과의 관계는 그래서 생동감이 없이 지루하고 차가우며 비인격적이다. 이런 사람들은 자신을 들여다보는 능력이 무척 약하다. 그래서 자신이 느끼는 것을 말하는 데 많은 어려움이 있다. 타인과 소통하는 것 자체가 무척 제한되어 있기 때문에, 말하기에 기반을 둔 심리치료는 이들에게 알맞은 방법이 아닐 것이다.

프로이트가 말하는 무의식과 인지적 무의식

말하기를 통한 치료의 효과에 대한 논의는 중요하다. 그 때문에 심리치료 분야의 여러 학파 간에 벌어지는 논쟁도 이 쟁점을 중심으로 이루어져 왔다. 이 논의는 한쪽에는 의식되고 말해질 수 있는 것, 따라서 이야기 형태로

130) 명시적 기억은 사건을 그 맥락 속에서 기억으로 저장하고 그 기억을 다시 자전적인 이야기 형태로 불러올 수 있도록 하는데, 이는 사건을 주관적으로 재경험할 수 있는 능력과 연결되어 있다.

131) 암묵적 기억은 감정, 느낌, 행동 등에 대한 기억으로, 말로 풀어낼 수 없는 무의식적 기억이다. 학습과 감정적 조건화에 관여하는 기억이 바로 이 암묵적 기억이다.

명시되는 것과, 다른 한쪽에는 비의식적인 것, 따라서 말해질 수 없는 것이라는 두 축을 근간으로 한다. 그런데 여기서 비의식적인 것에 대한 두 가지 서로 다른 개념화가 있다. 즉, 모든 억압된 것(욕망, 기억, 환상…)이 모여 구성되는 '프로이트적 무의식'과, 정보처리의 한 양태로 신경생물학적 기능과 연관시켜 개념화한 '인지적 무의식'이 그것이다. 후자의 무의식과 관련하여 특히 보리스 시륄닉Boris Cyrulnik은 인간에 대한 새로운 비이원론적 관점, 즉 신체와 정신, 신체적인 것과 정신적인 것이 분리되어 있지 않다고 보는 관점을 대중에게 전파하는 데 기여했다.[132] 그에 따르면, 인지적 무의식은 바로 '우리가 무엇을 안다는 것을 모르는 채 알고 있는 것'이다. 인지적 무의식은, 우리가 의식하지는 못하지만 우리의 환경과 신체에서 유발된 무수한 정보를 처리하기 위해 뇌에서 실행하는 모든 정신적 활동을 수용한다. 컴퓨터라는 정보공학 장치를 비유해 말한다면, 우리가 컴퓨터에서 어떤 응용 프로그램을 사용할 때 컴퓨터의 중앙처리장치CPU에서는 우리 눈에 보이지 않는 무수한 연산이 실행되는데 이런 보이지 않는 모든 연산을 간직하는 것이 바로 인지적 무의식이다. 이러한 연산들의 결과 우리가 볼 수 있는, 즉 우리가 의식 가능한 이미지나 문장이 만들어지고, 그런 다음 비로소 그것들이 우리의 의식이라는 모니터에 드러나게 되는 것이다. 이 인지적 무의식은 바로 묵시적 기억이 자리하는 곳이다. 또한 바로 이 인지적 무의식에서 감정적 조건화conditionnements émotionnels가 이루어지고(281쪽 '위험에 처했을 때 무슨 일이 벌어질까?' 참조), 또한 어떻게 진행되는지 의식하지는 못하지만 무의식적으로 수행하는 모든 학습도 이 인지적 무의식을 통해 이루어진다(자전거 타는 법이나 장기 두는 법을 배우는 것 등). 이러한 학습은 사실 비의식적 조건화로서, 걷고 먹고 운전하고 타이핑하는 일 등을 수행할 때 각 단계마다 실행하는 일들을 우리

132) Cyrulnik B., *De chair et d'âme*(몸과 영혼에 관하여), Odile Jacob, 2006

가 의식하지 않고도 수행할 수 있도록 한다. 모든 묵시적인 것은 의식적이지 않으며 기호화될 수 없고, 따라서 언어화 될 수 없다.
인지적 무의식은 정신분석학자들에게 문제를 제기한다. 인지적 무의식에 담긴 정보는 어떤 '억압된' 인식이 아니므로, 즉 그 정보가 무의식적인 까닭은 어떤 '저항' 때문이 아니므로 정신분석학의 개념을 통해 그것을 다루는 것은 불가능하다. 즉, '정신분석학에서 무의식을 다루기 위한 주개념인' 억압 개념과 저항 개념은 인지적 무의식을 다루기에 적합하지 않다.

나에게 무슨 일이 일어났는지 이해는 하지만, 아무것도 바뀐 것은 없다

유년기에 겪은 트라우마는 성인의 기억망과는 완전히 별개인 유년기의 기억망에 저장된다. 성인이 된 피해자는 자신이 겪은 트라우마가 이미 지난 일이라는 것을, 그리고 자신을 불안하게 하고 자신이 거기서 도망치고 싶어 하는 모든 신호와 모든 상황이 위험하지 않다는 것을 안다. 그러나 그는 자신의 감정 뇌, 즉 대뇌변연계에서 일어나는 반응을 변화시킬 수가 없다. 변연계, 그 중에서 특히 편도체는 이성이나 지적 이해능력이 전혀 접근도 이해도 할 수 없는 비언어적 반응을 일으킨다. 마치 트라우마에서 겪은 그 위험이 현재 눈앞에 있기라도 하듯이 변연계는 반응을 계속하고, 결국 그 성인이 명백히 비이성적인 행동을 하게 만든다. 바로 이런 이유로 유년기 트라우마는 피해자가 성인이 된 뒤에도 감정적인 면에서 계속 지배하며, 성인이 된 피해자는 말하기에 기반을 둔 심리치료를 수년 동안 받아도 문제를 해결할 수 없다. 즉, '말하기에 기반을 둔' 통상적인 심리치료는 대뇌변연계를 조건반응에서 벗어나게 할 수 없다.

심리치료는 환자가 자신의 트라우마에 대한 이야기를 구성해내고, 자신의 개인사의 일부로 자리매김하며, 의미를 부여하는 데 분명히 어떤 도움을 줄 수 있다. 이는 치유를 향한 여정에서 중요한 하나의 단계이다. 그러나 이런 치료를 통해 얻는 모든 긍정적인 변화에도 불구하고 환자는 트라우마에서 온전히 치유되지 못할 것이다. 왜냐하면 트라우마가 인격의 일부인 감정적인 부분에 '갇힌 채로' 남아서 여전히 현재진행형인 것처럼 발현할 것이기 때문이다. 이런 경우에 트라우마는 여전히 '소화되지' 않은, 즉 '흡수되지' 않은 채로 남는다. 말하자면 환자의 정신세계 속에 어떤 이물질처럼 남는 것이다. 트라우마가 잔존하는 기억망은, 개인의 환경 적응을 돕는 긍정적이고 성공적인 경험이나 학습을 간직한 기억망들과는 분리되어 있다. 변화한다는 것은 과거를 다시 쓰는 것이며, 모든 치료의 목적은 과거를 변화시키는 것이다. 물론 여기서 변화시킬 과거란 이미 벌어진 '역사적 과거'가 아니라 현재 속에 간직한 채 더불어 살아가는 그런 과거이다. 과거가 어떤 불편한 증상을 만들어냄으로써 현재에 영향을 미치듯, 현재 또한 과거에 영향을 미친다.

변화한다는 것, 그것은 과거를 다시 쓰는 것

기억내용은 결코 과거를 있는 그대로 재생하는 것이 아니다. 비트라우마적 사건은 우리가 겪은 경험에 대한 파편들로 기억된다. 소리, 이미지, 느낌, 냄새, 감정, 생각 등이 그런 파편들이다. 이 파편들에 그 사건(경험)이 전개되었던 맥락에 대한 정보들이 연결되는 것이다. 이 파편들은 각각 선택되느냐 아니냐에 따라 여러 가지 다양한 방식으로 연결된다. 여기에 수백 개의 조각으로 이루어진 퍼즐이 있다고 하자. 그 조각들 중 어떤 것은 선택하고 어떤 것은 내버려두느냐에 따라 만들어질 수 있는 모양들의 수가 몇이나 될까 한번 상상해보라! 과거의 어떤 파편들에 대하여 무의식적 선택을 안내하는 것은 '회상의 맥락'(내가 어디에 있고, 그 순간에 내 감정 상태나 신체적 감각 등은 어떠한가 등)이다. 이 맥락을 매개로 하여 내가 현재 이 순간에 하는 '회상' 경험이 이루어진다. 이때 이루어지는 무의식적 선택이 있기 때문에 그것을 토대로 선택된 파편들을 하나로 모으고 조직할 수 있게 되는 것이다. 내가 과거의 동일한 사건에 대해 갖게 될 기억내용들은 언제나 다를 것이다. 왜냐하면 매번 회상할 때마다 맥락이 다를 것이고, 따라서 (비록 동일한 사건에 대한 것이기는 하지만) 선택된 파편들의 집합과 이것이 조직화되어 나온 기억내용도 언제나 새로운 기억내용일 것이기 때문이다. 현재가 과거에 미치는 영향을 다른 식으로 말하면, '비트라우마적 과거는 끊임없이 다시 쓰여진다'고 할 수 있다. 회상의 대상인 그 원래 사건이 더 이상 최초의 형태로는 존재하지 않는 것이다.

트라우마 기억내용은 비트라우마 기억내용과는 달리 시간의 경과에도 변하지 않고, 움직일 수 없는 상태로 남는다. 트라우마 사건이 내포한 트라우마적 특징은 사건에 대한 기억들이 현재의 영향에 대해 '면역되도록', 그리하여 현재가 과거를 새로 작성할 수 없도록 한다.[133] 악몽이나 트라우마의 재생에서 트라우마가 어떤 변화도 없이 반복될 수 있는 까닭이 바로 여기에 있다.

최면과 EMDR 치료는 고정되고 변하지 않는 기억을 현재에 의해 변화하는 기억으로 전환시키는 것을 가능하게 한다.

심리치료의 효과를 이해하기 위해, 178쪽의 '어떤 과정을 통해 우리는 트라우마를 잊을 수 있을까?'에서 언급했던 간섭이론을 떠올려보자. 잘 알려진 과거의 정보는 동일한 주제에 대해 새로 얻은 정보를 우리가 회상하는 일을 방해한다. 바로 순행간섭이다. 또한 새로운 정보는 우리가 과거의 정보를 회상하는 것을 방해한다. 바로 역행간섭이다. 트라우마 기억내용은 역행간섭이 있을 때 더 쉽게 '잊혀지고', 반대로 순행간섭이 있을 때는 어디

---

133) Stern D., *Le moment présent en psychothérapie : un monde dans un grain de sable* (심리치료에서의 지금 순간 : 모래알 속 세계), Odile Jacob, 2003.

서나 전면에 나타날 것이다. 외상후스트레스 장애에서 나타나는 현상이 바로 이런 것이다. 최면과 EMDR 치료는 역행간섭의 진행 과정을 회복시켜 줄 수 있다. 이는 새로운 긍정적 경험이 과거의 트라우마 기억내용들을 가리도록, 즉 간섭하도록 만들어줌으로써 트라우마 기억내용을 현재의 삶을 통해 수정하고 약화시킬 수 있게 한다.

치료적 변화를 얻어내고 트라우마가 남긴 결과를 치유하기 위해 반드시 언어적·기호적 정보를 거쳐 가야 하는 것은 아니다. 트라우마 기억내용의 변화는 인지적 무의식에서 이루어지는 변형, 따라서 결코 의식되지 않는 변형을 통해 이루어진다. '안다'는 것이 치유에 필수적이지 않으며, 변화는 트라우마 경험에 부여하는 의미에서 생기지 않는다. 새로운 의미 부여가 생겨난다는 것은 단지 변화가 실제로 이루어졌다는 것을 증거해줄 뿐이다.

그렇다면 우리는 어떻게 치료를 진행해야 하는가? 외상후스트레스 장애나 우울증, 공황발작 등 고통스러운 심리장애를 겪고 있는 사람들의 괴로움을 우리는 어떻게 덜어줄 수 있을까?

약물치료는 유용한 것일까?

종종 우리는 향정신성向精神性 약물[134], 즉 뇌에 작용하는, 그래서 우리의 정신세계에 작용하는 약물을 두려워한다. 심지어 정신과에서 쓰는 진정제를 '화학적인 속옷camisole chimique'이라 부르기도 한다. 어떤 영화들은 이런 약물들 중 일부가 줄 수 있는 효과를 보여주었고, 이는 뇌에 대한 화학의 공포스러운 이미지를 강화하는 데 기여했다(밀로스 포먼의 「뻐꾸기 둥지 위로 날아간 새」나 마르코 벨로키오의 「가족생활Family Life」같은 영화가 대표적이다). 정신병 치료제들은 그 약물을 필요로 하지 않는 사람에게 투여되었을 때나 과다복용했을 때 큰 변화를 동반하는, 매우 우려할 만한 결과를 실제로 가져올 수 있다. 예를 들면 무기력이라든가 고정된 자세, 멍하게 한곳만 응시함, 무표정한 얼굴 등의 변화가 생긴다. 그러나 이런 약물들은 신경이완제로서, '정신증psychoses'이라 불리는 특수한 병들에 한정되어 쓰인다(이런 정신증에 가장 흔한 것으로는 조현병이 있다). 또한 올바르게만 사용된다면 이 약물들은 (이전에는 정신과 시설에서 갇혀 지내야 했던) 많은 환자의 삶을 바꾸어 놓는다. 그러므로 약물의 부작용만을 지나치게 과장해서는 안 될 것이다. 이런 약물을 프랑스 사람들이 신뢰하지 않는 요인에는, 프랑스가 유럽에서 향정신성 약물을 가장 많이 사용하는 나라라는 사실도 있다. 하지만 그렇다고 안정제나 항우울증 치료제에 대해 그렇게 겁낼 필요가 있을까?

134) 중요한 향정신성 약물은 신경억제제, 항정신병제, 항우울제, 신경안정제 등이다.

135) 이 소단원은 항우울제와 안정제에 관한 정보들이다. 이 분야에 특별히 관심이 없다면 이 단원은 건너뛰어도 된다.

136) Gorwood P., "Le Destin de l' épisode dépressif(우울증 삽화의 추이)", L'Encéphale, 2007, 33 ?: 709-712.

약간의 생물학과 약리학[135]

초기의 항우울증 치료제들(토프라닐Tofranil®, 마르실리드Marsilid®)은 1957년부터 사용되었다. 이후, 효과는 동일하지만 독성이 훨씬 적고 내성耐性 면에서 더 나은, 여러 계열의 수많은 항우울증 약물(프로작Prozac®, 데록사트Deroxat®, 에펙소르 Effexor® 등)이 출시되었다. 항우울제는 우울증 상태와 공포증을 포함한 몇몇 불안증, 외상후스트레스 장애 등을 다루는 데 주로 사용된다. 외상후스트레스 장애의 경우, 항우울제는 실제로 장애를 치료하지는 않는다. 하지만 이 병에만 특이적이지는 않은 불안이나 우울 증세를 개선해줄 수 있다. 항우울제는 이 밖에도 알코올 중독, 강박행동, 수면장애 등과 같은 여러 증세에도 처방될 수 있다.

많은 전문가가 뇌에 작동하는 항우울제의 메커니즘을 이해하기 위해 연구를 거듭해 왔다. 연구자들은 이 약물이 뇌신경세포(뉴런)들 사이에서 신경 신호를 전달하는 세로토닌, 노르아드레날린, 도파민과 같은 신경전달물질들의 농도를 증가시킨다는 것을 알아냈다. 뒤이어 이 약물들이 뇌신경세포의 핵 안에 있는 염색체 속의 DNA 계층에도 직접 작용하여, 뇌신경세포의 성장에 관여하는 몇몇 단백질의 생산을 증가시킨다는 것도 알아냈다. 이런 단백질 중 하나가 BDNF(뇌분비 신경영양 인자)라 불리는 것이다. 이것은 신경세포에서 새로운 가지돌기dendrite들이 뻗어나게 하고, 신경세포들 사이에 새로운 연결synapse이 만들어지도록 하는 '비료'로서 작용한다. 대뇌 해마체 위축증이 있는 우울증 환자에게 항우울증제를 투약하면, 크기가 줄어들었던 해마체가 정상적인 크기로 돌아온다.

두뇌 영상화 기술이 확인해낸 바에 따르면, 항우울증 약물들은 대뇌 변연계의 몇몇 구조체들의 기능 활동을 변화시키는데, 특히 편도체와 전전두엽피질에 영향을 준다.[136]

대표적 진정효과 물질 그룹인 벤조디아제핀 약제들의 경우, 최초로 출시된 제품은 1960년대에 나왔고(리브륨Librium®), 그 뒤 얼마 지나지 않아 발륨Valium®의 출시로 이어졌다. 현재는 이 약물 그룹에 십여 가지 약품이 있는데 모두 습관성, 의존성, 기억력 장애, 졸음 등의 부작용이 있다. 이 약품들의 치료적 효과는 유사하지만, 약품에 따라 그 강도가 다양하다. 이 약품들은 신경안정(또는 불안완화anxiolytic라고도 한다), 진정sedative 및 최면 (때문에 수면제로 사용한다), 항경련(몇몇 약물, 이를테면 발륨이나 리보트릴Rivotril®은 간질발작 치료에 유용하다), 그리고 근육이완(마취와 근육경련 완화용으로 사용한다) 등의 치료적 효과가 있다. 이들 벤조디아제핀 제제들은 모두 뇌에 있는 수용체들에 정착하여 작용한다. 이 수용체들을 오메가 수용체들이라 부르는데, 이것은 GABA라 불리는 또 다른 수용체의 활동을 변화시킨다. 세포 표면에 있는 수용체들은 딱 맞는 열쇠가 오면 활성화되는 자물쇠 같은 것이다. 이러한 열쇠들은 우리의 신체조직이 만들어낼 수도 있고(내부 열쇠), 외부에서 올 수도 있다(약이나 마약 등 외부 열쇠). 예를 들면, 뇌의 아편유사성(모르핀계) 수용체들은 그 외부 열쇠로서 아편 또는 헤로인이 있고, 내부 열쇠로는 엔케팔린enkephalin과 엔도르핀endorphin이 있다. 내부 열쇠는 내인성內因性 열쇠라고도 한다. 반면, (벤조디아제핀 계열의) 진정제가 달라붙게 되는 오메가 수용체의 경우, 현재까지는 어떤 내부 열쇠도 발견되지 않고 있다.

어떤 약물이 성폭력에 도움을 줄 수 있는가?

유년기 성폭력과 연관된 고통의 경우, 이러한 약물들에서 어떤 것을 기대할 수 있을까? 우울증이 심각하고 지속적인 환자가 그 고통을 줄이고, 일을 하거나 아이들을 돌보는 등 최소한의 사회생활을 영위하려면, 항우울제의 사용은 권장될 뿐 아니라 필수적이다. 왜냐하면 종종 고통이 너무 심해져서 정상적인 생활을 하기 어렵게 하고, 장기 휴직을 해야 하거나, 심각할 경우에는 전면적인 노동력 상실로 이어지기 때문이다. 항우울증 치료제는 또 다른 이유에서도 필수적이다. 각 우울증 삽화depressive episode는 재발 가능성을 더 키우는데, 세 번째에 이르면 재발률은 거의 90%가 된다. 우울증이 나타난 뒤 생기는 (집중력 저하, 흥분, 불안 등) 잔여 증상은 또 다른 우울증을 재발하기 쉽게 만드는 요인이다. 우울증이 진단될 때 곧바로 항우울증 치료제를 투약함으로써 잔여 증상이 들어서는 위험을 최소화할 수 있다.

항우울증 치료제가 우울증 상태를 나아지게 해줄 수는 있지만, 우울증 상태를 불러온 원인인 외상후스트레스 장애를 치료해줄 수는 없다. 상태의 개선은 단지 (우울, 불안, 불면 등) 트라우마로 인한 결과들에 대해 이루어지는 것일 뿐, 트라우마를 간직한 병적인 기억에는 영향을 미치지 못한다. 그런 까닭에 트라우마 기억내용은 불행하게도 활동 상태로 남아있게 된다. 약물치료를 했을 때 우울증 상태는 점진적으로 40%에서 75%까지 개선될 수 있다.

환자가 너무 심하게 우울증을 겪으면 심리치료 자체가 계속 미루어질 위험이 있다. 따라서 때로는 약물치료를 통해 환자의 상태를 개선할 수 있다는 것 자체가 심리치료의 충분조건이 된다. 어떤 피해자는 고통스러운 과거를 멀리하고자 모든 노력을 다한다. 과거를 조금만 떠올려도 눈물을 쏟게 되거나 견딜 수 없는 두려움에 휩싸이기 때문이다. 심리치료를 받으면 자신이 겪은 일을 이야기하게 될 거라는 두려움 때문에 심리치료를 받지 않는 쪽을 택할 수 있다. 이런 경우, 잘 선택된 약물치료는 환자에게 심리치료 초반에 상담을 차분하게 맞이할 수 있도록 도와줄 수 있다. 약물 처방은 그 투여량을 점점 줄여나가다가 궁극적으로는 투약을 중지하는 것이 바람직하다.

불안완화제나 신경안정제는 약물에 대한 의존성이 생길 수 있기 때문에 신중하게 사용되어야 한다. 때로 이 약물들은 수면제로 사용된다.

몇몇 신경이완제는 수면제로 쓰일 수 있다. 이 약물들은 불안완화제와는 달리 의존성이나 습관성에 대한 위험이 없다. 또 다른 신경이완제들은 환각이나 심각한 행동장애에 유용하다. '경계성' 인격장애를 가진 사람들이 이 경우에 해당할 수 있다.

트라우마에 대한 치료에서는 증상의 감소나 소멸, 그리고 트라우마가 야기한 정신장애의 치유, 이 두 가지를 구분해야 한다. 약물 처방이 견딜 수 없는 고통을 덜어주고 자살의 위험을 줄일 수 있지만, 그렇다고 환자가 그것으로 치유되는 것은 아니다. 치유를 목표로 하는 것은 약물치료가 아니라 심리치료이다.

그렇다면 심리치료는 어떻게 하여 치유에 이르는 것을 가능하게 하는가? 오늘날 우리는 뇌가 고정된 기관이 아니라 '유연성'을 지닌 기관이라는 것을 안다. 즉, 뇌는 우리가 살아있는 동안 끊임없이 재형성된다는 것이다. 신경세포들은 연결의 소멸과 새로운 생성을 통해 끊임없는 재편성과정에 놓여 있는 신경망들로 통합돼 있다. 얼마 전부터 우리는 새로운 신경세포들이 만들어지고 성장한다는 것을 알게 되었다. 이러한 발견은 뇌에 관한 과학자들의 생각을 혁명적으로 바꾸어 놓았다. 심리치료는 신경세포들 사이의 연결에 변화를 유도하고 뇌의 구조에 변화를 가져다 주는 방식으로 작동하기 때문에 효과적이다. 심리치료는 뇌의 유연성을 발견함으로써 가능해진 신경생물학적 성취들과 깊은 관련이 있다.[137)]

137) Konrad M., "Psychiatrie et psychothéraphie sont (enfin) parvenues au cerveau(정신의학과 심리치료가 (마침내) 뇌에 이르다)", *Forum Med Suisse*, 2006, 6 : 569-575.

여전히 효과적인 최면요법

최면 치료의 역사는 이미 다른 여러 흥미 있는 저작들에서 다루었으므로[138)]이 책에서는 언급하지 않겠다. 프랑스에서는 약 80년 동안 잠들었던 최면이 다시금 깨어나고 있다. 프랑스에서 최면요법은 프로이트가 포기한 이래 심리치료 방법 목록에서 삭제되어 있었다. 겉보기에 좀 더 과학적으로 보이는 정신분석적 방법에 무게를 둔 결과이다(정신분석학의 과학성에 대해서는 오늘날 많은 비판이 있다).[139)] [140)] [141)] 프로이트는 정신분석학이라는 일종의 과학을 확립하고자 했다. 그가 바란 과학은 인간의 정신세계를, 특히 무의식을 기술하고 분석할 수 있는 그런 것이었다. 사실 최면치료는 무의식을 기술하거나 분석할 수도 없었고, 정신기능을 다루는 이론에 대해 어떤 확인이나 반박도 할 수 없었다. 이자벨 스텐저스Isabelle Stengers는 "최면은 환자를 증상의 원인에 대한 믿을 만한 증인으로 변모시킬 수 없다"고 말했다.[142)] 그렇다고 이런 점이 최면요법의 치료적 유용성을 없애는 것은 아니다. 한 세기 전부터 프랑스에서 최면은 정신분석가들에 의해 이단으로, 심지어는 문자 그대로 '파시스트적 의식儀式'[143)]으로 취급 받아왔다. 이런 극단적인 거부는 사실

---

138) Meheust B., *Somnambulisme et médiumnité* (몽유병과 영매능력 1, 2권), Les empêcheurs de penser en rond, 1999

139) Chertok L., Stengers I., *Le coeur et la raison : l'hypnose en question, de Lavoisier à Lacan*(감성과 이성 : 최면에 대한 논의, 라브와지에에서 라캉까지), Payot, 1989.

140) Borch-Jacobsen M., Shamdasani S., *Le Dossier Freud : enquête sur l'histoire de la psychanalyse* (사건기록 '프로이트' : 정신분석 역사에 대한 수사), Les empêcheurs de penser en rond, 2006.

141) Meyer C. (dir.), *Le Livre Noir de la psychanalyse* (정신분석학 흑서黑書), Les Arènes, 2005.

142) Chertok L., Stengers I., *L'hypnose : blessure narcissique* (최면: 자기애적 상처), Les empêcheurs de penser en rond, 1999.

143) Roudinesco E., Léon Chertok가 Résurgences de l'hypnose(최면요법의 재등장)에서 인용, *Une bataille de deux cents ans* (이백 년에 걸친 전투), Desclée de Brouwer, 1984.

최면에 대한 정신분석가들의 무지를 강화시켰을 뿐이다. 이들 대부분은 최면을, 19세기에 유행했고 프로이트가 사용했던 희화화된 이미지인 권위적이고 전형적인 술수('잠든다!')로 치부한다. 그리고는 오늘날에도 그 옛날의 최면을 그대로 계속 쓴다고 생각한다. 이들에게 최면은 19세기 말에 이미 사라진 것이다. 그들은 해외에서 최면이 계속되어 왔고 프랑스에서도 발전되고 교육되어 왔다는 사실을 알지 못했거나 알지 않으려 한다.[144] 그러나 프랑스의 정신의학자이자 정신분석가인 레옹 체르톡Léon Chertok과 그의 조수인 심리학자 디디에 미쇼Didier Michaux는 1970년대부터 이미 최면에 관심을 갖기 시작했다. 그 전까지 잘 알려지지 않은 채 조롱거리가 되었던[145] 최면요법을 발전시키기 위해 이들이 실행한 엄청난 작업은 이후 최면요법이 다시 무대로 등장하는 결정적 발판이 되었다. 같은 시기, 미국의 정신의학자 밀튼 에릭슨Milton Erickson은 독자적인 최면술을 발전시켰는데, 그의 최면술은 각 환자에게 적합하고 유연하다는 점에서 고전적 최면술과는 무척 달랐다. 또 한 명의 프랑스 현대 심리치료사인 프랑수아 루스탕François Roustang도 최면술을 위한 책을 쓰고 정신분석학과의 관계를 끊었다. 그는 다음과 같은, 최면에 관한 글을 많이 썼다. "나는 최면술이, 의식이 분리된 '정신나간' 상태나 절대적 예속 상태에 사람을 이끌어다 놓는 그런 어처구니없고 경멸스러운 것이 아니라는 것을 발견했다. 오히려 정반대로 최면술은 개인 속에 있는 미지의 자원을 길어올 수 있도록 길을 열고, 자신의 실존을 점차 변화시키도록 해주거나 적어도 변화의 가능성을 열어준다."[146]

144) Miller G., *Hypnose, mode l'emploi* (최면, 그 사용법), Stock, 2002.

145) Chertok L., *Mémoires : Les résistances d'un psy* (회고록 : 한 심리치료사의 저항운동), Odile Jacob, 2006.

146) Roustang F., *Le thérapeute et son patient : entretiens avec Pierre Babin* (심리치료사와 그의 환자 : 피에르 바뱅과의 대담), Edition de l'Aube, 2001.

최면은 과연 무엇인가?

최면에 대한 많은 연구가 있고, 최면이 (심리치료, 통증치료, 감정조절, 실행능력개선 등) 다양한 임상적 상황에 사용되고 있지만, 최면에 대한 정의는 여전히 불명확하며 아무도 그것이 무엇인지 알지 못한다. 오히려 최면이 아닌 것을 말하는 것이 더 쉽다. 즉, 최면은 잠도 아니고, 예속 상태도 아니며, 지배 도구도 아니고, 기적적인 치료술도 아니다.

어떤 사람들은 최면을 일종의 역할 놀이, 즉 최면에 든 사람이 사람들이 자신에게 기대하는 것을 실행하는 것쯤으로 본다. 반면에 최면을 자연적 과정을 조장하는 특정한 정신 상태로 정의하는 사람들도 있다. 또 어떤 사람들은 최면이란 치료사와 환자 사이의 관계를 설정하거나 소통하는 특수한 방식으로 간주한다.

최면은 아마도 이들 모두에 해당할지도 모르겠다. 어찌되었든 뇌 영상 기술을 사용한 연구들(양전자방출 단층 촬영술을 이용하여 뇌의 여러 영역에서 보이는 혈류들을 측정한 연구들)은, 최면상태에서 뇌의 활동이 다른 의식 상태에서 보이는 활동과는 다른, 특수한 모습을 보인다는 사실을 밝혀냈다.[147] 이러한 결과는, '최면상태란 환자가 전형적인 최면상태를 모방하는 일종의 연출된 상태가 아니라, 그 자체로 어떤 특수한 의식상태다' 라는 가설의 타당성을 높여준다. 더욱이 최면상태는 완전히 자연적인 기능 활동을 동반하는데, 이 기능 활동은 우리 각자가 지닌 '지식들'과 무의식적인 자원들을 사용할 수 있게 한다.[148] 이런 이유로 최면은 의식, 의지, 반성, 논리 등으로 다룰 수 없는 다양한 통증을 더 쉽게 치료할 수 있게 한다.

---

147) Rainville, Maquet, Faymonville의 연구. Michaux D., Halfon Y., Wood C., *Manuel d'hypnose pour les professions de santé* (보건 전문요원들을 위한 최면 매뉴얼), Maloine, 2007에 인용됨.

148) Balken J., *Hypnose et psychothérapie* (최면과 심리치료), L'Harmattan, 2003.

트라우마 치료에서는 최면이 종종 더 쉽게 실행되는데, 왜냐하면 트라우마를 겪은 사람은 이미 자기 보호적 해리 상태에 자발적으로 빠져본 경험이 있기 때문이다. 이런 경우, 마치 환자가 최면에 이르는 길을 이미 '알고 있었던' 것처럼 최면이 진행된다.

해리 상태를 재발생시키는 최면

최면이 트라우마 치료에서 효과적인 이유는, 그것이 해리 상태를 유발하기 때문이다. 다만 최면은 치료의 맥락에서 해리 상태를 유발한다. 그러나 이때의 해리는 자아의 통제 속에 제어된다. 최면치료에서는 환자에게 자신의 심리적 신체적 활동을 바라보는 관람자가 되기를 요구한다. 예를 들면 환자에게 '자동거수현상'(손, 그 다음 팔이 '스스로' 들어올려지는 현상)이 생기도록 하는데, 이때 환자는 팔의 움직임을 마치 의지의 통제를 벗어난 움직임처럼 쳐다보며 경험한다. 사실 이때도 환자는 자신이 원한다면 이 자동적 움직임을 언제라도 중단할 수 있는 상태에 있다. 몸의 일부인 '자율화된' 팔과 몸의 나머지 부분 사이에 일종의 해리 상태가 있는 것이다. 환자는 '저절로 일어나는' 일을 관찰하면서도, 그에 대한 통제력은 유지한 상태에 있다. 이렇게 제어된 해리 상태에 있을 때 환자는 자신에게 수시로 찾아오던 고통스러운 장면을 상상할 수 있고 대면할 수 있게 된다. 최면의 목표는 환자가 트라우마를 다시 경험하는 것이 아니라 트라우마 사건의 장면을 외부에서 관찰하고, 그것에 대한 '기록을 바꾸는' 데 있다. 따라서 심리치료에서 최면은 (뒤에 다시 얘기하겠지만) 인지행동 치료에서 쓰이는 노출기법technique d'exposition과는 다르다.

심리치료에서 치료사는 환자가 최면에 들도록 하기 위해 '연령퇴행(나이를 거꾸로 되돌리기regression en âge)' 방법을 쓴다. 환자에게 트라우마를 겪었던 나이의 자신을 보라고 요청하는 것이다. 그리고는 환자에게 영화관의 스크린이나 텔레비전 화면에서 영화를 보듯이 그의 기억들을 바라보고, 리모컨을 사용해 그 영화를 변화시켜 보라고 제안한다. 화면을 빨리 돌리면서 앞으로 이동시키거나 뒤로 다시 돌아가게 하고, 색깔을 바꾸게 하고, 오래된 영화처럼 흑백 영화로 상상하게 하고, 다른 각도에서 영화를 보게 하고, 거기에 음악을 집어넣고 자막도 추가해 넣게 하고, 화면을 정지시키고 '끝'이라는 단어를 집어넣게 하는 등의 방법을 쓰는 것이다.

만일 감정적 반응이 아직도 너무 강렬하다면 우리는 그 다음 단계의 해리로 진행할 수도 있다. 즉, 최면 상태의 환자에게 영사실의 기사인 것처럼 상상하게 하고, 손님처럼 객석에 앉아서 스크린에 영사되는 영화를 보고 있는 자신을 바라보게 한다. 이른바 '이중 해리'의 상태가 되도록 하는 것이다. 이 상태는 환자가 자신의 감정과 트라우마를 분리시키고, 트라우마 기억내용에 자신을 노출시키면서도 불안감에 다시 휩싸이지 않도록 한다. 이렇게 하면 환자는, 진짜 필름을 편집하여 여러 가지 다른 편집본을 만들어내듯이 기억조작법을 배울 수 있게 된다. 트라우마 기억내용에 대한 이러한 변형을 통해 환자는 더 이상 과거의 기억에 의해 통제되는 것이 아니라, 자신이 그 기억을 통제할 수 있다. 최면은 '연령퇴행'을 더욱 용이하게 하는데, 이를 통해 성인 된 환자는 아이 때의 자신을 위로하고, 그 아이의 얘기를 들어주며, 그를 품어주고 다독거릴 수 있게 된다. 이를 일컬어 '재양육 reparentage'이라 한다. '연령퇴행', 즉 '나이를 거꾸로 되돌리기'라는 표현은 문자 그대로의 뜻이 아닌 이차적인(비유적인) 의미로 읽혀야 한다. 왜냐하면 그 말이 가리키는 것은 해리적 퇴행, 즉 환자 스스로는 자신이 성인이라는 사실을 알면서도 자신을 아이로 보는 것이기 때문이다. 최면을 통한 연령퇴행은, 어렸을 적에 환자가 생활하고 느끼던 방식을 담고 있는 유년기 기억망을 다시 활성화할 수 있게 한다(이에 관해서는 나중에 다시 언급하기로 한다). 이렇게 유년기 기억망이 활성화된 최면상태에서 환자는 아동으로서 새로운 정서적 경험을 하고, 이 경험은 유년기 기억망에 편입된다. 트라우마와 과거에 대한 기억들이 더 풍부해짐으로써 환자가 그 기억들을 변형시킬 수 있게 되는 것이다.

성장과정의 재개

최면치료에선 고통을 해석하려 하지 않고, 심지어 그 원인을 찾으려고도 하지 않는다. 즉, 최면은 이전에 중단되었거나 방해되었던 성장 과정을 재개할 수 있도록 하는 것이다. 환자와 치료자 사이의 강력한 동맹을 바탕으로 치료관계가 형성되고 그 안에서 피해자가 안심할 수 있을 때 피해자는 '애착'을 가질 수 있다. 성장 과정의 재개는 바로 이 애착을 통해 이루어진다. 환자에게 안심을 주는 애착관계를 다시 갖도록 하는 일(287쪽 참조)은, 그 다음 단계에서 환자가 자율성을 가지도록 하는 데 필수조건이다. 최면은 환자로 하여금 그 전까지 늘 반복해왔지만 별로 유익하지도 않고 심지어 고통의 원천이기도 했던 평소의 관계 유형에서 벗어날 수 있게 한다. 그럼으로써 환자는 좀 더 긍정적이고 유용한 관계 유형에 다가설 수 있다. 자신이 받아들일 수 있는 관계 유형이 이렇게 풍부해짐으로써, 만일 그렇지 않았다면 오랫동안 마냥 '소화되길' 기다리며 그대로 남아있었을 고통스러운 과거 경험을 환자가 소화하고 자신의 개인사에 편입시킬 수 있다. 이러한 동화, 재조직, 재구성 작업을 담당하는 것이 바로 무의식이다. 이때의 무의식은 개인적 자원과 학습의 저장고로서, 그리고 개인의 인격이 품고 있는 어떤 긍정적이고 창조적인 부분으로서 인식된다. 여기에서 관건은 환자의 숨겨진 진실을 '발견하는' 것, 즉 환자의 고통에 영향을 줄 수 있는 그런 진실을 찾아내는 것이 아니다. 관건은 환자가 가진 경험의 폭을 넓혀줄 수 있고, 그리하여 그의 경험들을 변형시키도록 도와줄, 새로운 정서적 경험을 할 수 있게 하는 것이다. 최면에서 얻는 이득은, 일상적 인식을 변화시켜 '존재를 구성하는 수많은 변수'[149]에 스스로 다가가 그것들을 다른 방식으로 재조합하고, 그럼으로써 사물을 이전과는 다른 방식으로 인식할 수 있게 하는 것이다. 최면은 경험을 '재편'하고 그것을 이전과는 다른 시각에서 바라볼 수 있게 한다.

암시를 수용하고 이용하기

치료자는 환자와 자신을 잇는 정서적 유대관계를 수용하고 이용한다. 정신분석학자들은 최면이 암시를 이용해 치료를 행하려 한다고 비난한다. 그들에 따르면, 암시는 가장 피해야 할 어떤 것이다. 말하자면 정신분석학자들이 보기에 최면은 어떤 예속, 또는 (최면을 구경거리로 쓸 때처럼) 타인을 소유하고 조작하는 의지 또는 폭력일 따름이다. 19세기 말에 이미 최면은 '암시suggestive' 기술로 간주되었는데, 그것은 암시라는 말이 지닌 모든 부정적 의미를 포함하는 것이었다. "암시를 이용한 치료에서 사람들은 불명예스럽거나 비도덕적인 힘들을 이용한다. 암시는 경멸할 만한 것이다. 왜냐하면 그것은 정신의 표면에만 작용할 뿐 영혼의 바탕에는 아무런 작용도 할 수 없으며, 단지 증세들만 수정할 뿐 환자의 정신 바탕을 변형시키지 못하기 때문이다." 피에르 자네Pierre Janet 박사는 이러한 비난들을 하나씩 열거하고 난 뒤 이렇게 답한다. "이런 지적이 모두 옳다고 해도 과연 대증對症 치료(médications symptomatiques증상 위주의 약물 치료)의 도움을 받는 일이 금지되어야 하는가? 다른 질병들에 대한 치료에서는 '대증 치료가 흔하지 않은가?"[150] 이

---

149) Roustang F., 앞의 책.

150) Ehrenberg A., *La Fatigue d'être soi* (나 자신이 되는 것의 피곤함), Odile Jacob, 1998에 인용됨

논쟁은 여러 세기를 관통하며 지속되었다. 왜냐하면 이 논쟁이 정신분석과 다른 심리치료들 사이의 차이점을 잘 보여주고 있기 때문이다. 프로이트는, 자신의 방법에서는 오직 환자들의 생각 속에서 일어나는 자유로운 생각의 연상들을 경청하는 것만이 관건이기 때문에, 자신의 '정신분석적' 방법은 절대적 '중립성'을 보장한다고 주장했다.

정신분석에서는 치료가 '깊은 곳에서' 이루어지도록 문제의 원인을 찾아내는 것이 필수적이다. 따라서 정신분석은 최면을 심리치료 방법에서 배제한다. 최면은 암시를 매개로 증상을 치료하는 것을 주목적으로 하며, 깊은 곳에 놓인 '문제의 뿌리'를 발견하지 못한 채 이루어지는 이러한 대증치료는 증세를 단지 "다른 곳으로 이동시킬" 따름이라는 것이다. 그런데 대개의 경우에 심리적 고통에 대한 명확한 원인을 찾는 일은 불가능하다. 사실 심리적 고통이란 생물학적, 심리적, 사회적인 요인들이 상호작용하여 일어나는 결과이다. 게다가 원인들, 증세들, 그리고 그 결과들은 서로 순환적인 인과관계로 얽혀 있다. 예를 들어 만일 내가 공황발작으로 고통받고 있다면(증세), 나는 아마도 혼자 자동차를 모는 일을 피할 것이고(결과), 이렇게 회피하는 행동은 다시 공황발작을 강화하는 '원인'이 된다. 바로 이런 순환성 체계가 있는 까닭에 증세에 대한 치료는 필연적으로 전체 시스템에 어떤 변화를 가져올 수밖에 없고, 따라서 치유 효과를 낼 수 있는 것이다.

암시는 모든 인간관계에 포함되는 것이다. 따라서 치료 또한 하나의 인간관계인 한, 치료의 형식이 어떻든 암시는 치료에도 포함된다. 최면치료사는 암시를 사용하지만, 이는 환자를 조작하기 위한 것이 아니라 환자에게 내적 재편을 유도하기 위한 것이다. 여기에서 내적 재편이란, 환자의 내면에 '숨어 있는' 자원을 강화시켜 환자가 무의식적으로 자신의 문제에 대한 해결책을 찾을 수 있도록 하는 것이다. 프로이트와 자네의 시대와는 달리, 오늘날의 최면치료에서 암시는 증세의 소멸을 유일한 목적으로 하는 권위적 방식으로 실행되지 않는다. 치료사는 환자에게 어떤 이야기를 해주거나, 간접적이고 자유로운 암시를 던지거나, 환자의 문제들과 유사성을 갖는 은유를 들려준다. 이런 모든 '암시'는 환자의 상상력을 자극하게 될 것이다. 이는 그가 현실을 바라보는 새로운 방식들을 만들도록 하고, 그 결과 새로운 해결책을 찾아내도록 하려는 것이다.

거짓기억에 관해서는 주의를 !

최면을 이용하는 데는 몇 가지 주의해야 할 점이 있다. 우리는 앞에서 미국의 몇몇 심리치료사가 최면을 이용하여 환자들이 가진 모든 증세가 유년기 성폭력의 결과들일 수밖에 없다고 믿도록 암시를 주었다는 것을 보았다. 어떤 경우에도 최면은 위험한 암시나 거짓기억을 '심어놓는 데' 사용되어서는 안 된다. 이런 오용을 막기 위해서는, 치료의 목적이 성폭력에 대한 가설적 기억들을 찾아내는 데 있는 것이 아니라 환자가 이야기하는 것에 기초하여 치료를 진행하는 데 있다는 것을 기억해야 한다. 만일 과거 속으로 돌아가는 최면으로 과거의 기억들이 되돌아온다면, 이 기억들을 '당장 쓸 수 있는 것'으로 받아들여서는 안 된다. 그것들은 사실(또는 어느 정도 사실) 일 수도, 상상적인 것일 수도, 또는 양자 모두일 수도 있다 !

자가최면

치료사와 함께하는 최면 요법은, 환자가 집에서 스스로 행하는 자가최면의 형태로 이어져야 한다. 이러한 최면상태에 드는 법을 배우게 됨으로써 환자는 상담실에서 받던 치료를 더 연장시킬 수 있고, 또한 효과적으로 자신을 '재활시킬' 수 있다. 에릭슨Erickson의 제자인 로씨Rossi는, 신체기관이 휴식을 필요로 하는 시간이 약 80분마다 반복적으로 찾아오는데, 이런 순간을 최면을 실행하는 데 이용하라고 권고한다.[151] 이렇게 하는 이유는 ('숙면을 취하게 된다', '마음이 평온해진다' 등의) 자기암시를 주는 데 있어 최면상태가 유도하는 무의식의 수용력이 최대일 때를 이용하려는 것이다. 무의식이 암시를 실현할 수 있도록 충분한 시간을 확보하려면, 환자가 암시의 대상을 이미지로 전환하고 그 이미지를 자가최면 상태에서 몇 분 동안 계속 머릿속에 떠올린 채로 있는 것이 매우 중요하다.

아주 오랫동안 최면은 트라우마적 경험에 관해서는 유일하게 효과적인 치료 도구였다. 그러나 프랑스가 매년 많은 최면치료사를 배출함에도 불구하고 심리치료에서 최면의 이용은 아주 제한적인 것으로 나타났다.

151) Rossi E. L., *Psychobiologie de la guérison : influence de l'esprit sur le corps* (치유의 정신생물학 : 정신이 신체에 미치는 영향), Desclée de Brouwer, 1994.

EMDR, 트라우마 치료의 혁명

EMDR은 'Eye Movement Desensitization and Reprocessing'의 약자로, '안구운동을 통한 민감소실 및 재처리'를 의미하는데, 트라우마 치료 분야에서 진정한 혁명이라 할 치료법이다.[152] 기술의 진보와 안구 운동 외의 다양한 자극 형식의 등장(예를 들면 촉각 또는 청각적 자극들)으로 인해 EMDR이라는 명칭은 '신경-감정 통합'이라는 용어로 변경되기에 이르렀다.

EMDR은 1987년에야 등장한 그야말로 '젊은' 치료법이다. 미국의 심리학자 프랑신 샤피로Francine Shapiro는 공원을 거닐다가, 안구를 대각선 방향으로 여러 번 연속해서 움직이면 마음 속 심란한 생각들이 만들어낸 불안을 줄일 수 있다는 사실을 우연히 깨달았다.[153] 단 몇 년 사이에 이 단순한 발견은 전세계적으로 퍼져나가 정교한 심리치료법의 하나가 되었다. 프랑스에서는 다비드 세르반 슈레버David Servan-Schreiber가 쓴 『치유Guérir』라는 책[154]이 대중에게 이 치료법을 알렸다. 제어된, 즉 과학적 기준에 따라 실행된 수많은 연구가 외상후스트레스 장애에 대한 치료에서 이 새로운 치료법이 지닌 실효성을 증명한다. 이 치료법이 세상에 나왔을 당시의 비아냥–'뭐라고? 눈알을 움직여서 치료한다고?'–에도 불구하고, EMDR은 인지행동 치료법들과 더불어 이제 여러 나라의 수많은 보건기구가 인정하는 치료법 가운데 하나가 되었다.[155] 본서가 다루는 주제인 '유년기에 성폭력을 당한

---

152) Roques J., EMDR : *Une révolution thérapeutique*(EMDR : 치료의 혁명), Desclée de Brouwer/La Méridienne, 2004.

153) Shapiro F., *Manuel d'EMDR* (EMDR 메뉴얼), InterEditions, 2007.

154) Servan-Schreiber D., *Guérir* (치유), Robert Laffont, 2003.

155) 특히 영국의 국립임상연구원 (NICE, National Institute for Clinical Excellence), 프랑스의 국립보건의학연구원 (INSERM, Institut national de la sante et de la recherche medicale), 미국의 정신의학회 (APA, American Psychiatric Association), 재향군인회 (Department of Veterans Affairs), 국방부 (Department of Defense), 그리고 북아일랜드 보건사회서비스 및 공공안전부(Northern Ireland Department of Health, Social Services and Public Safety).

성인들에 대한 치료'에서도 EMDR의 실효성을 여러 연구들이 밝혀주었다.[156)] [157)] [158)]

사실 EMDR은 이외에도 여러 가지 심리장애와 신경질환을 치료하도록 해준다. 예를 들면 불안, 공포, 애도장애, 섭식장애, 약물중독, 환상사지 통증 등이 그러한 것들이다. 이 외에도 많은 연구가 그 밖의 다양한 질병과 관련하여 EMDR의 실효성을 실험하고 있으며, 매우 고무적인 결과들을 보고하고 있다.

기억망에 갇혀 있는 트라우마

처음 보기에 EMDR을 떠받치는 원리는 단순하다. 어떤 고통스러운 사건들은 '소화, 대사代謝'되지 않는데, 이는 그 사람의 남은 삶에 영향을 끼치게 된다. 예를 들어 유년기에 겪은 사건의 경우, 아이에게 심리적 트라우마가 된 경험들은 성인이 된 뒤에도 그의 두뇌에 변하지 않은 채 '얼어붙은' 상태로 남아있다. 이미지, 소리, 냄새, 감정, 신체감각 등이 '그 상태 그대로', 즉 그때에 경험된 그대로 기억 속에 저장되어 있는 것이다. 물론 이렇게 저장된 기억의 질은 아이의 나이, 곧 아이의 기억능력의 성숙도에 의존한다 (272쪽 '기억이 하는 일' 참조). 이렇게 사라지지 않는 심리적 트라우마는 비합리적

---

155) Edmond T., Rubin A., Wambach K. G., "The effectiveness of EMDR with adult female survivors of childhood sexual abuse (아동기 성폭력 피해자인 성인여성에 대한 EMDR의 실효성)", 1999, *Social Work Research*, 23 : 103-116.

157) Edmond T., Rubin A., Kruger B., "Accessing the long-term effects of EMDR : results from an 18-month follow-up study with adult female survivors of CSA (EMDR의 장기효과에 대한 접근 : 아동기 성폭력 피해자인 성인여성에 대한 18개월 추적 연구 결과)", *Journal of Child Sexual Abuse, 2004, 13(1).*

158) Edmond T., Sloan L., McCarty D., "Sexual abuse survivor's perceptions of the effectiveness of EMDR and Electric therapy (EMDR과 전기치료 효과에 대한 성폭력 피해 생존자들의 인지)", *Research on Social Work Practice*, 2004,14(4) : 259-272.

믿음('나는 죄를 지었어!', '나는 아무짝에도 쓸모가 없어!', '나는 위험에 처해 있어!'), 고통스러운 감정, 그리고 병적인 행동(공격성, 공포증, 자살기도) 등으로 나타난다.

EMDR의 작용과정에 대해서는 아직 알려진 바가 없다(사실 모든 심리치료가 이렇다). 하지만 하나의 모델이 그 실효성을 이해하는 데 도움을 줄 수 있다. 이 모델은 기억망을 이용해 설명한다. 이때 기억망은 여러 기억과 이에 연계된 정보들로 구성된다. 우리는 기억망이란 것을, 서로 공통적인 것(예를 들면 어떤 감정이나 장소, 사람 등)을 지닌 기억이나 생각, 감각, 감정, 이미지 등을 간직한 배관들이라고 상상해 볼 수 있을 것이다.

성인에게는 두 종류의 기억망이 공존한다.

- 우선 심리적 트라우마를 겪은 순간에 형성된 기억망으로서, 아이가 경험한 이미지, 생각, 믿음, 감각, 감정 등을 간직한, 즉 아이가 그 일을 겪는 순간에 아이의 눈으로 보고 아이로서 경험하고 이해한 그대로의 정보들을 간직한 기억망이 있다.
- 그 다음에 성인의 기억망이 있는데, 이것이 간직한 정보, 지식, 학습내용 등은 좀 더 논리적이고 이성적이며, 성인이 접하는 다양한 상황에 더 적합하다.

이 두 기억망은 불행히도 서로 분리되어 있어 접점이 없는 상태로 있다. 이 때문에 성인은 심리적 트라우마와 세계, 그리고 자신에 대해 완전히 서로 다른 두 가지 관점을 갖게 된다. 이러한 괴리는 아주 특수한 상황을 초래한다. 강간을 당했던 아이는 그 일이 자기 때문에 벌어졌다는 믿음을 키우게 되고, 이 죄의식은 아동의 기억망에 계속 남아있을 것이다. 이와 병행하여, 강간을 당한 아이였던 성인은 자신의 기억망에 강간 사건의 피해자인 아동이 그 사건에 책임이 없다는 정보를 가지게 된다. 자신은 이러한 점을 잘 알고 다른 아이들에게 이런 지식을 적용할 수 있지만, 정작 자신에 대해서는 이를 적용할 수 없는 상태에 놓인다. 왜냐하면, 이 이성적이고 적절한 정보가 강간당했던 경험을 간직한 그의 아동 기억망과 전혀 연결될 수 없는 상태로 있기 때문이다.

EMDR은 이러한 두 기억망 사이를 연결하여 아동 기억망에 담긴 어린 시절의 기억을 다시 볼 수 있게 하고, 그것을 '재처리'하여 성인 기억망에 편입될 수 있도록 한다. 이러한 '동화assimilation' 작용은 성인으로 하여금 어린 시절에 겪은 고통스러운 사건을 또 다른 관점에서 바라보고 느끼도록 해준다. 왜냐하면 성인으로서 그의 모든 지식과 체험을 자신의 유년기 경험에도 적용할 수 있는 길이 비로소 마련되었기 때문이다. 이렇게 하여 과거의 고통스러운 사건은, 마치 서랍 속에 사진첩을 정리해 놓듯이 이제는 어른이 정리할 수 있는 기억으로 변환된다.

다양한 치료법을 통합한 심리치료의 한 방법

EMDR이 지향하는 바는, 망각 또는 억압된 기억을 되찾거나 심리적 트라우마를 야기하는 기억을 망각하는 데 있지 않다. EMDR의 목표는 우선 어떤 기억으로 인한 고통을 제거하는 방법을 찾는 데 있으며, 또 어떤 과거의 트라우마 경험이 실제든 상상이든 상관없이 그것과 관련되어 만들어진 부적절한 믿음이나 행동을 변화시키는 데 있다. 현재 시간 속에서 살아가도록 하는 것, 바로 이것이 이 치료의 궁극적 목표일 것이다.

EMDR은 아주 오래된 기억망에 접근하게 함으로써 자연적 정보처리 시스템을 재가동시킨다. 이 시스템의 역할은, 삶에 많은 고통과 제약을 불러오는 굳어진 심리적 트라우마를 고통스럽지 않은 기억으로 변환시킴으로써 삶에 대한 새로운 배움을 얻도록 만들어주는 것이다. 이 과정은 마치

EMDR이 '심리적 상처 아물기' 과정을 방해하는 장애물을 사라지게 하는 것처럼 보인다.

이 새로운 심리치료법은 심리치료 분야의 여러 흐름 가운데 그 실효성이 잘 알려진 것들을 한데 모아 하나의 효과적인 집합체로 만들어놓은 것이다. 여기에 이용된 치료의 다양한 흐름에는 다음과 같은 것들이 포함된다. 즉, 인지행동치료(부정적 인지와 자기 제한적인 믿음, 조건화 등에 대한 작업), 정신분석(성인의 삶에서 유년기 경험의 역할, 관념 연상이 갖는 중요성), 최면치료(시각적 연상과 심리적 이미지를 이용한 기법들, 주의력 집중이 주는 효과들), 로저스Rogers의 인본주의적 접근(공감), 게슈탈트(몸과 신체감각들에 대한 강조, 인간관계에서 현재 순간에 드러나는 것들의 중요성) 등이 그것이다.

EMDR은 트라우마의 종류나 다루어야 할 병리에 따라 달라질 수 있는 프로토콜(진단규범)을 갖추고 있으며, 독립적이고 잘 짜여진 하나의 심리치료법이 되었다. 이 치료법의 주된 방법 가운데 하나는 '이중 주목l'attention double'이라 부르는 것인데, 말하자면 한편으로는 환자에게 트라우마에 대한 기억을 생각하면서 자신에게 일어나는 일을 관찰하도록 하고, 이와 동시에 치료자는 빠른 속도로 이쪽저쪽으로 손가락(때로는 막대기)을 움직이며 환자에게 눈으로 그것을 따라가라고 시키는 것이다. 환자는 자신의 내부에서 발생하는 일에 주목(내부 주목)하면서 동시에 자기 밖에서 벌어지고 있는 일에 주목(외부 주목)하게 되는 것이다. 이 특수한 내부 주목은 최면이나 매개물médiation[159)]에서, 환자가 자신을 떨어져서 보게 되는 것을 떠올리게 한다. 즉, 경험 속에 있으면서 동시에 그 경험을 관찰하게 하는 것이다. 이때 환자는 자신의 몸과 마음속에서 벌어지는 일들에 대한 관찰자로 있으면서 '오는 것은 오게 두고, 자기 속에서 일어나는 일은 일어나는 대로 두어야' 한

159) Rosenfeld F., *Méditer c'est se soigner*(명상은 자가치유다), Les Arènes, 2007

다. 트라우마와 연관된 여러 기억망이 조금씩 서로 소통하고 작동불가 상태에 놓였던 정보가 차츰 '재처리됨'에 따라, 그가 관찰하게 되는 것은 꼬리를 물고 일어나는 생각이나 기억, 불쑥 솟구치는 감정, 새삼 떠오르는 신체 감각이다.

기억망들을 가로지르는 이 '여행'을 하는 동안, 잊혔던 기억이 때로는 매우 강렬할 수도 있는 감정적·신체적 반응과 더불어 솟아날 수 있다. 이때 환자에게 요구되는 일은, 중도에 그만두는 일 없이 이러한 일들이 발현하는 그대로를 스스로 잠잠해질 때까지 놔두면서, 다른 한편으로 교차 자극을 유지하는 것이다. 때때로 솟구치는 눈물 때문에 환자가 교차 운동을 지속할 수 없을 때가 있는데, 이런 경우 환자가 실행할 수 있는 촉각이나 청각 등의 교차 자극으로 눈동자 운동을 대치할 수도 있다. 촉각적 자극은, 예를 들면 환자가 자신의 좌우 손바닥을 교대로 부드럽게 두드리게 하거나, 소형 진동기를 양손에 번갈아 쥐게 하는 것이다. 청각적 자극의 경우, 좌우로 번갈아 가며 소리가 나는 헤드폰을 환자에게 쓰도록 하는 방법이 있다.

이 특수한 치료법은 고통스러운 기억을 고통스럽지 않은 기억으로 변환시켜, 부정적 과거로부터 삶에 대한 배움이나 교훈을 이끌어내도록 도와준다. 이 치료 과정은 환자가 자신을 좀 더 긍정적으로 받아들이고, 고통스러운 기억을 떠올리게 하는 것에 대해서도 더는 이전처럼 반응하지 않도록 이끌며, 자신에게 더 적절한 능력을 발전시킬 수 있도록 도와준다.

무엇보다 해석은 삼가야 한다

아주 일반적으로 말하면, EMDR은 특히 내면 성찰을 할 수 없거나 이를 원하지 않는 환자에게 적합하다(예를 들어 감정표현불능증 환자). 또는 자기 삶에 대한 전반적인 또는 너무 부담스러운 검토는 피하면서 삶의 특정한 문제를 풀고

자 하는 환자에게도 적합하다. EMDR 치료과정에서 관념 연합associations d'idées은 말해야 할 것을 찾기 위한 환자의 의도적 노력 없이도 자생적으로 일어난다. 이때 환자의 방어기제는 우회되고, 환자가 이전에는 전혀 경험하지 못한 감정들이 환자에게 생겨날 수 있다. 게다가 환자는 말할 필요가 거의 없다. 그가 자신 안에서 일어나고 있는 일, 자신의 생각, 심리적 이미지, 감정과 신체적 감각에 주의를 집중하는 것으로 충분한 것이다. EMDR에서 진행되는 치료작업은 심지어 말 한마디 없이도 진행될 수 있다. 치료자가 환자의 모든 것을 알고 있어야 할 필요도 없고, 환자가 모든 것을 말해야 할 의무도 없는 것이다. EMDR 치료법이 지닌 이러한 자유는 치료를 매우 수월하게 이끌어준다.

앞에서 언급한 샹탈은 성폭력을 당했던 일과 관련한 기억에 EMDR 치료가 집중되었을 때, 자신이 느끼는 것이나 마음속에 떠오르는 기억을 묘사하는 것을 무척 거북해 했다(그녀가 11세일 때 이웃 남자가 강간하려 했지만 성기삽입까지 이르지는 못했다). 거북한 느낌과 성에 대한 수치심 때문에 그녀는 몸이나 성과 연관된 단어를 내뱉는 데 이르지 못했다. 하지만 그녀가 느낀 것들을 말로 표현하진 못한다고 해서 EMDR 치료가 불가능해지는 것은 아니다. 몇 회에 걸친 EMDR 치료가 거의 침묵 상태에서도 문제없이 진행되고 있다.

치료의 목적은 환자에게 일어나는 생각의 연상들을 치료자가 해석하는 데 있지 않다. 중요한 것은 중단되고 막힌 상처의 아물기 과정을 다시 시작할 수 있도록 도와주는 것이다.

모든 종류의 해석에 대한 이러한 의식적 거부는 해석 작업에 근거하여 이루어지는 정신분석적 치료방식에 익숙한 이들에게는 충격적으로 보일 수 있다. 하지만 모든 치료법에는 간섭현상phenomènes d'influence이 개입된다는 것을 상기하자. EMDR 치료자 입장에서 보면 해석은 치료 과정에 간섭하여 환자 자신의 고유한 관념연상으로부터 환자가 멀어지게 하고, 심지어 거짓기억을 만들도록 이끌 수도 있는 것이다. 왜냐하면 해석은 환자가 아니라 치료자의 정신 속에만 존재하는 이론의 표현이기 때문이다. 게다가 EMDR 치료에서 솟아오르는 이미지가 실제로 경험된 사건을 반드시 가리키는 것도 아니다. 그 이미지는 유년기의 아이 눈에 정말 실제처럼 생각된 꿈에 대한 것이거나, 성인잡지에서 봤던 사진에 대한 기억일 수도 있다. 이런 이미지들은 실제 사실 외에도 다양한 원천에서 비롯될 수 있는 것이다. 그러므로 우리는 이러한 이미지들에서 결론을 이끌어내는 일은 환자에게 맡겨두고자 하는 것이다. 왜냐하면 대개의 경우에 환자의 어떤 기억이 참인지 거짓인지를 우리가 판단할 수 없기 때문이다. 우리의 일은 환자의 기억을 발견해 내는 데 있지 않고, 환자가 주관적으로 느끼는 것을 재처리하는 데 있다.

나아가 EMDR은 '사람에 집중된' 치료이다. 말하자면 치료 과정에서 환자는 자신에게 진정으로 꼭 알맞은 긍정적인 믿음, 이른바 '생태적으로 타당한' 신념만을 자기 것으로 만들게 될 것이다. 비현실적인 신념이나 치료자가 자신에게 지시한 신념, 그리고 자신에게 실제로 맞지 않는 믿음은 환자는 자기 것으로 여기지 않을 것이다.

지금까지 한 이야기들은 순수하게 EMDR 치료에 한정된 것이다. EMDR 치료를 하나의 구성요인으로 포함하는 좀 더 전반적인 치료에서는 EMDR 치료에서 이루어진 심리적 재구성을 말로 풀어내는데, 이때 환자는 자신에게 필요한 만큼 발언을 하게 된다.

엄청난 '스캔들' : EMDR이 효과 있어!

환자가 자신에게 닥쳤던 일을 말로 표현하고 그 일이 어떤 것이었는지 깨닫는 것이 환자가 치유적인 변화에 이르는 데 필수적이지 않다. 이것은 수많은 치료자가 이해하고 있는 사실이다. 치유적 변화는 인지적 무의식 수준에서 일어나는 변형에서 더 자주 나타난다. EMDR은 바로 이 단계에 작용하는 것이다.

앞서 살펴보았듯이 치유적 변화는 과거를 다시 쓰는 일을 통해 나타난다. 미국의 정신의학자이자 정신분석가인 다니엘 스턴Daniel Stern에 따르면, "과거의 경험을 다시 쓰거나 (동일한 시간적 맥락에서 발생하는) 새로운 경험으로 그것을 대치시키거나" 해야 한다.[160] EMDR은 과거의 트라우마 경험을 간직한 기억망을 '열도록' 해주는데, 이를 통해 성인의 체험과 지식을 과거의 경험에 '주입'하여 그것을 변형시킬 수 있다. 이렇게 EMDR을 통해 과거를 다시 쓰는 작업이 치료에서 특히 효과적일 수 있는 이유는 '다시 쓰기'가 (트라우마 경험을 간직한 기억망 자체의 내부에서 이루어지기 때문에) 원래 사건과 동일한 시간적 맥락에서 이루어진다는 점에 있다. 트라우마를 간직한 그 기억망은 트라우마 사건이 발생한 유년기의 특정한 때에 만들어지고 경험한 생각, 감정, 감각, 이미지 등을 간직하고 있다. EMDR은 바로 이 기억망에 접근통로를 열어주는데, 대화를 통한 치료는 이런 것을 하지 않는다. 즉, 단어들은 트라우마 사건에 대해 다른 관점의 이야기를 풀어낼 수 있게 하고, 그리하여 트라우마 사건에 대한 새로운 경험을 할 수 있게 하지만, 이 새로운 경험은 트라우마 사건과는 시간적으로 다른 맥락에서 생성되는 것이다. 그러므로 이 경우의 과거 다시 쓰기는 '표면에서의' 다시 쓰기일 뿐, 여전히 활동 중인 고

160) Stern D., 앞의 책.

통스러운 과거를 실제로 대치할 수 없다.

EMDR의 또 다른 주요 특징은 그 작용의 신속성에 있다. 이 특징은 트라우마로 인한 심리적 고통을 치유하는 데 무척 많은 시간이 필요하다는 (심리치료사들 사이에서도 널리 퍼진) 선입관을 정면으로 반박하는 것이다. EMDR을 통한 트라우마의 '재처리'는 종종 놀라울 정도로 빠르게 이루어진다. 때로는 일회의 치료에서 트라우마 사건에 대한 신속하고 완전한 수정에 이르기도 하는데, 이는 마치 어떤 꿈에서나 볼 수 있을 그런 것이다. 예를 들어 환자는 EMDR을 통해 더는 수동적인 피해자로 남기를 거부하고 자신의 가해자에게 복수를 한다.

도미니크는 자신의 가족과 함께 지냈던 한 청년에게 여러 차례 강간을 당했는데, 이때 그녀는 겨우 열다섯 살이었다. 이 사건들 중 하나에 대한 EMDR 치료 중, 그녀는 강간범의 체취와 시선을 다시 떠올릴 수 있었다. 강간을 당하던, 그 끝날 줄 모를 것 같던 시간에 느꼈던 공포와 구역질을 다시 느끼고 나서 그녀는 자신 속에 품고 있던 폭력성, 즉 "그 놈의 따귀를 올려붙이고, 얼굴에 침을 뱉고 싶은 욕구"를 표현할 수 있었다. 그리고 나서 그 강간범을 (그녀의 마음 속에서) "개미로 만들어 콱 눌러 죽일 수" 있었다. 그녀는 말했다. "복수를 하니 마음이 편해지네요. 그 놈의 얼굴이 이제는 사라졌어요. 다시는 눈 앞에 나타나지 않을 것 같네요."

EMDR 치료는 어떻게 진행되는가?

EMDR이 트라우마 기억내용을 간직한 어린 시절의 기억망을 다시 활성화시킨다는 것을 기억하자. 보통은 EMDR 치료 중 '성인인 자아'는 의식이 깨인 상태로 어린 시절의 기억에 대한 재처리를 관찰하게 된다. 만일 재활성화가 너무 강력할 경우, 환자는 '성인인 자아'와 분리되어 어린 시절로 퇴행하면서 '성인인 자아'와의 연결 끈을 잃고 트라우마 사건을 정말로 다시 겪게 될 수도 있다. 치료 중 환자의 '현재' 상태를 지켜보고 주의하는 일은 치료자의 임무다. 하지만 앞서 말한 것처럼 EMDR 치료에서 해리의 위험이 존재하는 만큼 이에 대한 최대한의 신중함이 요구된다. EMDR은 매우 효과적인 도구지만, 때로는 매우 불안정한 상태를 몰고 올 수 있다. 치료자가 적절한 교육과정을 이수하고 모든 가능한 사태에 '대응' 할 수 있어야 하는 것도 일정 부분 바로 이런 이유 때문이다.

EMDR 치료는 그 자체로 완결되고 구조화되었으며 충분한 정의를 갖춘 심리치료이다. 책 앞부분에서 언급한 로랑스Laurence에 대한 치료를 토대로 EMDR 치료의 여덟 가지 주요 단계들에 대해 기술하고자 한다. 각 단계에 필요한 치료 횟수는 각 환자의 상태에 따라 아주 다양할 수 있다.

첫 번째 단계 : 만남의 시작

첫 진료에서 나는 로랑스가 느끼는 어려움뿐만 아니라 긍정적인 경험에 대해서도 들었다.

유복한 가정에서 자라난 스물네 살의 로랑스는 6세에서 12세까지 삼촌에게 성추행(성추행과 구강성교)을 당했다. 그녀가 그 이야기를 꺼낼 수 있었던 것은 스물두 살이 돼서였다. 그로부터 일 년 뒤, 그녀는 자신이 겪은 일을 가족들에게 편지로 써서 알리고 삼촌을 고발하기로 결심한다.

로랑스는 우울증을 겪고 있다. 그녀는 아무 일에도 흥미를 못 느끼며, 자살하고 싶은 생각이 든다고 말한다. 때때로 트라우마 사건의 이미지들이 불쑥불쑥 떠오르는데, 이럴 때 트라우마 사건의 순간들을 다시 겪는 느낌이 든다(플래시백). 계속되는 악몽 때문에 생긴 불면증과 자존감의 상실, 그리고 심각한 자기비하감으로 괴로워한다. 그 결과 그녀는 거울을 바라볼 수 없게 되었다. 자신의 모습에 구역질을 느끼게 된 것이다. 더불어 그녀는 죄책감에 사로잡혀 있다. 왜냐하면 세 살 어린 사촌 여동생마저 삼촌에게 추행을 당했기 때문이다. 자신에게 생긴 일을 좀 더 일찍 사람들에게 털어놓았다면 사촌 여동생은 그런 일을 피할 수도 있었으리라고 그녀는 자책한다.

만약 로랑스가 심리적으로 너무 허약했다면 이 치료는 뒤로 미루고, 먼저 그녀의 내적 자원을 다지고 북돋는 시기를 거쳐야 했을 것이다. 다행히 로랑스는 젊고 건강했으므로 신체적인 면에서 EMDR 치료를 피해야 할 금기증상이 없었다(예를 들어 심장이나 안구에 문제가 있다든가 하는 경우). 그리하여 성폭력에 관한 기억들, 즉 치료의 표적을 평가해봐야 할 시간이 왔다. 마침내 그녀는 자신에게 거북함을 불러일으키는 사태나 상황, 즉 거북함을 일으키는 요인들에 대해, 그리고 그녀가 앞으로 발달시키고자 하는 행동방식에 관해 내게 털어 놓는다. 그것은 거울 앞에서 자신을 즐겁게 바라보기, 자신을 사랑하기, 덜 고민하고 더 자신 있게 행동하기, '그녀 자신을 위해' 살고 싶어하기 등이다. 이런 것들이 그녀의 치유를 알려주는 단서가 될 것이다.

두 번째 단계 : 치료에 앞선 준비

EMDR의 원리와 각 치료의 진행, 그리고 가능한 결과를 설명하는 데는 보통 한두 번의 치료 회차로 충분하다. 고통스러운 기억을 다시 살려내는 일임을 감안해 나는 로랑스에게 그녀가 각 치료 회차 뒤에 처음 며칠간은 커져가는 불안감으로 고통을 겪게 될 수 있으며 그렇게 되는 것이 정상이라는 것을 설명해준다. 그리고 그녀가 불안을 이겨내는 데 필요한 몇 가지 방법(긴장 풀기, 자기최면, 이미지 유도법)을 가르쳐 주고, 치료 회차의 진행에서 언제나 그녀가 '주인'이라는 점을 상기시킨다. 성폭력을 당한 아이는 일종의 무능력감으로 고통받고, 이 느낌은 그가 어른이 되어서도 지속된다. 이런 까닭에 유년기 성폭력을 겪은 환자에게, 심리치료의 진행을 통제하는 사람은 환자 자신이라는 점을 이해시켜 주는 것이 매우 중요하다.

세 번째 단계 : 환자의 상태 평가

나는 로랑스에게 그녀가 겪었던 성폭력에 관한 이미지들 중 가장 충격적인 것은 어떤 것인지 묻는다. 그녀는 자신은 침대에 누워있고, 침대 곁에 삼촌이 서있는 장면을 떠올린다. 이 이미지는 우리가 '표적'이라 부르는 것이다. 이제 나는 그녀에게, 성폭력 때 생겨났고 그녀가 지금도 여전히 지니고 있는, 그녀 자신에 대한 부정적이고 극단적이며 비합리적인 믿음을 이야기해보라고 제안한다. 그녀의 대답은 "내가 잘못했어요"이다. 이것은 '부정적 인지'이다. 그녀가 자신에 대해 말하고 싶은, 좀 더 긍정적이고 객관적인 것을 이야기해보라고 하자 그녀는 "나는 잘못한 게 없어요"라고 한다. 이것은 '긍정적 인지'이다. 이제 나는 이 긍정적 인지가 지금 이 순간 '그녀의 속마음에서' 어느 정도의 진실로 울리는지, 1에서 7까지 등급(VOC 인지타당성 등급)[161] 중 해당되는 등급을 말해보라고 한다. 여기서 1은 전혀 진실이 아니라는 울림에, 7은 완전히 진실이라는 울림에 해당한다. 그녀가 선택한 인지타당성 등급은 1이었다. 그녀는 자신이 완전히 유죄라고 인식하는 것이다.

고통스러운 이미지와 죄책감이라는 부정적 인지는 지금 로랑스에게 일정 정도의 감정을 유발하는데, 이 감정은 수치심으로 확인되었다. 그녀는

---

161) VOC : Validity Of Cognition – '인지타당성'을 뜻한다. (자신의 인지가 얼마나 타당하다고 생각하는지 등급으로 표현하도록 한 것 –역주)

이 감정이 0에서 10까지의 등급(SUD 주관적 심리장애등급)[162]에서 5등급에 해당한다고 말한다. 이 등급체계에서 0은 수치심의 완전한 부재를, 10은 상상할 수 있는 최대한의 수치심을 의미한다. 마지막으로 나는 그녀가 성폭력 사건을 다시 떠올릴 때 몸에서 어느 부분이 가장 고통을 많이 느끼는지 묻는다. 그녀는 가슴에서 질식되는 느낌을 받는다고 말한다.

네 번째 단계 : 둔감화

이제 비로소 안구운동이나 지각 또는 청각의 교차 자극을 통한 치료가 시작된다. 로랑스에게는 안구운동을 이용하기로 하고, 그녀에게 표적 이미지, '나는 죄를 지었다'는 부정적 인지, 그리고 가슴의 느낌에 정신을 집중하면서, 다른 한편 꽤 큰 움직임으로 빠르게 스무 번쯤 연속해서 좌우로 왕복하는 나의 손가락을 눈으로 쫓으라고 한다. 내부와 외부에 이중으로 주의를 쏟는 이 과정에서 로랑스가 할 일은, 마치 영화관의 스크린을 쳐다보듯이 오직 자신의 내부에서 벌어지는 일들을 관찰하는 것이다. 그런 다음 나는 그녀에게 자신의 몸과 마음에서 연속하여 떠오른 이미지, 생각, 기억, 감각을 기억해 두라고 요청한다. 매번 이 과정이 끝나면, 나는 그녀에게 심호흡을 하고 생각을 비우도록 한 뒤, 곧 이어 그녀의 의식 속에 떠오른 것은 무엇인지, 그것이 무엇이었든 구체적으로 말해보라고 한다. "떠오른 걸 가지고 계속 가보세요" 라고 말한 뒤, 앞에서 했던 것과 같은 과정을 또 한번 반복한다. 이런 식으로 반복하면서, 그녀가 가졌던 부정적 감정이 주관적 심리장애 0등급SUD 0에 해당하게 될 때까지 치료를 진행한다. 보통 여기에 이르기까지 여러 차례에 걸친 치료가 필요할 것이다(상황에 따라서는 주관적 심리장애 등급 1에 도달하는 것으로 치료를 마칠 수 있다).

162) SUD : Subjective Units of Disturbance – '주관적 심리장애등급'을 뜻한다. (심리적 장애를 주관적으로 어떤 정도라고 생각하는지 등급으로 표현하도록 한 것 – 역주)

이 단계를 진행하는 과정에서 여러 번에 걸쳐 진행이 정체될 경우, 이런 상태를 타개하기 위해 나는 EMDR 외에 '인지 직조tissage cognitif, 認知織組' 라 불리는 보조적인 방법을 동원해야 했다. 아래는 로랑스의 치료에서 필수적이었던 다섯 번의 둔감화 치료에서 첫 번째와 마지막 회기를 옮겨 적은 것이다. 아래에서 이중 화살표는 일련의 왕복 안구운동을 가리킨다.

• 첫 번째 회기 :

⇔ 난 아무 힘도 없어요, 겁이 나서 몸을 움직일 수 없어요 ⇔ 사촌 여동생이 내 곁에서 웃고 있어요 ⇔ 그가 서있는 게 보여요, 그의 손은 크고, 손톱들이 붉어요 ⇔ 이모는 어디 있죠? 왜 우릴 구해주러 오지 않는 거죠? ⇔ 그가 우리한테 한 짓 또는 하라고 시킨 짓이 보여요 ⇔ 내가 어떻게 느끼는지 모르겠어요, 좋은지 나쁜지 ⇔ 내가 더럽혀졌다고 느껴요 ⇔ 이 때부터예요, 나는 자책감이 들어요, 난 너무 약해요 ⇔ 아무한테나 몸을 주는 창녀… 내 잘못이에요 ⇔ 내가 꼬드겼다고 그가 말할까 봐 두려워요 ⇔ 그를 생각하면 구역질이 나요 ⇔ 내겐 무거운 비밀이 생겼어요 ⇔ 그 당시엔, 죽을 때까지 밝혀선 안 되는 비밀이었죠 ⇔ 다시는 내게 이런 짓을 하게 그냥 두지 않을 거에요, 이젠 '안 돼'라고 말할 수 있을 것 같아요 ⇔ 그 일에 대해 털어놓아서 기뻐요, 여태껏 지고 있던 무거운 짐을 던 것 같아요 ⇔ 내게 그런 짓이 벌어질 때 기분 좋은 느낌이 들었던 게 수치스러워요, 이건 용서가 안 되는 거예요 (이때 나는 그녀에게, 누군가가 당신의 피부를 쓰다듬어주면 기분 좋은 느낌이 드는 게 정상이라고 설명해준다. 이렇게 심리치료 중간에 개입하여 피치료자에게 그가 갖고 있지 못할 수 있는 정보를 알려주는 것을 '인지 직조'라 한다) ⇔ 그 말을 들으니 안심이 돼요 ⇔ 더는 그가 무섭지 않아요, 하지만 여전히 그는 내게 자책감을 느끼게 해요 ⇔ 이모한테 직접 그 애기를 하는 나를 봐요, 이모는 그 일을 알고 있었어요, 지난 일은 이제 과거 속에 접어넣는 나를 봐요 ⇔ 이젠 마음의 안정을 되찾았어요

• **다섯 번째 회기 :**

⇔ 우리를 쳐다보는 그가 보여요, 우린 전처럼 약하지 않아요, 우리가 더 세요⇔ 그에 대한 감정에… 증오는 없어요, 더 차분하게 그를 대면할 수 있을 거예요⇔ 그가 내게 지녔던 심리적 영향력은 이젠 끝났어요, 난 더 이상 그에게 묶여있다고 느끼지 않아요⇔ 그 일에 대해 조금 떨어져서 볼 수 있게 되었어요⇔ 그게 나쁜 일인지 어떻게 내가 알 수 있었겠어요?⇔ 죄인은 바로 그 사람이에요⇔ 그가 보여도 그에게 해코지를 바라진 않아요⇔ 내 죄책감이 줄어들게 하려면 사촌 여동생과 말을 해서 날 원망하는지 알아봐야 하나요?⇔ 대화를 나누는 건 사태를 개선하는 데 도움이 돼요⇔ 큰 걸음을 내디뎠어요(자신이 가족 모두에게 각각 편지를 보낸 일을 말하고 있다)⇔ 이젠 문제들과 직접 마주하고 있어요. 지난주에 이 치료에 대해 처음으로 곰곰이 생각해 보았어요, 나는 사태를 다른 시각으로 보려고 애썼어요⇔ 더 가벼워졌어요⇔ 나아지기 위해 내게 필요한 일이 뭐냐고요? 사촌 여동생에게 말하는 일과, 판결이 어떻게 나오든 재판을 받게 하는 게 필요해요⇔ 나 자신을 좋게 보기 시작해요⇔ 나 자신을 좀 더 긍정적으로 평가할 수 있어야 할 거예요⇔ 내게 있는 그 역겨운 것이 잘 이해되지 않아요… 그가 나한테 그런 짓을 하고 그렇게 나를 더럽히도록 왜 그냥 두었을까 하는 거죠 (이 대목에서 나는 그녀에게 그 일이 나던 때 그녀가 몇 살이었는지 묻고 그녀는 여섯 살이었다고 대답한다. 이것도 '인지 직조'인데, 그녀는 겨우 여섯 살이었고, 그래서 그에게 힘으로 대항할 수 없었다는, 즉 당시의 그녀는 방어력이 없는 어린 여자아이였을 뿐이었다는 사실(정보)을 그녀가 더 잘 동화(자기화)할 수 있도록 해주는 데 목적이 있다)⇔ 나에 대한 긍정적인 이미지를 되찾으려면 어떻게 해야 하지요?⇔ 그러려면 이 이야기를… 내가 동화해야 해요, 그 일은 내 잘못이 아니었다는 것 말이죠⇔ 거울 속의 자신을 바라보기⇔ 이제는 내 삶을, 내 몸을 되찾을래요⇔ 이제는 이 일을 할 때가 되었어요⇔ 피해자는 바로 나예요⇔ 이젠 무덤덤해졌

어요. 두려움도, 불안도 더는 없어요⇔ 오래 전 일이에요⇔ 나 자신을 봐요, 그리곤 자신한테 말하죠, "난 어린애였어, 이해할 수 없었어 !"⇔ "그건 내 잘못이 아니었어 !" 라고 내가 나한테 말해요⇔ 하지만 이게 거짓말로 들려요, 왜냐면 그는 나를 더럽혔거든요⇔ 난 그 일에 책임이 없어요, 정말 내가 바보예요, 그 모든 일을 일으킨 건 바로 그잖아요⇔ 정신 나간 짓을 한 건 그 사람이에요, 내가 아니에요⇔ 난 마음의 장벽을 치고 있어요, 나에 대해 가혹한 판단도 하고 있죠⇔ 난 나한테 너무 가혹해요, 스스로를 감옥에 가둔 것이죠⇔ 이 판단을 변화시키려면 어떻게 해야죠 ? ⇔ 나한테도 사랑받을 권리가 있어요⇔ 나 자신을 사랑할 권리가, 스스로를 인정하고 다시 신뢰하며 삶에서 앞으로 나아갈 권리가 내게도 있어요.

치료 과정에 찾아온 변화들을 우리는 쉽게 볼 수 있다. 로랑스는 더 이상 자신에게 일어났던 일로 괴로워하지 않는다. 그녀는 더 이상 자신이 죄가 있다고도, 수치스럽다고도 느끼지 않는다. 그녀의 주관적 심리장애 등급SUD은 0/10등급, 즉 아무 장애도 없다고 느끼는 상태가 되었다. 스스로에 대한 평가도 더 긍정적으로 바뀌었고, 그녀는 자신을 다시 사랑하기 시작했다. 그녀의 인지타당성 등급VOD은 5/7등급이다.

다섯 번째 단계 : 긍정적 인지 심기

이 단계에서 나는 로랑스에게 표적 이미지와 연결된 '나는 잘못이 없다'는 긍정적 인지를 새롭게 시작하는 안구운동치료 동안 마음속에 잘 붙잡아두라고 주문한다. 여러 차례에 걸친 일련의 안구운동치료를 끝낸 뒤 그녀가 말한 내용은 다음과 같다. "그래요, 난 죄가 없어요. 그 점을 의심하지 말았어야 했어요.", "그래요, 난 죄가 없어요. 성인은 바로 그 사람이에요." "나는 평온해요", "이젠 죄책감을 덜 느껴요. 짐을 벗었어요", "그래요. 난 죄가 없어요." 이제 그녀의 인지타당성 등급VOD은 7/7이다.

그녀가 자신이 겪은 일을 다시 생각할 때면, 이제는 자신이 잘못했다는 느낌이 아니라 잘못한 것이 없다는 느낌을 받게 될 것이다.

여섯 번째 단계 : 몸 훑어보기

이제 긍정적 인지가 제대로 들어섰으므로 나는 로랑스에게 긍정적 인지와 표적 이미지를 동시에 생각 속에 떠올리라고 주문한다. 그 상태에서 자신의 몸을, 눈을 감고 마음 속 상상을 통해 머리끝에서 발끝까지 '훑어보기'를 하라고 주문한다.

이 과정의 목적은 부정적인 몸의 느낌(예를 들면 긴장이나 통증 같은 것)이 아직 남아있는지 관찰하는 데 있다. 만일 아직 그런 것이 남아있다면, 다시 일련의 안구운동을 통해 처리해야 할 것이다. 부정적인 몸의 느낌이 아직 남아 있다면 이는 트라우마 장애를 일으키는 기억이 여전히 공명하고 있는 것이며, 따라서 그것이 충분히 재처리되지 않았음을 의미한다.

일곱 번째 단계 : 치료를 마감하기

매회 치료가 끝날 때마다, 각 치료 사이의 기간에는 고통스러운 생각과 이미지들이 불쑥 떠오르거나 불안감, 악몽 등이 나타날 수 있으며, 이는 치료가 진행 중이라는 것을 알려주는 신호임을 환자에게 반드시 알려주어야 한다. 나는 로랑스에게 치료와 치료 사이에 나타날 수 있는 모든 낯선 증상을 적어두라고 요청했다.

만일 정해진 시간 때문에 치료를 중도에 끝마칠 때 환자가 아직 고통스러운 감정 상태에 있다면, 환자가 좀 더 평온해진 상태에서 진료실 문을 나설 수 있도록 치료자는 불안관리 기술 등을 이용해 환자의 마음이 다시 차분해지도록 도와주어야 한다.

여덟 번째 단계 : 환자 상태 재평가

매회 치료 시간 초반에, 나는 로랑스에게 그 직전 치료시간 이후 어떤 특이한 일이 있었는지, 그리고 있었다면 그런 일이 가족관계나 사회생활에 끼친 변화에 대해 그녀가 메모해둔 것을 묻는다. 로랑스는 치료 초기에 삼촌에 관한 꿈이나 악몽을 꾸었고, 여전히 사촌 여동생에 대한 죄책감에 시달렸으며, 자신에 대한 나쁜 이미지가 때때로 떠오른다고 했다. 그러나 치료가 여러 번 진행된 뒤에 그녀는 더 이상 악몽을 꾸지 않는다고 했다. 그녀는 현실 속에 있음을 느끼고, 덜 슬프다고 했다. 또한 전보다 기력이 좋아졌고, 더 이상 스스로가 약하다고 느끼지 않는다고 했다. 매회 치료 때마다 나는, 다음 치료를 어떻게 진행할 것인가를 선택하기 위해, 그녀가 자신의 트라우마 기억에 대해 느끼는 감정수준을 재평가했다.

트라우마 장애를 일으키는 기억들의 '재처리'가 이루어져도 치료가 끝나는 것은 아니다. 로랑스의 현재 삶에서 거북함이나 병적인 반응을 일으키는 모든 상황과 사람을 찾아내 처리해야 하는 것이다. 그것은 친밀한 관계일 수도 있고, 그녀를 불안에 휩싸이게 하거나, 과도하고 부적응적이고 불쾌한 신체 감각들을 불러오는 직업적 혹은 사회적 상황이 될 수도 있다.

마지막으로, EMDR 치료의 세 번째 단계는 미래의 사건을 예상하고 준비하는 것과 관련이 있다. 예를 들면, 로랑스와 함께 우리는 검사의 사무실에서 있을 예정인 그녀와 삼촌의 대면에 대해 미리 예상을 하고 준비했다. 로랑스는 이렇게 해서 삼촌과의 대면에서 침착함을 잃지 않을 수 있었고, 그녀가 가슴 속에 묻어두었던 모든 이야기를 가해자인 삼촌에게 말할 수 있었다.

지금까지 우리가 본 것은, 치료를 어렵게 하는 복잡한 문제가 없을 경우에 이루어질 수 있는 EMDR 치료의 적용 예이다. 하지만 몇몇 성폭력 피해자의 경우, 좀 더 복잡한 치료가 필요할 수 있다. 특히 트라우마 장애를 일으킬 수 있는 사건을 피해자가 여러 차례에 걸쳐 겪어야 했고, 그 때문에 피해자의 심신이 극도로 허약해졌을 경우가 그러하다.

중요한 것은, 피해자의 마음속에 그토록 오랜 시간 '갇혀 있던' 고통에 관한 힘든 기억을, 그리고 이에서 파생되어 스스로를 제약하게 한 믿음과 병적인 행동을 피해자에게서 제거하는 데 이르는 것이다. 이는 피해자가 자신의 현재를 자유롭게 살아가는 데 필수적인 조건이기도 하다. 그러나 EMDR이 지나간 과거를 고쳐놓을 수는 없으며, 피해자의 유년기를 되돌려 줄 수도 없다. 그러므로 과거의 사건과 관계된 슬픔이 때로는 완전히 사라지지 않는다 해도 그것을 자연스러운 일로 받아들여야 한다. 왜냐하면 그러한 슬픔은 성폭력이 몰고 온 모든 결과를 바라보는 현실적 인식과 연결되어 있기 때문이다.

외상후스트레스 장애를 치료하는 세 번째 접근법이 있다. 인지행동치료TCC가 그것이다.

효과적이지만 고통스러운 인지행동치료

트라우마 치료에서 인지행동치료의 원리는 외적으로 단순하다. 즉, 환자를 그의 트라우마 기억내용에, 그리고 그 기억을 회상하게 하는 모든 상황에 지속적으로 노출시키면 되는 것이다. 치료자는 트라우마를 떠올리게 하는 생각과 상황에 환자가 맞서는 일을 반복하게 함으로써 결국 불안이 줄어들고, 그리하여 다른 증세들도 줄어든다. 이것이 그 유명한 '노출exposition'의 원리다. 이것이 좀 더 효과적이려면 상상 속의 노출이 연장되고 반복되어야 한다. 그러고 나서 가능하다면 실제상황에서 노출이 이루어지도록 해야 한다(예를 들면 트라우마가 있었던 장소에 직접 간다든가, 불안이 사그라질 때까지 그곳에 머무는 일 등). 치료사와의 상담치료 시간 외에도 환자는 자기 집에서 이 요법을 시행해야 한다. 처음에는 상상으로, 그 다음에는 실제로 부닥쳐본다. 환자는 자신에게 불안감을 일으키고 평소 거기서 도망치고 싶게 하는(이른바 '회피'라고 부르는 것), 그러나 객관적으로는 아무런 실제적 위험이 없는 모든 상황을 일상적으로 마주하려고 노력해야 한다. 이러한 노출의 목적은 불안이 스스로 사라질 때까지 필요한 시간만큼 최대한 불안을 일으키는 데 있다.

'몰입immersion'이라 부르는 이런 직접적인 노출 기법 외에 좀 덜 과격한 방법도 사용하는데, 이를 '체계적 둔감화'라 부른다. 이 트라우마 시나리오는 증가하는 불안의 강도에 따라 구분되는 다양한 순간들로 나뉜다. 우선 환자는 트라우마에서 불안감이 가장 적은 순간에 대해서부터 상상적 노출을 시작한다. 각 단계마다 환자가 느끼는 불안을 줄이기 위해 긴장완화 및 호흡 기법들을 실행한다. 환자가 첫 번째 노출을 상상하면서 더는 불안을 느끼지 않게 될 때 환자는 두 번째 단계에 대한 노출을 시작하고, 이런 식으로 단계를 높여 가면서 계속한다.

마지막 단계에서는 '인지적 재구성reconstruction cognitive' 작업을 한다. 여기서의 관건은 환자가 자신의 트라우마와 연계하여 떠오르는 자동적인 생각 – 주로 어떤 위험이 지속되는 느낌, 죄책감, 수치심 등 – 을 인식하고, 그런 것들이 무엇인지 분명히 파악하여, 결국 그것들을 좀 더 객관적이고 현실적인 믿음으로 대체하는 것이다.

행동주의 치료법은 외상후스트레스 장애에 대한 치료에서 과학적 연구로 효과가 입증된 최초의 치료법이다. 그렇지만 다른 한편, 노출 기법으로 완전한 치료에 이르게 하는 과정에서 트라우마 피해자에게 가해지는 심각한 결함이 있다. 즉, 그 과정이 너무 고통스럽다는 것이다. 왜냐하면 이 기법은 트라우마 피해자로 하여금 가능한 한 오랫동안 그 불안감 속에 머물러 있도록 '강제'하기 때문이다. 치료사와 함께 하든 집에서 혼자 하든, 이 기법이 요구하는 대로 수 시간 동안 자발적으로 불안감에 스스로를 노출시키는 일은 상당히 고통스럽다. 과연 얼마나 많은 트라우마 피해자가 이럴 준비가 되어 있을까?

배우자와 아이들에게 이야기를 해야 할까?

유년기에 성폭력을 당했던 피해자 중 몇이나 자신의 배우자나 아이들에게 그 얘기를 했을까? 내 경험에 따르면 아주 적은 수만 그렇게 했다. 성폭행을 당했을 때 피해자는 보통 그 일이 세상에 알려지는 것을 원하지 않는다. 대개 폭행사건 직후에도 피해자는 아무에게도 말하지 않는데, 사건 후 10년, 15년, 20년이 지난 다음에는 더더욱 그 일을 말해야 할 이유가 없게 된다. 수치심, 잘못을 추궁 당하리라는 두려움('그렇게 오랫동안 그 얘기를 나한테 숨겨왔던 거야?'와 같은 말들), 이전과 달라질 타인의 시선, 심지어는 낙인의 두려움, 고통스러운 과거의 기억이 되살아날지도 모른다는 염려, 망각하고 싶은 욕구 등이 피해자가 침묵하게 되는 주된 이유일 것이다.

수년 전부터 트라우마를 비밀로 간직해온 사람은 과연 자신의 친지들에게 그것을 고백해야만 할까? 그리고 만일 그래야 한다면 무슨 이유에서 그런 것인가?

이 중요한 질문에 대해 세 가지 관점을 고려해 볼 수 있을 것이다. 피해자의 관점, 부부(커플)의 관점, 그리고 자녀의 관점이 그것이다.

피해자가 트라우마 사건을 비밀로 간직하는 것은 곧 스스로를 역설적 상황으로 밀어넣는 일이다. 한편으로, 피해자는 자신이 좀 더 안전한 상태에 있다고 느낀다. 왜냐하면 사람들이 그의 아픈 과거를 들먹이며 괴롭히는 일은 없기 때문이다. 그리고 피해자는 그 사건의 망각이 가능하다고 계속 믿을 수 있다. 그러나 또 한편, 피해자는 자신이 아무 문제없이 잘 지내는 것처럼 친지들을 속여야 하기 때문에 이중으로 죄책감을 느끼게 된다. 즉, 성폭력 사건은 여전히 '소화되지' 못한 채로 남아있기에 피해자는 여전히 죄책감을 느끼고, 여기에 덧붙여 자신이 아무에게도 말하지 않고 지내는 데 대한 죄책감도 있는 것이다. 게다가 이 나중의 죄책감은 처음의 죄책감을 더욱 강화한다. 어떻게 이러한 사건을 배우자에게 수년 동안이나 숨기고 살면서 피해자가 마음의 불편함이나 나아가 죄책감을 갖지 않을 수 있겠는가? 자신의 아픈 과거를 드러내면 피해자는 매일매일 자신의 삶을 무겁게 만드는 과거의 짐에서 벗어날 수 있을 것이다.

그러나 과거의 트라우마 사건을 말함으로써 피해자는 배우자의 판단을 받게 될 처지에 놓이게 된다. 배우자는 피해자가 자신을 그토록 오랫동안 그런 사실을 모르고 지내도록 했다는 것에 무척 마음이 상할 수도 있고, 심한 경우 자신을 '속여왔다'고 피해자를 비난하는 등 부적절한 방식으로 반응할 수도 있다. 필연적으로 배우자는 피해자와 함께 살면서 겪은 모든 어려움과 충돌을 이 새로운 정보로 말미암아 다시 겪을 수밖에 없을 것이다. 이 결과 배우자는 피해자가 당한 일이 자기 책임이 아니라는 점을 강조함으로써 결국 피해자가 더더욱 죄책감을 느끼게 할 수도 있다. 요컨대, 배우자에게 트라우마 사건을 알림으로써 커플에게 위기가 찾아올 수도 있는 것이다. 그러나 이와 반대로 배우자는 자신이 그동안 그런 사실을 전혀 눈치채지 못한 점이나, 배우자가 그런 일을 털어놓지 못할 만큼 자신이 충분히 신뢰받지 못했다는 점에 대해 자책할 수도 있다.

자녀의 경우, 부모의 아픈 과거를 아는 것이 꼭 필요한가? 이 경우에 우리는 가족 내의 비밀이 가져올 수 있는 결과들[163], 그 악영향들을 마주하게 된다. 왜 아이는 자신이 겪지도 않은 비극으로 고통받게 될까? 앞에서 우리는 트라우마가 세대 간에 전달될 가능성을 언급했다. 이 책의 마지막 장에

---

163) Tisseron S., *Secrets de famille, mode d'emploi* (가족 내 비밀, 그 사용법), Ramsay, 1999.

서 우리는 심각한 트라우마로 고통 받은 부모의 아이들에게서 발견된 신경생물학적 이상증에 대해 소개할 것이다(295쪽 '너무 이른 나이에 겪은 트라우마에서 외상후 스트레스 장애까지' 참조). 수많은 심리상담사가 한 세대에 있었던 침묵이 얼마나 많이 다음 세대에서 '소음'으로 변형되는지 확인했다. 정신분석가 니콜라스 아브라함Nicolas Abraham[164]은 '유령fantôme'과 '귀신revenant' 이라는 이름을 붙여 이 현상을 설명하였다.

'귀신'은 성인이 믿는 불가사의한 '비밀'이다. 반면, '유령'은 아이에게 '출몰하는' 것으로, '귀신'을 믿는 부모와 접촉함으로써 아이의 정신세계에 생겨난다. 이 '유령'은 아이에게 우선 자신을 드러내고, 아이가 성인이 되었을 때도 중요한 선택이나 다양한 심리적 증세를 통해 자신을 드러낸다.

하지만 아이는 어떻게 해서 자신이 들은 적도 없는 것에 의해 혼란을 겪게 될까? 이 점을 이해하기 위해서는, 두 사람 간의 대화가 말을 통해서만 이루어지는 것이 아니라는 점을 상기할 필요가 있다. 대화에서는 유사언어적인 것과 비언어적인 것이 큰 역할을 한다. 유사언어적인 것이란 언어적 메시지의 변조를 가능하도록 하는 모든 것, 즉 말하는 방식, 운율(문장에 담긴 '음악적인 것'), 말하는 세기, 침묵, 입으로 내는 다양한 소리 등을 말한다. 잘 알려진 것처럼 하나의 언어적 메시지가 실어나르는 의미는 그때 사용된 목소리의 어조에 따라 무척 달라질 수 있고, 심지어는 말 자체의 의미와는 정반대로도 들릴 수 있다. 한편, 비언어적인 것은 몸의 움직임, 몸의 접촉, 얼굴 표정, 시선 등에서 나온다. 그런데 두 사람 사이의 대화를 통해 전달되는 내용의 75%는 바로 이러한 유사언어적인 것과 비언어적인 것이 차지한다. 이러한 사실은 대화에서 교환되는 정보의 대부분이 단어 외의 것으로 이루어진다는 것을 의미한다.

164) Abraham N., Torok M., *L'Écorce et le Noyau* (껍데기와 알맹이), Flammarion, 1987.

어떤 특정한 단어를 전혀 사용하지 않는다는 사실 자체가 이미 아이가 포착하게 될 어떤 의미를 품고 있다. 말해지지 않은 것이 지닌 암시적 효과의 예를 들어보자. 아이를 재우기 전에 침실에 있는 모든 가구의 이름을 불러주는데, 침대만 거기서 빠졌다고 해보자. 이 사실은 '역설적으로', 침대에 대해 강조를 하는 효과를 낳는다. 말하자면 침대에 대한 어떤 언급도 하지 않는다는 사실이 침대에서 벌어지는 일이나 벌어지지 않는 일에 대한 강조가 되는 것이다. 어떤 성폭력과 연관된 '귀신', 즉 '비밀'을 품고 있는 사람은 성과 관계된 단어를 사용하지 않을 수 있고, 성적인 단어를 듣거나 텔레비전에서 그런 장면을 볼 때 뭔가 좀 특이하게 반응할 수도 있다. '귀신'을 품고 있는 사람은 아마도 자신이 겪은 트라우마에 대해 자주 생각할 것이다. 어쩌면 그는 외상후스트레스 장애를 겪게 될지도 모른다. 이런 모든 것은 특정 상황에 대한 움츠러듦, 신경이 날카로워짐, 슬퍼짐 등 특이한 행동을 불러올 수 있다. 아이는 부모의 이런 행동들을 이해하지는 못하지만, 이 행동들에서 충격을 받는다. 아이의 우뇌(감정을 관장하는 뇌)는 이 모든 '말해지지 않은' 정보들을 포착하고, 아이는 이것으로부터 자기 것이 아닌, 즉 '자기가 직접 겪은 일에 대한 감정이 아닌' 어떤 감정을 느낀다. 이러한 감정에 마주쳤을 때 아이는 이런 감정을 낳은 원천, 곧 그 안에서 자신이 어떤 역할을 수행했을 사건을 자신의 몽상을 통해 찾으려고 애쓸 수 있다. 바로 이런 방식으로 아이는 자신 안에 어떤 '유령'을 만들게 되는 것이다. 아이에게 이 '유령'은 말 그대로 이물질로서, 언젠가는 아이가 이 유령의 존재를 느끼게 되고, 이로 인해 아이는 자신이 어떤 심각한 일을 겪었으리라는 잘못된 믿음을 키우게 된다.

만일 트라우마를 겪고 '귀신'을 품게 된 어머니(또는 아버지)가 자신이 겪은 일에 대해 아이에게 아무것도 말해주지 않는다면, 결국 위에 언급한 영향 때문에 아이가 정서적 혼란을 겪게 될 가능성도 더욱 커진다. 그러나 만일 자신이 실제 겪은 트라우마 사건을 아이에게 다 털어놓는다면 어떤 일이 일어날까? 어른이 해준 이야기가 너무 구체적이고 '생생'하다면, 아이는 상상력이 무한하기 때문에 어른이 해준 이야기보다 훨씬 더 심각한 상황을 상상하게 될 위험이 있다. 비극적 사건을 상상하는 일은, 때로는 그 일을 실제로 겪는 것보다 더 큰 트라우마적 충격을 몰고 올 수 있다. 어른이 전해준 감정과 불안 속으로 아이가 완전히 휩쓸려버릴 위험이 있는 것이다. 어른이 겪었을 사건을 머릿속에 그리면서 아이는 어른이 전달한 감정보다 훨씬 더 큰 불안을 느낄 수 있고, 이것은 아이에게 악몽의 근원으로 작용할 위험이 있다.

소피는 34세다. 영어 교사인 그녀는 기혼이고 어린 자녀 셋을 두고 있다. 어린 시절 내내 그녀는 언제고 성폭력을 당할지 모른다는 두려움 속에서 살았다. 밤에 거실에서 부모들이 내는 소리가 자기 방에서 들리곤 했는데, 때때로 부모가 성관계를 맺는 소리 또한 어슴푸레하게 들리곤 했다. 14세 때 그녀는 아버지에게 성폭행을 당하게 될까 너무 두려운 나머지 만일에 대비해 자신을 방어하고자 칼 한 자루를 베개 밑에 숨겨놓았다. 그 뒤로 그녀의 마음 한 구석에는 혹시나 성폭행을 당하거나 남자의 성적 노리개가 될지도 모른다는 두려움이 자리 잡았고, 결국 이것은 늘 그녀의 삶을 혼란하게 했다.

어릴 적부터 소피는 자기 고모가 열 살 때 겪은 성폭력에 관한 이야기를 듣고 자랐다. 그녀가 들은 이야기에 따르면, 두 남자가 고모를 강간하려 했으나 고모는 그 위험에서 아슬아슬하게 빠져나왔다고 했다. 이 비극적 사건에 대한 이야기는 가족 내에서 수차례나 반복되었는데, 이는 그녀의 일상에 부과된 몇 가지 금기사항을 정당화하는 것이었다. 예를 들면 친구들의 집에 놀러 가지 않기, 언제나 어머니가 볼 수 있는 곳에만 있기, 혼자 집에 있지 않기 등이 그런 금기사항이었다.

그녀의 할머니들도 반복해서 말하기를, 손녀들은 남자들의 먹잇감이며 언제나 그런 위험 속에 있다는 것이었다. 그녀의 어머니도 "여자로 사는 건 전혀 즐겁지 않은 일이야"라고 그녀에게 늘 되뇌었다. 그녀의 어머니는 여자는 남자들의 충동에 예속되어 있는 존재라고 했다. 그리고 이런 이야기 끝에는 종종 어머니만이 은밀하게 간직하고 있던 이야기들에 대한 '고해성사'가 덧붙여지곤 했다. 소피에게는 그러니까 자신이 여자라는 사실이 위험한 것이었다.

어린 아이였던 소피는 외모 면에서도 자신과 많이 닮은 고모가 겪은 성폭력 사건을 상상했고, 이후 이 사건에 대한 생각은 그녀의 머리에서 떠난 적이 없었다. 그녀는 '마치 자신이 그곳에 직접 있었던 것처럼' 사건의 장면들을 상상했다. 상상 속에서 그녀는 벌거벗은 채 묶여 있는 고모를 바라보았고, 마치 자신이 성폭행을 당한 것처럼 두려움에 떨었다. 그녀는 이후 수많은 일상적 상황이나 아빠 엄마 사이의 애정 표현, 심지어는 언어 표현까지도 도착적이고 타락한 부부 간의 성행위에 대한 징표로 해석하기 시작했다. 이렇게 해서 그녀는 남자와 성적인 것이 갖는 위험에 대한 자신의 이론을 확인시킬 만한 모든 것을 감시의 눈길로 바라보게 되었다. 성인이 되고 나서도 이러한 두려움은 변함없이 유지되었고, 만족스런 성생활도 특수한 조건에서나 가능한 일이 되었다. 마침내는 심지어 남편에 대해서도 그가 자제력을 잃고 그녀를 폭행할지도 모른다는 두려움을 가지게 되었다. 그녀는 자신을 보호하지 못할까 두려워졌고, 어린 소녀나 마찬가지로 자신이 연약하다고 느끼게 되었다. 게다가 고모의 두 가해자가 다시 찾아왔는데, 알고 보니 그들은 아무런 '처벌'도 받지 않았다. 그들은 언제고 '다시 그런 짓을 할 수 있는' 것이었다. 어쩌다 혼자 집에 있을 때는 집에서 나는 소리들이 그녀를 불안에 떨게 했는데, 왜냐하면 그런 소리들은 어

쩌면 숨어서 지켜보는 잠재적 가해자들이 내는 소리일 수도 있기 때문이었다.

소피의 경험은 비극적 가족사에 대한 이야기, 그리고 어른들의 부적절한 행동, 이 두 가지를 통해 어떻게 불안감이 전파되는지 보여주고 있다

결국 아무것도 말하지 않는 것과 모두 말하는 것, 이 두 가지 극단이 아이가 실제 경험하지도 않은 일에 대한 너무 강렬한 감정을 아이로 하여금 품게 하는 것이다.

이에 대한 해결책은 두 극단 사이에 있다. 아이가 이해하거나 소화할 수 없는 정보로 아이가 혼란을 겪지 않도록 아이에게 무엇을 말해주어야 할지, 그리고 무엇을 말하지 말아야 할지 판단하기 위해서는 아이의 나이를 반드시 고려해야 한다. 아이가 5~6세 이상이라면 아이가 부모의 어떤 태도에서 이상한 낌새를 채거나, 나아가 그 때문에 고통받을 수 있다. 따라서 부모의 특이한 태도를 설명해줄 수 있는 이야기, 즉 아이가 태어나기 전에 부모의 삶에 있었던 일들에 대한 이야기를 아이에게 들려줄 수 있다. 하지만 이 경우, 아이에게 사건의 세부적인 사항들을 이야기할 필요는 없고, 그렇게 하는 것이 바람직하지도 않다. 이런 세부사항들은 시간이 훨씬 많이 지나고 나서 알려주면 될 것이다. 아이에게 부모가 겪은 트라우마를 알려주는 목적은, 부모에게서 전이되어 아이가 느끼게 된 '트라우마와 관련된' 감정들이 있을 때, '아이가 무의식적 상상을 통해' 이런 감정이 자신이 저지른 어떤 일과 관련이 있다는 생각을 하거나, 나아가 어떤 죄책감을 느끼게 되는 것을 방지하려는 데 있다. 어른의 과거를 일찌감치 명확히 말해줌으로써 아이에게 어떤 '유령'이 자리 잡는 것을 막을 수 있는 것이다. 물론 어른에게는 자신의 과거 기억 속의 '귀신'을 궁극적으로 몰아내는 일이 과제로 남는다.

회복탄력성과 성폭력

회복탄력성resilience이란 용어는 '~에 맞고 튀어오르다' 를 의미하는 라틴어 'resilere'에서 온 것이다. 심리학과 전혀 무관한 분야에서 처음 사용된 이 용어는 어떤 물체가 충격에 저항하는 것을 가리키는 말이었다. 1950년대 경에 문학에서도 이 용어가 나타나기 시작했는데, '용기를 잃지 않는 성품, 도덕적 힘'[165]을 가리키는 말로 쓰였다. 이후 미국의 아동정신의학자들이 취약성을 가진 아이들이 정상적으로 성장하는 능력을 표현하는 용어로 이 말을 사용하기 시작했다.

회복탄력성 개념이 대중에 널리 알려지게 된 것은 보리스 시륄닉Boris Cyrulnik의 저작들[166] 덕분이다. 이 저작들에서 그는 심각한 트라우마를 겪은 피해자들 중 어떤 이들은, 다양한 정신적 장애를 겪는 다른 이들과 달리 트라우마를 이겨내는 능력이 있다는 것을 보여주고 이러한 극복 능력에 대해 다루었다.

회복탄력성 개념이 유명해지면서 (운동역학, 심리학, 의학, 생태학, 정보공학, 경제학, 사회학 등) 다양한 맥락에서 사용되게 되었는데, 그런 만큼 그 개념의 정의 또한 모호해지고 심지어 모순되는 상황에 이르게 되었다. 충격에 대한 소재의 측정 가능한 회복력이라는 운동역학적 정의로부터, 어떤 소재에 어떤 형태적 변형이 가해졌을 때 소재가 원래의 형태를 회복하는 능력이란 의미로 개념이 변천한 것이다. 이 후자의 개념을 보리스 시륄닉이 수정했는데, 그는 소재에 충격이 가해졌을 때 회복탄력성은 소재가 그 원래의 형태를 되찾도록

165) "Le trésor de la Langue Française informatis ? (프랑스어보전寶典 전자사전)" : http://atilf.atilf.fr.

166) Cyrulnik B., *Un merveilleux malheur* (경이로운 불행), Odile Jacob, 1999.

하는 능력이 아니라, 또 하나의 형태를 찾도록 하는 능력이라고 정의했다. 심리학적 맥락에서 이 개념은 어떤 트라우마에 대한 저항력과 더불어 트라우마 이후 자신을 재구축하는 능력을 가리킨다. 오늘날 우리는 이 용어가 점점 더 자주 잘못된 의미로 사용되고 있고, 삶의 어려움에 대한 적응력이라는 의미로 일상어화되고 있음을 본다. 그러나 회복탄력성 개념은 스트레스 상황이 아니라, 트라우마(그 성질이 어떠하건) 영역에서 사용되는 개념이다. (261쪽 '트라우마란 무엇인가? 스트레스와 다른 점들'을 참조).

불행 앞에서의 각자 다른 대응 방식

미국에서 이루어진 한 연구는 천여 명의 아이들을 탄생에서 18세까지 기간을 추적 조사하는 '미래추적 연구'를 수행했다.[167] 이 연구에서 연구자들은 유년기에 성폭력을 겪은 청소년들은 (우울증, 불안증, 행동장애, 알코올중독, 약물중독, 외상후스트레스 장애, 자살기도 등) 여러 가지 정신의학적 장애를 겪는다는 것을 발견했다. 한편, 성폭력을 겪은 청소년들 대부분이 이러한 경향을 보이지만 그 중 4분의 1은 전혀 이런 문제를 겪지 않는다는 사실도 알게 되었다.

유년기 성폭력이라는 트라우마 사건을 겪을 때 피해자들은 동일한 방식으로 그것을 겪는 것도 아니고, 그들에게 동일한 결과가 미치는 것도 아니다. 특히 외상후스트레스 장애의 경우 이 점은 더욱 뚜렷하다. 왜 이런 차이가 생기는가? 이러한 차이가 생기는 이유는 피해자의 성장 과정에 매우 다양한 취약 요인들과 회복탄력성 요인들이 개입하는 데 있다.

---

167) Lynskey M.T., Fergusson D.M., "Factors protecting against the development of adjustment difficulties in young adults exposed to childhood sexual abuse (성적 학대에 노출되었던 청년들에서 적응 문제가 생기는 것을 막아주는 요인들)", *Child Abuse Negl*, 1997, 21 : 1177-90.

취약 요인들

정신의학적 장애들의 발현은 트라우마의 성격과 심각성 정도에 따라 달라진다. 예를 들면 성폭력과 강간의 피해자 중 외상후스트레스 장애를 겪는 경우가 50~75%에 이르는 반면, 자연재해나 교통사고 피해자 중 외상후스트레스 장애를 겪는 경우는 10% 이하에 그친다.[168] 트라우마의 몇몇 특징이 정신의학적 장애의 심각성 정도와 연계되어 있다는 것을 우리는 앞에서 이미 보았다. 예를 들면 삽입이나 강제력 행사가 있었는지 여부, 가해자가 가족 구성원인지 여부, 성폭력 행위의 실재를 가해자 또는 피해자의 주변인이 부정했는지 여부, 그리고 성폭력이 반복되었는지 여부 등이 트라우마 자체와 연계된 취약 요인들을 구성한다.

정신의학적 장애들의 발현은 또한 피해자의 인격 및 그가 과거에 겪었던 트라우마와 연계된 여러 취약 요인에 따라서도 달라지는 것이다.

회복탄력성 요인들

많은 다른 요인이 취약 요인들의 위력을 완화하고 성폭력이 몰고 오는 결과에서 아동이나 청소년을 보호한다. 이 다른 요인이 바로 회복탄력성 요인이다. 근대적 최면기법을 개발한 미국의 정신의학자인 밀튼 에릭슨Milton Erickson은 내적 자원을 무척 중요하게 보았는데[169], 내적 자원은 외적 요인과 더불어 회복탄력성 요인을 구성한다.

- 내적 자원 : 몇몇 아이는 다른 아이들보다 더 강력하게 트라우마에 저항할 준비가 되어 있다. 말하자면 이런 아이들은 어려운 상황을 효과적으로

---

168) Yehuda R., "Changes in the Concept of PTSD and Trauma(외상후스트레스 장애와 외상 개념의 변화)", *Psychiatric Times*, April 2003, Vol. XX. Issue 4.

169) Erickson M.H., *Intégrale des articles sur l'hypnose* (최면에 관한 논문전집), Satas, 1999.

헤쳐나가는 데 익숙한 것이다(이 경우, 아이가 훌륭한 '대처coping[170)]' 능력을 가지고 있다고 말한다). 이런 아이들은 뚜렷한 자존감과 든든한 자신감을 가지고 있고, 타인과의 관계도 원만하고 편하며, 자신과 타인 그리고 세계에 대해 균형 있는 믿음 체계를 가지고 있다. 이외에도 낙관주의, 유머, 창의력, 이타주의 등이 개별적 회복탄력성 요인으로 작용한다는 사실이 확인되었다.

- 외적 요인 : 가족 및 가족외적 요인 또한 중요한 역할을 한다. 안정 애착(287쪽 '애착' 참조)은 특히 트라우마의 결과에서 아이를 지켜주는 역할을 한다. 아이의 자율성을 키우고, 지나침이 없는 다정하고 안전한 분위기의 부모자식 관계, 폭력이 없고 화목한 가족 분위기 등은 필수적이다. 가족이나 친구, 이웃, 치료자, 교사 등에게 받는 지지는 트라우마의 결과에서 아이를 보호하는 데 결정적 역할을 한다.

아이의 회복탄력성을 키워주기에 좋은 모든 요소

회복탄력성이 충분히 있는 아이들은 부모와 관계가 원만하고, 자율적이지만 사교성이 있으며, 능동적이라고 묘사된다. 이런 아이들은 사회경제적으로 유복한 환경에서 살고 있고, 수면장애나 식사장애 없이 건강하게 지내며, 어린 시절에 이별이나 사별 등의 경험도 없고, 트라우마를 당했을 때의 나이가 젊으며, 문제를 스스로 풀거나 어려운 상황에 대처할 줄 안다. 이런 아이들은 인성 발달에 있어, 특히 안정된 가정환경과 안전한 애착관계와 같은 단단한 성장기반의 도움을 많이 받는다.

이런 묘사는 물론 트라우마를 당하는 시기에 앞서 아이에게 존재할 수

170) "한 개인이 위협적이라고 지각한 사건과 그 자신 사이에 설정하는 과정들의 총체로, 위협적 사건을 제어하고 조절하고 그 효과를 감소시키기 위함이다."(Lazarus et Launier, 1978). 이는 '대응하다'는 뜻의 영어 동사 'to cope with'에서 나온 말이다.

있는 회복탄력성 요인들에 대한 '이상적'인 묘사이다. 많은 아이가 비록 이런 모든 특징을 다 갖추고 있지는 않지만, 다행히도 곧 언급할 '회복탄력성 후견인'의 도움으로 충분히 회복탄력성을 갖출 수 있다.

하나의 과정으로서의 회복탄력성

'회복탄력'에는 시간이 필요하다. "회복탄력성에 관해 이야기하려면 특정한 지속기간이 있어야 한다"고 보리스 시륄닉은 말한다. 덧붙여 그는 "어떤 정신적 사망에 가까운 상태를 경험한 뒤 성장이 다시 재개되는 경우에 한해 회복탄력성을 이야기하는 것이 의미 있다"고 주장한다. 여기서 정신적 사망에 가까운 상태란 바로 트라우마를 의미한다.

회복탄력성은 한 사람에게도 시점과 환경, 경험에 따라 다양할 수 있다. 회복탄력성은 한번 생기면 늘 그대로 지속되는 고정된 상태가 아니다. 이것은 트라우마가 있고 나서 이루어지는 과정으로, '저항'과 '재구축'이라는 두 개의 큰 국면으로 구성된다.

트라우마가 계속되고 아이가 외부의 도움 없이 혼자 트라우마에 맞서야 하는 한, 아이는 저항국면에 놓인다. 왜냐하면 재구축 국면이 아직 시작될 수 없기 때문이다.

재구축이 시작되면, 이 국면은 다음과 같은 여러 단계를 거치며 이루어진다.[171)]

- 의미 찾기. 이 단계는 다음과 같은 질문으로 이야기될 수 있다. "왜 이런 일이 나에게 일어났을까?"

---

171) Lecomte J., *Guérir son enfance*(자신의 아동기 치유하기), Odile Jacob, 2004.

- 트라우마에 대한 부인("뭐 그렇게 대수로운 일은 아냐"). 뒤이어 그것을 받아들인다.
- 증오. 그 다음에 평온 상태로, 때로는 용서에 이르기도 한다.
- 트라우마에 대한 고통스러운 기억에서 고통스럽지 않은 기억으로 바뀐다.
- 불평하기. 그런 다음에 그 불평에서 벗어난다.

성폭력을 당했을 때 과연 무엇이 아이에게서 회복탄력성의 과정이 시작되도록 만들어주는가? 회복탄력성의 과정으로 들어가는 첫걸음은 성폭력 사건의 책임을 가해자 쪽에 부과하는 데 있다. 앞에서 이미 보았지만, 아이들은 자신들에게 닥쳐온 성폭행의 책임이 자신에게 있다고 믿는다.

성폭행의 책임을 가해자에게 돌려주고 나서, 이 사건에서 긍정적인 교훈을 이끌어내고 자신이 더욱 성장할 수 있다는 새로운 잠재성을 스스로에게 부여하는 일은 가장 우선적이고 중요한 회복탄력성 요인이다.

회복탄력성 증가에 필요한 '후견인'

트라우마 이후, 피해자인 아이는 운이 좋다면 보리스 시륄닉이 '회복탄력성 후견인'이라 부르는 사람을 만나게 될 수도 있다. 회복탄력성 후견인이란 아이가 자신의 성장을 재구축할 수 있도록 도와주며 아이가 따뜻한 정을 나눌 수 있는 존재다. 한 정원에서 후견인은 식물이 자라는 것을 가능하게 해준다. 트라우마 피해자인 아이의 후견인은 아이로 하여금 자신의 내적 자원을 다시 활성화하도록 도와준다. 트라우마를 겪은 아이가 몇몇 초등학교 교사와 만나 놀랍도록 '긍정적 충격'을 경험했는데, 이에 대한 수많은 증언이 이를 뒷받침한다.

트라우마가 몰고 오는 통상적인 결과들 가운데 하나는 관계의 단절이다. 즉, 가족 관계, 부부관계, 친구관계, 직업적 관계 등의 단절이 그것이다.

따라서 트라우마가 일으킨 단절된 관계를 회복시키는 일은 트라우마의 치유에서 필수적이다. '회복탄력성 후견인'은 바로 아이가 자신이 겪은 트라우마 사건에 의미를 부여하고 소화하는 일을 시작할 수 있도록 돕는다.

언젠가는 떨쳐버려야 할 '피해자'라는 신분

트라우마를 극복하는 초기에 피해자는 자신이 피해자라는 것을 받아들이고, 피해자로서의 지위를 사회에서 인정받는 일이 필수적이다. 그러나 이러한 일이 언제나 쉽게 이루어지는 것은 아니다.

도미니크는 자신의 집이 아동보호 위탁가정으로 지정되면서 머물게 된 십대 소년에게 여러 차례에 걸쳐 강간을 당했다. 그녀는 자신이 겪은 일이 심각하다는 것을 인정하는 데 무척 어려움을 겪었다. 천주교 신앙심이 깊고 성당 활동에도 적극적이었던 그녀는, 많은 사람이 자신이 겪은 일보다 훨씬 더 심한 일을 겪으며 산다고 생각했다. 그래서 그녀는 자신이 겪었던 그 일이 몇 년 전부터 마음속에서 자신을 괴롭혀왔지만, 그 사건이 자신에게 준 충격을 늘 별 것이 아닌 일로 치부해왔다. 어쩌면 이렇게 하는 것이 자신의 존엄성을 유지하는 길이라 믿었기 때문일 것이다.

성폭력을 겪은 피해자가 감당하기 어려운 죄책감과 수치심에 여전히 휩싸여 있을 때, 그는 자신을 피해자로 여기지 않는다. 그는 자신이 당한 일이 자신 탓에 일어났다고 생각하는 것이다. (피해자가 휴직을 통해 안정을 찾도록 해주거나, 경우에 따라서는 소송 등을 통해 피해를 보상받게 하는 등) 그를 피해자로 인정해주는 일이 그의 주변과 사회에서도 이루어져야 할 것이다. 한편, 성폭력 사건에서 가해자가 자신이 저지른 일을 인정하게 되면 피해자의 심리에 중대한 긍정적 반전을 가져다줄 수 있다. 그러나 불행히도 이런 사건에서 가해자가 자신이 범한 일을 그대로 인정하는 일은 흔치 않다.

이런 국면 이후에 피해자는 점진적으로 피해자의 지위에서 빠져나와 새로운 자신을 구축해야 한다. 회복탄력성을 실천하는 일은 곧 스스로를 피해자로서 인정하고 받아들이는 일임과 동시에, 자신이 단순히 피해자일 뿐이라는 생각을 거부하는 것이기도 하다. 말하자면 트라우마는 피해자가 경험했으나 이제는 그것을 나쁜 기억의 하나로 개인사 속에 소화해 정리할 수 있는 그런 사건이 되어야 한다. 트라우마 사건이 쓰인 개인사 속의 페이지는 지워지지 않았으나, 인생의 다음 장을 계속 기록할 수 있도록 그 페이지는 넘겨져야 하는 것이다. 트라우마에 대한 기억은 이제 기억 창고 속에 정리되어 다시 접근할 수 있는 페이지로 남지만, 그 페이지가 불러왔던 고통스러운 저주는 사라지게 되는 것이다. 이렇게 하여 개인사의 주인공은 이 기억을 다른 '정상적인' 기억들처럼 회상하고 다시 볼 수 있게 된다.

가득한 희망과 함께 함정도 있는 회복탄력성

회복탄력성의 이미지는 타당한가?

우리가 어떤 금속에 대해 회복탄력성이란 개념을 쓸 때, 이 개념이 가리키는 것은 그 금속의 물리화학적 구성에 내재된 특성이다. 그런데 정신적 트라우마는 인간의 정신세계에 가해진 단순한 '변형'이 아니다. 만일 그런 것이었다면 트라우마를 겪은 후에도 다시 원래의 형태에 가까운 형태를 되찾을 수 있을 것이다. 그러나 트라우마는 인간의 정신세계에 어떤 깊은 균열을 남긴다. 트라우마를 겪은 사람이 트라우마 이전의 상태로, 마치 트라우마가 없었던 것처럼 돌아갈 수는 없다. 그러므로 회복탄력성을 통해 트라우마를 극복한다는 것은 트라우마가 가져온 충격을 흡수하여 다른 사람으로 변신해야 함을 의미한다.

더 나아가 금속의 회복탄력성은 형태, 즉 외관에 가해지는 것이다. 그러나 인간에 대해 회복탄력성을 얘기할 때는 '원형을 되찾아야 하는' 외적 형태가 아니라, 삶에 알맞은 작동방식을 되찾아야 하는, 아주 복잡하고 살아있는 시스템이 문제가 된다.

회복탄력성은 금속의 경우에 내적이고 안정된 능력을 말하지만, 생명체의 경우에는 완전히 획득된 상태나 능력이 아니다. 생명체에서 회복탄력성이란 개체가 겪은 트라우마를 잘 처리하게 해주는 과정이다. 한 사람이 어떤 트라우마에 대해서는 회복탄력성을 가질 수 있었다 해도, 또 다른 트라우마에 대해서는 그러지 못할 수도 있다. 그의 삶에서 또 어떤 시기에는 회복탄력성을 가질 수 있었다가도 또 다른 시기에는 그러지 못할 수도 있다. 회복탄력성은 한 개인에게만 존재하는 특성이 아닌 것이다.

트라우마는 정말로 극복될 수 있는가?

회복탄력성은 트라우마를 '극복했다'는 것을 의미하는 것일 수도 있다. 그러나 자신의 트라우마를 극복하지는 못했지만 극복했다는 느낌을 줄 뿐인 어떤 사람에게서, 그 사람이 실제로 트라우마를 극복했는지 아니면 그런 느낌만 줄 뿐인지를 구별하는 것은 불가능하거나 무척 어려운 일이다. 이렇게 트라우마를 극복했다는 느낌을 줄 뿐인 사람의 경우, 그 트라우마는 극복된 것 같지만 실제로는 자신의 내부 깊숙한 곳에 묻혀 있을 뿐이다. 따라서 몇 년이 지난 뒤 고통스러운 사건이 그 트라우마를 다시 활성화시켜 또 다시 무너지도록 만들 수도 있다.

환자가 수년 동안을 고통 없이 보낸 뒤에라도, 어떤 재추락이 가능했다는 것은 결국 그 트라우마가 '소화되지' 못했다는 것을 보여준다.

회복탄력성 개념에 기대는 것은, 사실 트라우마를 극복하고 벗어나는 데 사용되었던 전략들에 대해 어떠한 정보도 주지 않는다. 그런데 이런 전략 중 어떤 것들은 무척 유약하거나 때로는 무척 파괴적이기까지 하다.

트라우마에 맞서서 피해자는 다음과 같이 완전히 다른 두 가지 방식으로 반응할 수 있다.

- 트라우마를 '소화하기', 그리고 그것을 이야기로 변환하고 자신의 개인사에 편입시키기.
- 트라우마를 컴컴한 방에 '가두기'. 말하자면 일종의 해리 상태로서, 인격을 이루는 감정적 부분, 즉 트라우마가 발생했을 때 그가 보고 듣고 생각하고 느낀 것들을 간직한 부분을 자신에게서 분리시키는 것이다. 이렇게 분리되어 가두어진 부분은, 외상후스트레스 장애 등으로 다시 표출되기까지 환자의 기억 속에서 여러 해 동안 침묵하고 있을 수 있다.

위의 두 가지 '해결책'은 정반대의 결과를 가져온다. 트라우마가 소화되었을 때는 그것이 다시 활성화될 위험이 없다. 이는 상처가 완전히 나았을 때 흉터를 남기긴 하지만 더 이상의 통증을 유발하지 않는 것과 같다.

반면에, 트라우마가 이렇게 해리된 인격의 일부인 캄캄한 방에 가두어졌을 때, 누군가를 상실하거나, 갈등관계에 빠지거나, 또 다른 트라우마를 겪거나, 심지어 이런 유발 요인이 없는 상태에서도 그 내용물은 언제고 다시 튀어나올 수 있는 것이다. 어떤 피해자들은 수년 동안이나 이런 회복탄력성 상태를 외부에 보여주다가도 결국 자살로 생을 마친다. 2차 대전 때, 유대인 강제수용에서 생환한 뒤 유명한 작가가 되었던 프리모 레비Primo Levi 같은 이가 그런 경우에 속한다.

자신이 겪은 일에 부여할 어떤 의미를 찾아 나서기, 저항하고 치유를 갈망하는 부분을 자기 안에서 발견하기, 그리고 자신을 지지해줄 사람을 찾고 의지하기, 이런 것들이 트라우마를 겪은 후 잘 이겨낼 수 있게 하는 요소들이다. 그러나 트라우마를 겪은 사람이 자신에게 달라붙은 고통, 사라지지 않는 두려움, 생각을 마비시키는 수치심과 죄책감 등으로 괴로워하고 있다면 과연 무엇을 어떻게 해야 하는가? 이런 상황에서 창작이나 유머 등 회복탄력성 요인으로 간주되는 것들에 호소하는 일은, 피해자가 이러한 자원에 접근하는 길이 대개는 막혀있기 때문에 자칫 피해자가 보기에 무의미한 일로 받아들여질 위험이 있다.

회복탄력성과 도덕성

'회복탄력적'이란 용어가 '성격이 강건한'의 동의어로 쓰이는 경우가 불행히도 점점 더 많아지면서, 이 용어를 사용함으로써 도덕적 가치 판단을 피해자에게 적용하게 될 위험도 커지고 있다. 이러한 가치 판단은 세계를 두 개의 범주로 나눈다. 왜냐하면 이런 도덕적 판단은 트라우마의 어려움을 헤쳐나오는 것으로 보이는 사람을 높이 평가하고, 따라서 이런 사람과 달리 트라우마에서 헤어나오지 못하는 사람을 낮게 평가하는 경향이 있기 때문이다. 그런데 회복탄력성 개념이 지닌 긍정적인 의미에 예외도 있다. 회복탄력성을 지닌 것으로 보이는 어떤 피해자들은 거만하고 불손하다. 파블로 피카소의 예가 대표적인데, 그는 어려서 겪었던 여러 차례의 트라우마에도 성공적인 삶을 살았던 것으로 회자된다. 그러나 정작 그의 손녀는 피카소를 가족에게 모욕 주는 일을 즐겼던 '배후조종자, 전제군주, 파괴자, 흡혈귀'로 묘사했다.[172)]

---

172) Tisseron S., *La Résilience*, Puf, 2007.

치유과정에 걸림돌이 될 수도 있는 회복탄력성

마지막으로, 회복탄력성은 피해자들로 하여금 '심리상담사' 없이도 치유될 수 있다고 믿게 할 수 있다. 이 때문에 피해자들이 재활에 없어서는 안 될 과정인 전문가 상담을 외면할 수도 있다. 피해자가 트라우마의 기억을 대면하고 그것에 대해 이야기하는 것을 받아들이기까지, 회복탄력성의 과정은 오랜 시간이 필요하고 심지어 여러 해가 걸리기도 한다는 실례들을 읽게 된다. 내 생각으로는, 피해자를 구원해줄 '회복탄력성 후견인'과의 우연한 만남을 무작정 기다리는 일은 참으로 끔찍한 결과를 낳을 수 있다. 피해자가 심리치료사에게 상담받을 수 있도록 피해자를 설득하고 용기를 북돋아주는 일은 피해자 주변의 가족, 친구, 의료인의 의무에 해당한다. 또한 고통은 완화될 수 있고 대개 치유될 수도 있다는 사실을 피해자가 알도록 하는 것이 필수적이다.

오늘날의 과제

회복탄력성 개념은 매우 긍정적인 믿음을 고무시킬 수 있다. 이 낙관주의적 믿음은 피해자와 치료사의 희망을 지켜주는 자양분이 된다. 피그말리온 효과('내가 믿는 것을 나는 본다')에 의해, 치유에 대한 믿음은 피해자와 치료사가 치유로 더 잘 나아갈 수 있게 하고 심지어는 치유 자체를 당연한 것으로 받아들이게 한다. 이러한 자기실현적 예언('나는 이 어려움을 헤쳐 나갈 거야!')은 피해자가 수동적이고 무기력한 자세에서 벗어나 능동적 자세를 견지하고, 자신이 겪은 트라우마를 조금씩 이야기 형태로 풀어나갈 수 있도록 해준다. 이러한 이야기는 트라우마 사건과 상황과 맥락을 묘사하고, 그 모든 요인에 의미를 부여하며 전후 관계를 연결해준다. 이러한 과정을 거친 뒤에 피해자는 이 이야기를 한 편으로 치워놓는 일, 즉 트라우마 기억내용에 대한 의지적 '망각'을 할 수 있게 되고, 이는 피해자가 자신의 삶의 페이지를 넘길 수 있게 한다.

회복탄력성은 정신세계의 한 부분을 열어볼 수 있는 가능성으로서 이해될 수도 있다. 이 특수한 부분은 트라우마를 기억한 곳으로, 이곳을 들여다봄으로써 우리는 그 속에 든 트라우마 기억내용을 어느 정도 정돈할 수 있고, 그로 인한 고통을 더 이상 받지 않을 수 있다.

회복탄력성은 결국 트라우마 사건에 대한 기억에 아무런 고통을 느끼지 않고 다가설 수 있게 됨을 의미할 것이다. 이것이 바로 EMDR 치료가 의도하는 효과이며, 바로 이런 이유에서 EMDR은 또 하나의 회복탄력성 요인으로 자리 잡을 수 있는 것이다.

제5부

도약

"더 멀리 나아가기 위하여"

트라우마란 무엇인가? 스트레스와 다른 점들

아동에 대한 성폭력이 그 아동에게 정신적 트라우마가 된다는 주장에 놀랄 사람은 없다. 그러나 트라우마라는 용어의 정신의학적 의미가 정확히 어떤 것인지 이해하고, 어떤 점에서 '스트레스'와 다른지 이해하는 일은 무척 중요하다.

트라우마

누구나 다 알고 있듯이, 신체적인 트라우마란 내부적이고 보이지 않는 것이든 외적이고 보이는 것이든 온전한 신체 상태에 대한 훼손이나 상처를 의미한다. 그리고 '트라우마(외상)'란 용어는 아주 오랫동안 이렇게 오직 신체적 훼손을 말할 때 사용되어 왔다.

고대에도 시인들이나 역사가들은 영혼에 가해진 상처에 대해 이미 알고 있었고, 이는 의사들의 지식보다 앞서 이루어진 일이었다(호머의 일리아드나, 헤로도투스의 서사시 등이 그런 예이다). 비의학 분야에서 이렇게 오래된 지식이 있었음에도 심리적(정신적) 트라우마가 의학적으로 인정된 것은 이보다 한참 뒤인 19세기 말이다. 이 무렵에는 철도 사고 피해자들에서 나타나는 정신적 영향들을 설명하기 위해 이 용어가 사용되었다. 정신의학 분류체계에서 '외상후스트레스 장애PSTD'라는 명칭이 나타난 것은 1980년대에 와서야 이루어졌는데, 이 용어는 특히 베트남 전쟁의 생환자들에서 광범위하게 관찰된 심리적 후유증을 규정하는 데 사용되었다. 외상후스트레스 장애는 어떤 '심리적 트라우마'가 있고 나서 또는 한참이 지난 다음에 나타나는 병증이다. 주요 증상으로는 특정 기억이 갑작스럽게 솟구쳐 의식을 잠식하는 현상인 플래시백, 악몽, 소스라치게 놀라는 반응, 자극 과민성(쉽게 화를 냄), 트라우마를 떠올리게 하는 모든 것에 대한 회피반응 등이 있다.

오늘날에는 모든 사람이 '정신적 트라우마'라는 개념을 받아들이고 있다. 이 개념을 통해 우리는 '갑작스럽고 예측할 수 없는 사건이 삶과 정체성을 위협하는 형태로 무기력과 공포감 속에 경험될 때, 이로부터 촉발되어 정신세계 내부에서 진행되는 어떤 과정'이 트라우마를 지칭하는 것임을 안다.

트라우마 사건을 마주했을 때 신체기관의 첫 반응은 스트레스에 대한 반응, 즉 신체가 그런 일에 맞설 수 있도록 하기 위한 생리적 반응과 유사하다. 이러한 스트레스 반응이 사라지지 않고 더욱 악화되면 '정신적 트라우마 증후군'이라 불리는 일단의 병증에 이르게 되는데, 이런 증후군들 가운데 외상후스트레스 장애는 가장 고통스러운 증후군에 해당한다.

트라우마는 우리의 정신세계에 예측할 수 없는 이물질처럼 '관통해 들어오고', 삶이 무의미하게 여겨지는 경험이나 때로는 자살 충동을 동반한다. 우리의 가치체계에서 가장 근본적인 것들이 부정됨으로써 우리의 정체성을 이루는 것이 파괴된다. 그런데 당연한 이야기지만, 우리의 기억내용은 죽음을 표상하는 어떠한 것도 가지고 있지 못하다. 즉, 우리는 사고나 상처 등에 대한 이미지를 가지고 있지만 죽음에 대한 표상은 가지고 있지 않다. '진정한 죽음은 우리가 살아있는 한 경험될 수 있는 것이 아니다.'

하나의 사건은 그 자체로서만 트라우마를 일으키는 것이 아니다. 사건이 일어난 전후 맥락, 문화적 규범, 사건을 겪은 피해자의 개인사, 피해자의 여러 다른 특징 등에 의거하여 트라우마를 일으킨다. 어떤 사건이 갑이라는 사람에게는 트라우마가 되고 을에게 그렇지 않은 까닭은, 바로 사건을 겪는 사람의 개인적 삶의 경험이 트라우마로 작용하는 데 기여하기 때문이다. 물론 너무 격렬한 충격을 몰고 오는 사건은, 그 경험의 맥락이나 피해자가 속한 사회의 문화적 규범들과 무관하게 거의 모든 사람에게 트라우마로 작용한다. 예를 들면 고문이나 강간, 폭발물 테러 등의 사건이 그러하다. 그러나 이런 특수한 사건들을 뺀 대부분의 트라우마적 사건들의 경우, 피해자가 느끼는 도덕적 고통의 일정 부분은 사건발생의 맥락, 피해자가 사건에 부여하는 의미 등과 관련이 있다.

요컨대, 트라우마가 일으키는 스트레스 반응이 모두 트라우마적 증후군으로 발전되는 것은 아니다.

스트레스

스트레스라는 말 자체는 불안을 일으키는 단어지만, 이 말의 일차적 의미는 어떤 위협이나 폭력으로 경험된 새로운 상황에 맞서 생물학적인 면과 심리적인 면을 모두 가진 우리의 신체기관이 취하는 정상적이고 즉각적인 반응을 말한다. 스트레스는 그 정의상 일시적인 것이고 우리의 생존에 필수적인 것이다. 왜냐하면 스트레스는 어떤 새로운 상황이 돌발할 때 자동적으로 우리가 적응할 수 있도록 해주는 것이기 때문이다. 이는 특수한 반응이 아니며, 맞닥뜨린 사건이 어떤 것이든 늘 동일하게 나타나는 반응이다.

그러나 1950년대에 한스 셀리에Hans Selye가 스트레스를 정의한 후로, 오늘날 이 용어는 어떤 사건이 일으킨 결과만을 가리키는 것에서 그 원인을 가리키는 데도 쓰이게 되었다. 즉, 유기체의 균형을 깨뜨릴 수 있는, 모든 종류의 신체적 또는 심리적 '압박'을 의미하는 데도 이 말이 쓰이게 된 것이다. 오늘날 일상적 언어에서 '스트레스'라는 용어는(업무, 생활 조건, 자녀, 질병 등) 그 원인적 요인을 가리키는 동시에 이 원인적 요인에 가하는 행동('스트레스를 주었다')과 거기에 반응하는 사람의 상태('스트레스를 받았다') 또한 의미하는 것이다.

좀 더 명확한 용어 사용을 위해서라면, '스트레스'라는 말은 오직 폭력에 대한 유기체의 즉각적인 반응을 가리키는 데 사용해야 할 것이다. '압박'이라는 용어는 외적 환경의 변화에도 안정적 상태를 유지하는 신체기관 내부의 능력, 즉 유기체의 항상성을 저해하는 모든 상황을 가리킨다.

그러므로 스트레스는 하나의 생리적 과정이며, 복합적인 생물학적 반응(시상하부[173)]에서의 CRF[174)] 분비, 뇌하수체[175)]에서의 ACTH[176)]와 내인성 아편유사물질 분비, 청반[177)]에서의 노르아드레날린 분비, 부신피질에서의 아드레날린과 코르티솔 분비 등)의 집합이다. 이러한 생물학적 반응들을 통해 유기체는 새로운 환경에 적응할 수 있다. 그러므로 적절하고 정상적인 스트레스는 자율신경계가 눈에 띄게 과도한 활동을 함으로써 표현되는 것이다(예를 들면 심장이 심하게 두근거림, 창백해짐, 식은땀이 남, 소화기계통의 경련, 불안에 따른 긴장감 등). 부신피질에서 분비되는 코르티솔은 우리 신체에서 매우 중요한 기능을 한다. 왜냐하면 코르티솔은 아드레날린의 효과를 상쇄하고 뇌에서의 스트레스 반응에 제동을 걸어줌으로써 유기체가 정상 상

173) 시상하부는 대뇌의 중심부에 위치한 영역으로 허기, 갈증, 수면, 깨어있음, 체온, 성적 행동 등 신체의 여러 기능을 통제한다. (자율신경계통의) 신경세포가 전달하는 정보들과 (내분비계통의) 호르몬들이 전달하는 정보들 간의 접점영역(interface) 역할을 한다.

174) 부신피질 호르몬 배출인자(Corticotropin Releasing Factor) : 뇌하수체에서 ACTH의 분비를 발동시키는 호르몬.

175) 대뇌 시상하부 밑에 위치한 작은 분비샘으로 다양한 호르몬들을 분비하는데, 이 호르몬들은 특히 신체의 모든 내분비샘에 작용한다(이런 내분비샘으로 부신, 갑상선, 고환, 난소 등이 있다).

176) 부신피질자극호르몬(Adreno Cortico Trophic Hormone, 또는 Corticostimuline) : 부신피질에서 코르티솔의 분비를 발동시키는 호르몬.

177) 청반은 뇌 줄기에 위치한 작은 구조체로 노르아드레날린을 이용하여 뇌편도체와 소통하고, 각성/수면 상태의 교대에 관여한다.

태로 돌아올 수 있게 하기 때문이다. 틀림없이 당신도 운전면허 같은 시험을 보거나 취업 면접을 치를 때 이러한 스트레스 반응을 수없이 겪었을 것이다.

이러한 생리적 반응이 지나치게 강한 상태에서 너무 오래 지속되거나 너무 짧은 간격으로 반복될 때, 원래의 정상적 반응은 적절하지 못하고 비정상적인 반응으로 변형되는 데, 이러한 것을 '과도한 스트레스' 라고 부른다. 바로 이런 과도한 스트레스가 때때로 외상후스트레스 장애로 발전할 수 있다.

아이의 두뇌

대부분의 다른 포유 동물들과는 달리, 인간은 세상에 태어날 때 생리적인 면에서 미숙한 상태에 있다. 신생아의 미숙성은 출산으로 인한 태아기의 중단과 연관이 있다. 임신기간은 배아기와 태아기라는 두 개의 큰 단계가 연속적으로 이어져 구성된다. 배아기는 임신초기 3개월 동안 태아가 모든 생리적 신체구조를 갖추게 되는, 즉 인간신체를 이루는 모든 기관이 자리 잡게 되는 기간이다. 이러한 구성 국면 후에 각 신체기관은 발달을 계속하고, 인간이 모체 밖의 세상으로 나와도 될 만한 기능 상태를 갖추게 된다. 이 기간을 태아기라 하는데, 인간의 태아기는 다른 포유류들의 태아기보다 더 짧다. 인간의 태아는 스스로 걸을 수 없는 상태에서 태어나고, 따라서 아이가 신체적으로나 생리적으로 자율성을 갖기까지는 수년의 기간이 더 필요하다. 이 여러 해의 기간에 아이는 경이로운 학습능력을 보여주지만, 한편으로 이 기간에 아이가 트라우마적 상황에 노출되면 아이의 신체적, 심리적, 정서적, 관계적 발달이 심각하게 저해될 수 있는 상태에 놓인다.

아이의 두뇌는 아직도 성장 중

아이가 태어날 때 뇌는 인간의 신체기관 가운데서 가장 덜 성숙된 상태에 있다. 뇌의 발달은 기능적 성숙 상태에 이르기까지 여러 해에 걸쳐 지속적으로 성숙해간다.

잘 알려진 것처럼 뇌는 좌우 두 개의 반구로 이루어져 있고 그 둘은 뇌량腦梁 이라 부르는 신경섬유 다발로 이어져 있다.[178] 오늘날 우리는 뇌졸중이나 뇌상腦傷, (뇌량의 절단과 같은) 뇌수술에 따른 후유증, 신경심리학적 장애 등을 통해 뇌의 두 반구가 하는 일에 대해 더 잘 이해하게 되었다. 그러나 뇌의 이러한 비대칭성에 대한 도식적 관점(좌뇌는 언어를 관장하고 우뇌는 감정을 관장한다는 식의)은 지나치게 단순화된 관점이란 점에 주의해야 한다. 우뇌 또한 글자나 숫자, 짧은 연표 등을 이해할 수 있기 때문이다. 두뇌의 두 반구 모두(언어, 시각, 감정 등의) 기능들을 관장하며, 다만 서로 다른 방식과 가변적인 방식으로 관장한다는 것을 염두에 둘 필요가 있다. 여기서 중요한 것은 두 반구가 상호 보완적으로 연계된다는 점이다.

시냅스는 적으나 더 많은 학습량

태어나서 첫 1년 동안 아이의 뇌는 다양한 변화를 거친다. 시냅스Synapse는 두 신경세포 사이의 접촉과 소통이 이루어지는 영역으로, 아이가 태어나서 6세까지 무서운 속도로 형성된다. 그리고 6세까지 만들어진 엄청나게 많은 수의 시냅스는 이후 '가지치기'라 불리는 과정을 통해 그 수가 반 정도로 줄어들며, 10세쯤에 아이의 뇌는 약 100조 정도의 시냅스를 갖게 된다.[179)]

이 '결정적인 시기'에 아이가 겪는 경험은 긍정적일 수도 있고 부정적일 수도 있다. 최적의 사례에서 새로운 학습들은 뇌의 상태가 가장 이상적인 ('민감한 시기'라 불리는) 연령기에 이루어지고, 그 결과 적절하게 형성된 시냅스들 사이의 연결이 안정화된다. 성장의 단계마다 뇌는 아이가 새로운 경험을 할 수 있게 하고, 이러한 경험은 시냅스들 사이의 유용한 연결을 강화한다. 어떤 학습은 발달과정의 특정 시기에만 쉽게 이루어지고 이후에는 어렵게 된다. 이런 이유로 외국어를 능숙하게 말하도록 하는 학습은 유년기에는 쉽지만, 어른이 되면 훨씬 어려워진다. 이러한 학습이 이루어지면 그 학습

---

178) Israël L., *Cerveau droit, cerveau gauche*(우뇌, 좌뇌). Cultures et civilisations(문화와 문명), Plon, 1995.

179) Stahl S.M., *Psychopharmacologie essentielle*(필수 정신약리학), Flammarion, 2002

결과가 뇌의 발달에 거꾸로 영향을 미친다.

물론 중앙신경체계의 기본구조는 유전적 프로그램의 통제 아래 놓여 있다. 그러나 뇌의 시냅스들 사이에 이루어지는 연결의 질과 양은 아이가 겪는 감각적, 정서적, 관계적 경험들에 의존한다. 뇌의 발달과 구성에서 가장 큰 작업은 탄생 후 3세까지의 기간에 이루어진다. 태어난 지 3년이 되면 아이의 신체는 성인 신체의 45% 크기에 불과하지만, 뇌는 이미 성인 뇌의 90% 정도로 커진 상태가 된다.

좌뇌

도식적으로 말하면 좌뇌는 언어, 논리, 분석, 언어적 기억, 계산, 음악의 박자와 장단 및 높낮이 분별, 시간관념, 인과성 등을 담당한다. 좌뇌는 유아가 3세 정도에 이르러야 제대로 활동할 수 있게 된다. 그리고 7세가 될 무렵 아이의 언어능력이 소통과 사고의 기본 수단으로 자리 잡을 수 있을 정도로 충분히 발달하며, 이때 비로소 이 발달된 언어능력으로 우뇌에 대한 주도권을 갖는다.

우뇌

미국의 저명한 신경학자인 안토니오 다마시오Antonio Damasio에 따르면, '두뇌 내 신체지도 작성 작업에서 주도적인 부분'[180]은 우뇌 피질(더 정확히는 신체 감각 담당 피질)이다. 이는 바로 우뇌 피질이 두뇌 내의 신체지도에서 신체의 각 부분의 상태에 대한 정보를 접수한다는 것을 의미한다. 다마시오에 따르면, 우뇌 피질은 매 순간 우리가 갖는 느낌의 원천이며, 우뇌 피질에 원천을 둔 이런 느낌이 바로 우리가 신체 상태에 대해 의식하는 지각이다.

180) Damasio A., 앞의 책.

나아가 우뇌는 전반적이고 종합적인 것, 형태와 공간에 대한 지각, 선율, 소리나 목소리의 음색 또는 음조(우리가 운율이라 부르는 음성의 장단고저), 감정, 유추 등을 담당한다. 상상력, 직관, 상징 및 은유도 우뇌에 의존한다. 우뇌는 대뇌변연계를 좌뇌보다 더 많이 사용하는데, 대뇌변연계는 후각, 감정, 학습, 기억 등에 개입하는 뇌의 영역이다.

당신이 어떤 특이한 상황을 경험할 때 우뇌는 변연계와의 연결을 통해 그 상황에 감정적 특징을 부여한다. 우뇌는 끊임없이 변화하는 환경에 당신이 적응할 수 있도록 하는 데 필수적인 모든 생리적 반응을 작동시키는 것이다(261쪽 '트라우마란 무엇인가? 스트레스와 다른 점들' 참조).

그리고 아이가 이미 가지고 태어나는 애착 시스템이 자리하는 곳도 바로 우뇌이다.

우측 전전두엽피질(이마 바로 뒤 오른 쪽 뇌에 자리한 영역)이 감정 면에서 부정적인 상황을 인지하는 반면, 감정 면에서 긍정적인 상황을 인지하는 것은 좌측 전전두엽피질이다.

우뇌에서 적응력에 관련된 기능을 관장하는 모든 체계는 좌뇌에 의존하는 언어적 기능이 완성되기 전에 이미 완전한 성숙 상태에 접어든다. 이것은 7세가 될 때까지 아이에게 도달하는 감각적, 감정적, 정서적 정보를 처리하는 데 주도적 역할을 하는 것이 바로 우뇌라는 점을 의미한다.

우뇌는 어떤 방식으로 시각적 정보를 처리하는 것일까? 하나의 예로, 다른 사람의 얼굴 표정을 우뇌는 어떤 식으로 파악하는지 살펴보자. 우뇌는 타인의 얼굴 표정을 잠재의식을 통해, 다시 말하면 무의식적으로 파악한다. 그리고 이미 기억하고 있는 이미지와 비슷한 어떤 이미지와 마주쳤을 때, 우뇌는 기억된 이미지와 연관된 정서적 반응을 내보낸다. 예를 들어 만일 당신이 어렸을 때 화난 아버지에게 매를 자주 맞았다면, 이후로 당신은 화난 사람을 볼 때마다 어떤 두려움에 따른 반응(식은 땀, 가슴 두근거림, 몸 떨림 등)을 보이게 될 가능성이 크다(272쪽 '기억이 하는 일' 참조).

요컨대, 아이가 태어날 때 이미 우뇌는 작동 가능한 상태에 있다. 그래서 아이는 감정이나 신체상태(감각), 소리 등의 정보를 처리하고 타인의 얼굴 표정을 감정 면에서 해석한다.

뇌의 두 반구는 어떻게 함께 작동할까?

서로 큰 차이가 있는, 뇌의 두 반구가 동시에 작동한다는 것은 곧 우리가 두 개로 분리된 정신세계 속에서 살아간다는 것을 의미한다. 즉, 좌뇌와 우뇌는 그것들에 도달한 정보들을 지각하고 처리할 때 서로 다른 전략을 사용한다. 더구나 이렇게 분리된 두 개의 정신세계 각각은 다른 한쪽의 세계에 대해 거의 아는 것이 없을 가능성이 크다. 왜냐하면 신경섬유가 제대로 정보를 전달하는 역할을 하려면 신경섬유를 따라 전도되는 전기·화학적 변화들인 신경 임펄스가 잘 전달되도록 섬유 표면이 미엘린이라는 작은 절연체 입자들로 덮여야(즉, 미엘린화 되어야) 하는데, (젊은 성인의 뇌량조차도 그 섬유들 가운데 40%가 아직 미엘린화되지 않은 채 있는 점으로 미루어 볼 때) 어린아이의 뇌량은 좌뇌와 우뇌 사이의 소통을 제대로 수행할 수 있는 상태에 있지 않기 때문이다. 양쪽 뇌 사이의 소통은 3세 이전까지 매우 적게 이루어지고, 5세까지는 제한적으로 이루어진다.

같은 속도로 '성장하지' 않는 양쪽 두뇌

양쪽 뇌는 기능적인 차이뿐 아니라 기능의 발달 속도에서도 차이가 있다는 것이 밝혀졌다. 우뇌는 3년 동안이면 그 기능적 성장을 이루는 반면, 좌뇌는 그제서야 비로소 기능적으로 성장하기 시작한다.

따라서 3세까지는 우뇌가 뇌의 활동을 전반적으로 주도하고, 그 뒤 3세에서 7세까지 점진적으로 좌뇌가 주도권을 확보해 나간다.

감정과 기억에서 매우 중요한 역할을 하는 뇌의 구조체인 편도체와 해마체가 이렇게 서로 다르다는 점 외에도, 이 두 구조체는 서로 성숙속도가 다르기 때문에 내부 구조 면에서도 서로 다르다.

기억이 하는 일

우리의 실존, 즉 살아있는 생명체로서의 실존은 일정 부분 우리의 기억과 연결되어 있다. 기억 없는 삶이란 존재할 수 없다.

기억, 주의attention, 감정 상태는 서로 연결되어 있다. 우리가 이미 알고 있듯이 어떤 정보를 잘 기억하려면 주의와 집중이 필요하다. 주의가 분산된 상태에서는 어떤 학습도 효과적이지 않다. 마찬가지로 어떤 사건에 대한 기억은, 우리가 그 사건을 무관심하게 경험할 때보다 그 사건으로 인해 감정이 움직일 때 훨씬 쉽게 이루어진다. 즉, 감정은 기억의 일을 도와준다.

기억에 대한 손상은 의심의 여지없이 모든 뇌 병증과 정신의학 병증에서 발견되는 공통점이다. 기억 손상은 알츠하이머병의 주된 증상이지만, 이 책에서 다루고 있는 우울증이나 외상후스트레스 장애에서도 기억 손상을 찾아볼 수 있다.

오늘날에는 기억에 대한 유일한 정의가 불가능해졌다. 왜냐하면 기억의 구성과 조직을 설명하는, 서로 다른 여러 개의 과학적 모델이 존재하기 때문이다. 이러한 모델들 가운데 하나는 기억을 '순차적 방식으로 작동하는 여러 요인들로 이루어진 하나의 시스템'으로 설명한다. 이 모델은 트라우마적 사건과 비트라우마적 사건이 어떻게 기억되는가를 더 잘 이해할 수 있게 한다.

수많은 기억

모든 기억저장활동은 감각적 기억과 더불어 시작한다. 이 기억저장활동은 자동적으로 이루어지며, 보고 듣고 물리적으로 느끼는 것들이 남기는 감각적 흔적을(심지어 그 감각적 자극이 이미 사라진 뒤에도) 1초도 안 되는 아주 짧은 시간에 우리 안에 보존할 수 있게 한다. 이러한 기억으로는 시각적 기억, 청각적 기억, 촉각적 기억 등이 있다.

이렇게 보존된 정보는 그 다음 작업을 수행하는 단기 기억으로 옮겨진다. 단기 기억은 (예를 들어, 5~9개의 수나 단어 등과 같은) 상대적으로 제한된 양의 정보를 수초 동안 임시작업기억이라 부르는 기억창고 속에 저장할 수 있게 한다. 단기 기억은 우리가 글을 읽을 때 그 내용을 이해하면서 읽는 데 필수적인 역할을 하는 기억이다. 이 기억은 진행 중인 사고思考에 필수적인 정보들을 즉각적으로 사용할 수 있는 상태로 잠시 간직하는 일을 한다. 당신이 글을 읽을 때 방금 읽은 문장을 읽기가 무섭게 잊어버린다고 생각해보라. 그렇게 되면 글을 이해하는 일이 애당초 불가능해지고 만다.

장기 기억은 맨 나중에 참여하는데, 그것은 정보를 저장하고 나중에 그것을 다시 상기할 수 있게 한다. 이 기억에는 기간의 한계도 내용의 한계도 없다. 이 기억은 그 내용을 말로 표현할 수 있느냐 없느냐에 따라 다음의 두 시스템으로 구성된다.

- 진술적 또는 명시적 기억은 우리가 의식적으로 회상할 수 있고 명시적으로(명백하게) 말로서 표현할 수 있는 기억에 해당한다.
- 비진술적 또는 묵시적 기억은 무의식적 기억의 한 형태이다.

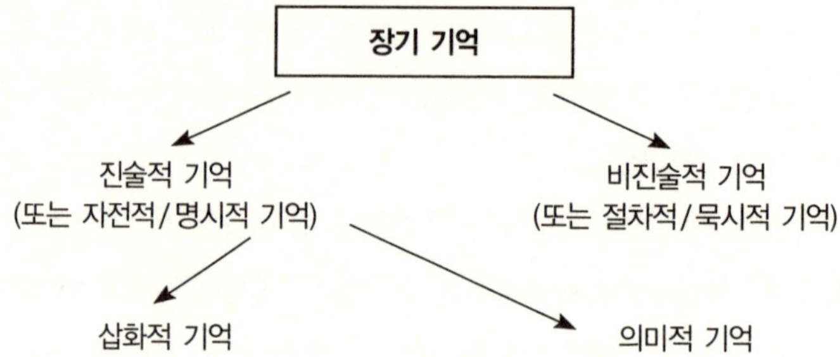

절차기억 또는 묵시기억이라 불리는 비진술적 기억

아이가 태어날 무렵에는 오직 묵시적 기억만이 작동한다. 이 기억은 감정적, 감각적, 행동적이지만 언어적이지는 않다. 다시 말해 이 기억은 단어들로 구성될 수 없다.

이 기억은 행동(먹기, 자전거 타기 등)과 지적 조작능력(장기 두기 등)을 습득하고 개선하는 일을 가능하게 한다. 나는 먹기나 자전거 타기, 장기 두기 등을 어떻게 배웠는지 설명할 수 없다. (여기서 우리가 '절차기억'이라 부르는) 묵시기억은 무의식적이지만, 정신분석에서 말하는 억압된 기억으로서의 무의식과는 다르다. 이것은 우리가 의식하지 않는 상태에서 이루어지는 '무의식적 자동운동'을 가능하게 한다. 이 기억에 기록된 기억들은 오직 행위 속에서만 회상될 수 있는, 말하자면 우리가 배운 것을 실행함으로써만 회상된다. 따라서 이것은 학습에 대한 기억이다.

묵시기억의 또 다른 기능은 '두려움의 회로le circuit de la peur' 와 같은 다양한 감정적 조건화conditionnements emotionnels들을 행하는 것이다(281쪽 '위험에 처했을 때 무슨 일이 벌어질까?' 참조).

묵시기억의 역할은 반사적 운동 반응을 작동시키는 것이다. 이런 반사적 운동 반응은 우리가 환경에 적절한 방식으로 반응하고, 또한 일상적인 일들을 자동적으로 수행할 수 있게 한다.

묵시기억의 활동에 동반하는 의식 상태를 비인식적anoétique 의식 상태라고 부르는데, 왜냐하면 이 기억이 활동할 때 의식은 이 활동에 대해 아무런 인식도 하지 않기 때문이다. 즉, 이 기억이 활동하도록 하는 데는 인식적 주의가 필요 없다. 묵시기억의 활동은 두뇌 피질뿐만 아니라 뇌의 심층에 있는 여러 구조체에도 의존하여 이루어지는 것으로 여겨진다.

진술적 기억 또는 명시적 기억

진술적 기억이란 우리가 흔히 일상에서 말하는 기억이다. 개인사에 관계된 것이든(삽화적 기억), 습득한 모든 지식에 관계된 것이든(의미론적 기억) 기억내용을 의식적으로 다시 불러내는 일을 가능하게 하는 기억을 말한다.

삽화적 기억은 어떤 시간과 장소에서 (즉 시간과 공간의 맥락 위에서) 개인적으로 겪은 사건을 의식 속에 저장하고 호출하는 것을 가능하게 한다. 최근에 나는 가족들과 함께 스페인에서 지내면서 수도인 마드리드를 방문했다. 내가 이 기억내용을 활성화할 때 나는 자신을 이 휴가라는 사건의 행위자로서 바라보며, 내가 누구인지 나의 정체성을 의식한다. 또한 시간의 흐름을 따라 기억을 더듬어보는 정신적인 여행을 할 때 나는 그 여행을 그 사건의 맥락 속에서 주관적이나마 다시 경험할 수 있다. 예를 들면 '나는 이것을 했고 저것을 느꼈어!'라는 식으로 말이다. 이러한 기억체계의 핵심적인 특징은 바로 이 체계에 연계된 의식상태, 즉 자기인식적 의식conscience autonoétique이라 불리는 의식 상태에 있다. 삽화적 기억저장활동은 이 사건과 연관된 감정에 좌우된다. 즉, 특정 사건이 나에게 감정을 불러일으키는 것일수록 나는 그 사건을 쉽게 기억할 수 있다.

삽화적 기억은 상당히 넓은 두뇌 망에 의존하는데, 이 두뇌 망에서는 특히 (전전두엽피질, 해마체, 편도체를 포함하는) 대뇌변연계가 핵심적 역할을 수행한다.

이 기억은 생후 꽤 시간이 흐른 뒤인 3~4세가 되어야 성장이 시작된다. 이는 뇌의 해마체의 구축이 생후 3~4년까지는 완전히 이루어지지 않은 상태에 있다는 사실과 관련이 있다고 보인다. 이 나이까지는 기억내용들이 묵시적 형태로 우뇌 속에 저장된다. 이 점으로부터 우리는 유아 기억상실증을 설명할 수 있다. 즉, 우리는 우리가 영아였던 시기에 일어난 사건에 대해서는 묵시적 방식의 신체적 감각 또는 감정의 형태로 기억할 수 있지만, 명시적 방식, 즉 '이야기 형태'로는 기억하지는 못한다. 예를 들면 영아기에 경험했던 마시는 초콜릿의 따뜻한 향기를 다시 느꼈을 때, 우리는 마음속에 '언젠가 이미 경험했던' 행복감과 만족감이 회상되지만, 그것과 연관된 이야기 형태의 기억은 회상할 수 없는 경우가 있다.

의미론적 기억은 세상에 대해 습득한 모든 지식과 앎, 개념 등을 저장할 수 있게 한다. 말하자면 단어의 뜻, 역사적 사건, 국가의 수도, 사회적 관습, 주소, 전화번호, 다양한 구체적 '대상'(사람, 동물, 물건)에 관해 내가 아는 모든 것(기능, 색깔, 냄새 등)을 기억할 수 있게 하는 것이다.

그러나 삽화적 기억과는 달리 의미론적 기억은 그 정보가 저장되던 당시의 맥락에 대한 것은 아무것도 참조하지 않고 작동한다. 1515년이라는 역사적 날짜와 이 날짜가 의미하는 것에 대한 나의 기억저장활동은 그것을 가르쳐준 교사와 무관하게 이루어진다. 내가 그것을 배울 때 있었던 장소나 그곳에 함께 있었던 학급 친구들 역시 기억저장활동과 아무런 관련이 없다.

의미론적 기억에 동반하는 의식 상태를 인식(noesis 노에시스) 상태라고 한다. 이 기억내용에서 나는 재호출된 정보들을 의식하지만, 그때의 나 자신은 어떤 특별한 맥락 속에 주관적으로 포함되는 것은 아니다.

의미론적 기억은 좌측두 피질이라는 또 다른 뇌의 부분에 의존하는 것으로 보인다.

기억은 뇌의 어느 곳에 저장이 되는가?

기억내용은 마치 도서관에서 책이 정리되듯이 뇌의 특정 영역에 정리되는 것이 아니다. 두뇌에서 정보의 저장은 '기억의 중앙처리소' 를 통해 이루어지는 것이 아니라, 뇌의 여러 구조체가 함께 저장에 관여한다.

어떤 경험은 여러 요인으로 구성된다. 예를 들어보자. 여름휴가 동안에 어릴 적 친구들과 함께 레망 호수에서 배를 타고 있는데, 하늘에 먹구름이 끼고 바람이 세져서 나는 걱정되기 시작한다. 이 경험은 감각적 측면(보는 것, 듣는 것, 몸이 물리적으로 느끼는 것, 냄새로 느끼는 것 등), 맥락적인 요인(장소, 1년 중 시점, 같이 있는 사람들 등), 생각과 감정, 레망 호수와 친구들에 대해 내가 아는 지식과 기타 사항 등을 포함한다. 이 모든 정보는 뇌의 여러 구조체에 기억되고 배치된다. 더욱이 좌우 양 뇌가 맡는 역할도 서로 다르다. 도식적으로 말하면, 좌뇌는 문화적 지식을 저장하는 반면에 우뇌는 감각과 감정을 저장한다.

기억저장활동에 관여하는 뇌의 모든 구조체 가운데 그 일부는 특별한 중요성을 갖는다. 해마체, 편도체, 전전두엽피질이 바로 그러한 것들인데, 대뇌변연계의 큰 부분이 바로 이들 구조체로 구성되어 있다.

기억저장활동에 관여하는 뇌의 구조체들

해마체

해마체는 해마 모양으로 생긴 작은 구조체로서 대뇌 피질 밑, 측두엽 안에 있다. 해마체는 기억내용을 만드는 일에 참여하여 사건의 공간적 시간적 맥락을 저장하는 역할을 한다. 이렇게 저장된 기억을 우리는 명시적 기억이라 부른다. 몇몇 연구자는 해마체가 단지 기억내용을 만들 뿐 아니라 그것들을 저장하는 기능도 수행한다고 생각한다. 또 다른 과학자들은 해마체에 기록된 기억내용은 두뇌 피질로 옮겨지기 전, 몇 달 정도의 기간만 그곳에 머문다고 생각한다.

해마체의 또 다른 기능은 실제 경험된 내용의 모든 구성요인, 즉 감각, 신체의 상태, 감정 등을 일체화된 기억내용으로 연계하는 것이다. 이때의 기억내용은 이른바 '자전적 기억', 즉 이야기 형태가 있는 기억을 가리킨다. 말하자면 해마는 뇌의 다른 영역들에 저장된 정보들 사이의 관계를 설정해주는 것이다.

위협적인 상황이나 대상과 마주했을 때 해마는 그것의 위험성을 배울 수 있게 하고, 이러한 상황 또는 대상과 관련된 맥락을 기억하게 한다. 하나의 맥락적 자극을 조건화된 두려움의 근원으로 변형시키는 것이 바로 해마다. 그런 다음, 그 위협적인 사건이 진행된 장소와 거기에 있었던 대상들이 두려움의 원천이 된다. 해마와 편도체의 연결은 특수한 기억내용으로 하여금 어떤 감정을 낳을 수 있게 한다.

편도체

또 하나의 중요한 구조체인 편도체는 해마 앞에 있고, 아몬드 형태이며, 양쪽 뇌에 모두 존재한다. 목의 안쪽 끝에 있는 편도선과 혼동하기 쉽다. 편도체 역시 해마처럼 대뇌변연계에 속하며 여러 가지 기능을 수행한다. 편도체는 다음과 같은 일에 개입한다.

- 어떤 상황의 감정적 성격을 분석함
- 트라우마적 사건을 확인하고 기억함
- 두려움에 질린 얼굴 표정과 어떤 음악이 주는 슬픔을 알아봄
- 두려움에 대해 학습함

내가 이제껏 꿀벌을 전혀 무서워하지 않았지만, 그 꿀벌에 한번 쏘인 다음부터 꿀벌이 내게 어떤 두려움의 원천이 되는 과정을 설명해주는 것이 바로 성폭력 가해자와 관련된 이러한 감정적 조건화다.

편도체는 우리의 오감에서 정보를 받는다. 편도체는 호르몬 조절에서 매우 중요한 중심부인 시상하부 같은 뇌의 구조체들과 연결되어 있고, 두려움에 대한 생리적 반응을 촉발한다. 이러한 반응에는 동맥혈압 상승, 맥박수 증가, 근육수축, 스트레스 호르몬으로 불리는 몇몇 호르몬의 분비 등이 있다.

전전두엽피질

전전두엽피질은 안와전두피질을 비롯해 여러 부분으로 이루어져 있다. 전전두엽피질은 특히 생후 6~12개월 동안 엄청난 수의 시냅스가 만들어질 때 발달하여, 서서히 성숙상태에 접어든다. 이 뇌 영역은 진화과정 중에 영장류에서 가장 발달했다. 전전두엽피질은 뇌의 여러 영역을 연결하는 수많은 축삭軸索 을 지니고 있다. 이 영역은 작업 중 기억(현재 진행 중인 추론에 사용할 정보를 잠시 간직하거나 도달해야 할 목표를 염두에 두는 기억)이나, 삽화적 기억, 감정 조절 등에 개입한다. 이 영역은 우리가 여러 다른 가능성을 염두에 두면서 어떤 활동을 계획하는 데 필수적이다. 우리가 외부 세계에 대해 가진 표상을 어떤 감정, 즉 우리에게 신체적 반응을 불러일으키는 물리적 신호와 연관시킴으로써, 우리가 하고자 하는 일이 위험한 일인지 아닌지, 적절한지 아닌지 알 수 있게 하는 일이 바로 이 전전두엽피질에서 일어난다.

좌측 전전두엽피질은, 편도체 같은 변연계 구조체를 통해 만들어지는 부정적 감정을 억제하는 역할을 하는 것으로 보인다. 그것은 위협적인 상황을 구체적으로 분석하고, 경우에 따라서는 편도체의 반응이 잘못된 경고인지 알 수 있게 한다. 바로 이것이 미국의 신경학자인 조셉 르두Joseph LeDoux[181]가 밝혀낸 '두려움 발생 회로'의 긴 경로이다(281쪽 '위험에 처했을 때 무슨 일이 벌어질까?' 참조).

전전두엽피질의 두 반쪽은 서로 다른 기능을 하는 것으로 보인다. 좌측 전전두엽피질은 긍정적인 느낌을 수용하는 일에 관여하고, 우측 전전두엽피질은 부정적인 느낌을 수용하는 일에 관여하는 것으로 보인다. 예를 들면 우울증이 있는 사람에서는 좌측 전전두엽피질이 잘 기능하지 않고, 따라서 어떤 목표에 대해 성공할 것이라는 예감을 가지고 생각할 가능성이 현저하게 줄어든다.

삽화적 기억을 수행하는 전전두엽피질의 역할을 보면, 좌측은 기억내용을 뇌가 저장할 수 있는 형태로 변환하여 저장하는 일에 개입하고, 우측은 그것을 나중에 호출하는 일에 관여한다고 여겨진다.

요약하자면 감정과 신체적 감각, 지각, 사유, 그리고 살아오면서 축적된 기억내용들 사이의 연결은 바로 전전두엽피질에서 이루어진다. 전전두엽피질은 모든 내적·외적 자극을 통합하고, 각각의 상황에서 적절한 행동을 취할 수 있게 한다.

지금까지 우리는 단순하게만 생각했던 '기억'이 얼마나 복잡한지를 보았다. 우리 뇌의 많은 부분들을 관여시키는 것은 '복수적plurielle 현실'이다. 그리고 감정, 동기, 생물학적 상태 등이 기억생성 과정과 기억의 재호출 과정에 관여한다.

---

181) LeDoux J., *Le Cerveau des émotions* (감정들의 뇌), Odile Jacob, 2005.

위험에 처했을 때 무슨 일이 벌어질까?

어떤 위험에 마주쳤을 때 신체가 발휘할 수 있는 행동은 얼마 되지 않는다. 기껏해야 도주와 공격, 얼어붙기 정도이다.

두려움 발생 회로

위험에 처했을 때 무슨 일이 생기는지 잘 이해하려면, 이른바 '두려움 발생 회로'라는 것에 대해 알아볼 필요가 있다. (대상, 물리적 감각, 소리, 냄새 등) 어떤 외부 자극으로부터 우리에게 들어온 정보는 시상視床[182]을 거쳐 두 가지 다른 방식으로 편도체에 도달한다.

- 시상으로부터 직접적인, 짧고 빠르지만 덜 명확한 경로를 통해
- 시상을 지나 대뇌피질을 경유하는, 길고 느리지만 더 명확한 경로를 통해

짧은 경로

이 경로는 감각 정보를 시상에서 편도로, 그런 다음 이에 반응할 신체기관들로 직접 전달하는데, 감각 정보⇨시상⇨편도⇨반응의 순이다. 이 짧은 회로는 즉각적 생존 프로그램을 발동시키기 위해 활성화되는 최초의 것이다. 바로 이 회로의 도움을 통해, 우리가 마주친 위험이 어떤 것인지 정확히 모르는 상태에서도 그 위험에 대비하여 우리 자신을 준비할 수 있게 된다. 우리 몸의 반응은 그러므로 반사적이며, 비사고적이고, 자동적이다. 말

182) 시상은 뇌의 핵심부로, 모든 감각기관에서 오는 감각 정보들과 뇌 피질의 여러 영역 사이를 중계하는 부분이다. 시상은 또한 감정적 반사중추다.

하자면 이 반응은 일종의 생존 반응, 생존본능에 따른 반사이며 매우 오래된(파충류적 뇌와 관련된) 것이지만, 또한 학습에(즉, 그에 따른 묵시적 기억의 개입에) 의존할 수 있는 것이기도 하다.

요컨대, 모든 새로운 정보는 뇌 피질과 인지과정에 의해 다뤄지기에 앞서 방어 체계를 통해 검토되어야 한다. 이러한 방어 체계는 진화과정에서 만들어졌거나(선천적 반사 체계), 또는 학습과정을 통해 자리 잡게 된다(위험을 탐지하는 후천적 체계).

긴 경로

이 경로는 감각 정보를 인도한다. 이 정보는 우선 시상을 통과하여 뇌 피질에 이르고, 그 다음에 해마를 거쳐 편도체에 도달한다(감각 정보 ⇨ 시상 ⇨ 뇌 피질 ⇨ 해마/편도체 ⇨ 반응 순). 감각적 자극은 뇌 피질에 의해 좀 더 세세하게 분석된다. 이 분석된 정보를 바탕으로 뇌 피질은 구조체들에 대한 편도체의 작용을 유지할지 혹은 정지할지를 결정하는데, 편도체의 통제 하에 있는 이 구조체들이 두려움에 대한 생리적 표현을 담당한다.

피질에서도 특히 좌뇌에 위치한 안와전두피질이라는 특정한 부위가, 감정적 자극에 대응하는 편도체의 반응을 조절하는 역할을 하는 것으로 보인다. 이 세 번째 구조체(안와전두피질)는 전전두피질의 일부분으로서 대뇌변연계에도 속한다. 이 구조체는 어떤 위험이 닥쳤을 때 짧은 경로를 통해 해마와 편도체가 먼저 반응한 후에 뒤따르는 마지막 단계에도 개입한다.

즉, 자동적인 초기 스트레스 반응 후에 위험의 실제적 위험도에 따라 우리는 적절한 행동을 선택해야 하는 것이다.

실제적 위험이 없다면, 안와전두피질은 편도체와 직접 연결하여 편도체가 그 직전에 발동시켰던 스트레스 반응과정의 정지를 명령한다. 이를 우리는 '두려움의 소멸'이라고 부른다.

반면에 실제적인 위험이 있을 경우, 안와전두피질은 편도체가 먼저 발동시킨 두려움의 반응과정을 유지하고 그 상황에 적절한 대응을 계획한다.

막대기와 뱀

이 분야의 매우 저명한 연구자인 조셉 르두는 '두려움 발생 회로' 가 어떻게 작동하는지를 보여주기 위해 다음과 같은 예를 들었다. 숲을 산책하던 사람이 뱀을 닮은 것을 본다. 짧은 경로는 두려움의 즉각적인 반응을 활성화한다. 아주 약간의 시간이 흐르고 나서, 그 정보가 긴 경로를 통해 시각피질에 도달하고 그 다음에 편도체에 도달한다. 그가 본 것이 정말 뱀이라면, 뱀의 출현을 확인해주는 시각 정보는 편도체의 활동을 강화하고 두려움에 대한 신체적 반응(정지, 도주, 공격)을 유지하게 될 것이다. 만일 그가 본 것이 사실은 평범한 나무막대기일 뿐이었다면 두려움을 느낄 이유가 없어졌으므로 편도체의 활동에 제동이 걸리고, 두려움이 일으키는 생리적 반응들 또한 사라지게 된다.

위의 예에서 보듯이 편도체는 생존에서 핵심적인 역할을 한다. 말하자면 나무막대기를 뱀으로 착각하고 (사실은 착각에 따른 잘못된 반응일지라도) 위험에서 자신의 안전을 지키기 위해 적절한 반응을 하는 것이, 뱀을 나무로 착각하고 (위험을 대비하지 못하여) 자신의 생명을 위험에 빠뜨리는 일보다 더 나은 것이다. 편도체는 비록 착각을 쉽게 일으킬 수는 있지만 잠재적 위험에 신속하게 대응하게 한다는 면에서 우리의 생존에 핵심적 역할을 하는 것이다.

편도체가 너무 자주 반응할 경우

불안장애나 우울장애를 겪는 사람들 또는 외상후스트레스 장애로 고통 받는 사람들에서 편도체의 활동이 지나치게 활발하다는 흥미로운 사실이, IRM 등 영상촬영기술을 이용한 연구를 통해 밝혀지고 있다. 편도체의 과도한 활동은 이 환자들이 명백한 이유 없이 두려움을 느끼게 되는 이유를 적어도 일부분은 설명해 주는 것 같다. 불안은 종종 '대상 없는 두려움'으로 정의된다. 달리 말하면, 이 개인들의 편도체는 위험의 객관적인 맥락 밖에서 두려움의 경험을 불러일으키고 있는 것이다. 편도체는 출생 후 빠른 속도로 성숙에 도달하고, 해마체가 아직 기능하지 못하는 4세까지 영아가 겪는 트라우마 경험을 무의식적 방식으로 기억하고, 저장한다는 점을 상기하자.

이러한 모든 자료는 심리적 트라우마가 가져오는 결과를 이해하는 데 하나의 모델을 제공한다.

편도체는 어떻게 공동 작업을 하는가

이러한 감정적 조건화 과정들을 설명하기 위해 다음 두 상황의 예를 보자.

공교롭게도 일상적 상황인 경우

시내를 거니는데 어떤 사람이 당신을 위협하며 성폭행을 시도하려 하자 당신은 휴대폰으로 친구에게 전화를 걸어 그것을 모면한다. 일주일 뒤에 다시 시내를 산책하던 당신은 누군가가 당신을 향해 달려오고 있는 것을 본다. 이때 당신은 자동적으로 스트레스 반응을 느끼게 된다. 바로 '짧은 경로'의 활동이 당신으로 하여금 잠재적 위험에 대비하게 하는 것이다. 그 사람이 단지 당신 옆을 지나쳐갈 뿐이라는 것을 깨닫게 될 때, 비로소 당신은 침착함을 되찾는다. 위험이 없다는 점을 '긴 경로'가 알게 해주는 것이다. 몇 주 뒤에 당신은 전에 성폭행을 당할 뻔했던 장소를 다시 지나는데 몸이 불편해짐을 느낀다. 이번에는 당신을 위협하는 사람도, 당신을 향해 달려오는 사람도 없는데 말이다. 단지, 해마가 기억해둔 사건의 맥락이 당신에게는 트라우마로 인해 조건화된 자극이 된 것이다. 이러한 자극을 마주치는 일은(이런 것들이 폭행 전에는 전혀 불안을 일으키는 특징을 가지고 있지 않았으나) 이제 당신에게 있는 두려움 발생 회로를 활성화시키는 것이 되었다.

위의 예는 트라우마적 상황의 다양한 측면이 편도체와 해마에 의해 동시에 다루어지며, 이 두 시스템은 평행하여 작동한다는 점을 보여주고 있다. 해마가 있기 때문에 당신은 사건의 맥락을 기억해낼 수 있다(당신을 폭행하려 한 사람, 당신이 함께 있었던 사람, 당신이 한 일, 그 상황이 무척 견디기 어려운 것이었다는 사실 등). 중립적 자극(남자)과 맥락의 모든 요인(물건, 장소 등)을 조건화된 두려움의 원천으로 탈바꿈시키는 일은 바로 해마에 의해 이루어진다.

해마와 연결되어 있는 편도체로 인해 그 사건에 대한 회상은, 당신이 이미 잘 아는 두려움의 반응들을 당신의 신체에서 발동시킨다(두근거림, 몸 떨림, 식은 땀, 근육 수축 등). 즉, 해마와 회상과 편도체의 연결이 있기 때문에 트라우마 사건과 관련이 있는 모든 맥락이 불안의 원천이 될 수 있다.

성폭행이 있는 경우

이제 이 도식을 성폭행에 적용시켜 보자. 당신이 아이였을 때 어떤 성인에게 성적인 추행을 당한 적이 있고, 그 일은 계단 밑의 어두운 창고라는 '구체적인 장소(맥락)'에서 이루어졌다고 가정하자. 이때 당신의 '두려움 발생 회로'가 활성화되고, 편도체는 공포에 따른 신체적 반응을 표출하게 했으며, 해마는 폭행이 이루어졌던 맥락(어둠, 계단 밑의 창고, 시간, 외로움, 낯선 신체적 느낌 등)을 모두 기록했다.

후에 당신이 어둠 속이나 계단 밑 창고에 혼자 있게 될 때, 또는 당신이 당했던 성폭행을 환기시키는 어떤 상황적 맥락에 놓이게 될 때, 당신은 불안감에 휩싸인 반응을 보일 수 있다. 또한, 당신의 애인이 당신의 젖가슴이나 성기를 애무하려 할 때 당신은 불안감을 느낄 수도 있다. 왜냐하면 당신은 실제로 '감정적 조건화'를 겪었기 때문이다. 이러한 감정적 조건화는 당신의 뇌에 새겨져 있으며, 또한 아주 다양한 종류의 자극을 통해 당신의 의식과는 무관하게 활성화될 수 있다. 이러한 감정적 조건화는(공포 장애나 성관계 회피 등) 여러 가지 정신의학적 장애가 당신에게서 나타나는 이유를 설명할 수 있을 것이다. 우리가 방금 본 (당신이 당한 성폭행과 관련된) 조건화된 자극들 외에도, 성폭행에 대한 회상 자체가 이러한 공포 상태를 당신에게서 자동적으로 촉발되게 할 수 있다.

바로 이러한 사실들은, 무겁고 힘든 감정을 불러일으키는 사건이 회상될 때 우리가 그 사건에서 느꼈던 신체 상태, 즉 공포로 인한 모든 신체적 느낌을 다시 경험하게 되는 경위를 설명해 준다.

애착

생애 초부터 몇 해 동안 아이는 어머니나 어머니의 역할을 하는 성인에게 의존하는데, 아이는 이 성인과 우리가 '애착관계'라 부르는 관계를 맺게 된다. 그리고 어머니나 주변의 가까운 사람들과 겪게 되는 모든 것은 아이의 애착관계에 영향을 미친다. 아이에게 안전감의 발달이나 홀로 있을 수 있는 능력의 발달은 (그것이 만족스럽든 불만족스럽든) 바로 이러한 아이와 어른 사이의 유대관계, 즉 애착관계의 질에 의존한다.

애착은 타고나는 것

소아과 전문의이자 정신분석학자인 존 볼비John Bolwby 이래, 우리는 애착이 선천적인 것이란 점을 알게 되었다. 달리 말하면 애착이란 신경생물학적 시스템으로서 배고픔과 마찬가지로 탄생 때부터 작동하는 것이다. 애착 체계는 (출생 직후부터의) '빨기와 붙잡기', (이후에는) '시선주기', '울기 및 미소 짓기'와 같은 능력을 갖게 한다.

아이의 이러한 행동들은 어머니가 아이와 신체적으로 접촉하고 가까운 곳에 머물러 있도록 유도한다. 모든 포유 동물은 안정화시키는 이러한 신체 접촉을 필요로 한다. 그런 다음에야 아이는 자신의 주변 세상을(좀 더 자신감 있고 자율적이며 안전하게) 탐험할 능력이 스스로에게 있다고 느끼게 된다. 애착 체계는 생존에 절대적인 요인이다. 즉, 애착 관계를 얻지 못한 신생아는 자신의 환경에 동화될 기회를 누리지 못함으로써 매우 심각한 행동장애나 정서장애를 갖게 될 것이다.

안정 애착과 그 외 유형들

아이와 어머니(또는 그 역할을 하는 사람) 사이의 상호작용은 개성적이다. 즉, 각각의 모자 관계는 저마다 고유한 애착 관계를 형성한다. 어머니가 아이에게 보여주는 반응들은 그녀의 가용성 disponibilité 과 감수성sensibilité 에 달렸다. 다시 말해, 아이가 보내는 신호를 지각하고, 바르게 해석하고, 또 그것들에 적절히 반응할 수 있는 그녀의 능력에 달려 있다.

어머니(또는 그 대리자)와 아이의 상호작용에 따라, 아이는 자신의 지각과 행동에 영향을 미치게 될 '행동 모델modèles 을 포섭하고 구성하고 내면화한다. 이 모델들은 자아 모델('나는 사랑스러워', 즉 '사랑 받을 만하다' 또는 '그럴 만하지 않다')과 타인 모델('타인은 나에게 대응해준다' 또는 '그렇지 않다'), 그리고 다른 사람과 이루는 상호작용 및 그 결과에 대한 모델(다른 사람과 나의 관계에서 생기는 결과는 '확실하다' 또는 '불확실하다', '긍정적이다' 또는 '부정적이다', 심지어는 '위험하다')을 포함한다.

이러한 애착 관계에는 네 가지 유형이 있다는 것을 알아두자. 그 기능이 조화로운 경우를 '안정애착'이라 한다. 이 경우, 아이는 자신이 새로 만나는 사람에게서 위안을 얻어내기 위한 어떤 어머니를 찾지 않고 주변 세계를 탐험하기 위해 어머니를 떠날 수 있다. 그는 아무런 불안 없이 어머니를 떠나 자신을 둘러싸고 있는 세상으로 모험을 떠날 만큼 충분히 발달된 자신감과 내적 평온을 갖는다. 나머지 세 유형은 병적이고 기능적으로 장애가 있는 애착 유형들이다. 차례로 열거하면 '회피형 애착', '양가형 애착', '혼란형 애착'이 있다. 아이에게 발달된 애착이 이러한 불안정 애착 유형에 속할 경우, 어머니가 아이를 떠나거나 돌아오는 일이 아이의 행동에 심한 혼란을 일으킨다. 예를 들어보자.

• 회피형 애착의 경우, 아이는 거의 아무런 감정도 내비치지 않는다. 말하

자면, 아이는 엄마와의 접촉을 필요로 하고 엄마에 의해 안심되어야 한다는 것을 어머니가 이해하지 못했을 때, 아이는 그러한 것을 요구해봐야 아무 쓸모도 없다는 것을 배우고, 결국 자신의 감정을 억제한다. 이런 아이는 장차 '지나치게 점잖은' 아이로 자라서 어머니가 떠나도 전혀 울지 않으며, 한구석에서 자신이 하던 놀이에만 열중하는 모습을 보인다.

- 양가형 애착의 경우, 아이는 화내는 상태와 위안을 받고자 하는 상태를 오간다. 말하자면 아이의 요구에 대해 어머니가 그 요구를 받아줄지 아이가 도저히 예측할 수 없는 행태, 즉 어머니가 예측 불가능한 가용성을 보여주기 때문에 아이는 어머니의 관심을 끌려면 때로 시끄럽게 자신을 드러내야 한다는 것을 배운 것이다.
- 혼란형 애착은 가장 병적이다. 이 경우에 아이는 어머니와 함께 있지도 못하고, 그녀에게 떨어지지도 못하며, 때로 꼼짝도 않고 가만히 있거나, 심지어는 그 자리에서 쓰러지기도 하는 등 전혀 일관되지 못한 행동을 보인다. 이런 경우 아이의 어머니는 대개 성적 트라우마나 학대를 겪은 바 있는 피해자이며, 자신의 아이에게 부적절한 행동이나 심리적 트라우마를 안겨주는 행동을 할 수 있다. 이런 어머니들은 대개 예측 불가능한 행동을 보여준다. 예를 들면, 어떤 때는 아이와 아주 잘 놀아주다가도 또 어떤 때는 아이의 존재를 완전히 무시해버리는 행동을 하는 것이다. 이런 경우 아이는 어머니의 행동을 전혀 예측할 수 없게 된다.

우리가 지니고 있는 애착 체계는 일생 내내 지속된다. 하지만 이러한 지속은 역동적으로 이루어진다. 즉, 우리가 지닌 애착 체계는 환경에 대한 우리의 끊임없는 경험과 상호작용에 따라 진화한다. 생물학적, 감정적, 언어적, 사회적인 수많은 요인이 애착 체계의 긍정적 진화 또는 부정적 진화에 가담하여 영향을 미친다.

안정 애착이 주는 유익들

안정 애착을 가질 수 있을 때 아이는 여러 가지 긍정적인 결과를 얻는다. 신경학적 구조체들이 조화롭게 성장하고, 생리학적 조절 과정이 좀 더 효율적으로 이루어지게 된다. 아이는 자신과 타인의 감정을 적절하게 해석하고, 자신의 감정을 더 잘 조절하게 된다. 안정 애착을 가짐으로써 아이는 살면서 겪게 되는 신체적·심리적 트라우마에 더 잘 맞서고 저항할 수 있게 된다.

이와 반대로 친지에게 신체적·성적·감정적 학대를 반복하여 받은 아이는 혼란형 애착을 보이는데, 이런 애착 관계는 아이로 하여금 애착 행동과 방어적 행동을 거의 동시에 표출하게 하고, 일관성이나 규칙성 없이 그 둘 사이를 오가게 한다. 자신을 보호해주리라 기대했던 사람에게 오히려 학대나 위협을 당했기 때문에, 아이의 애착 행동 체계와 방어적 행동체계는 결국 서로 경쟁관계에 있으면서 서로를 교란시킨다.

내인성 유사아편 시스템은 몸 속의 아편 공장과도 같은 것

점점 더 많은 증거가 보여주고 있는 바에 따르면, 인간의 애착은 부분적으로 내생적 유사아편 시스템에 의존하고 있다. 우리 신체 안에 있는 이 시스템은 아편이나 모르핀과 동일한 효과를 일으키는 분자물질들을 생성한다. 연구자들이 찾아낸 바로는, 애착을 유지하는 일에 관여하는 뇌 회로들은 바로 유사아편 수용체를 가장 많이 가지고 있는 회로들이다.

피해자가 가해자에게 오히려 '애착'하는 것을 어떻게 이해할까?

'스톡홀름 증후군'이라는 표현은 1973년 스웨덴에서 있었던 한 인질사건에서 비롯되었다. 은행 강도 두 명이 6일 동안 여러 명의 인질을 붙잡고 있었던 이 사건에서, 인질 피해자들과 범인들 사이에 어떤 특수한 유대관계가 만들어지는 데는 한 주가 약간 모자란 그 시간으로 충분했다. 경찰이 결국 은행 안으로 들이닥쳤을 때 인질들은 범인들에게 경찰의 진입을 미리 알려 주었고, 스스로 경찰과 범인들 사이로 끼어들었다. 이후 인질들은 범인들에게 불리한 증언을 하는 것을 거부하게 되고, 뒤이어 교도소에 수감된 범인들을 면회하러 가기에 이른다. 심지어 인질 가운데 한 여성은 범인들 중 한 명을 사랑하게 된다. 스톡홀름 증후군이라 부를 수 있으려면, 인질들이 인질범들에게 긍정적인 감정을 느끼는 반면에 자신들을 구하려는 경찰에 대해서는 부정적인 감정을 느끼는 경우라야 한다.

당신을 죽일 수도 있는 자리에 있으면서 그렇게 하지 않는 사람에게 당신이 의존하는 상태에 놓일 경우, 특히 그 사람에게서 어떤 인간적인 면을 발견하게 되었을 때 당신은 새로운 희망을 갖게 된다. 어떤 회복탄력성 국면이 지난 뒤에 당신은 그에게 동조하기 시작한다. 당신은 그의 부정적인 면이 당신 속에 불러일으키는 분노에 더 이상 귀 기울이는 일을 멈추고, 이제 그의 긍정적인 면에 애착하게 된다. 의존성과 접근성은 서로에 대해 공감하는 일이 더욱 쉬워지도록 만든다. 그가 당신을 살려둘 것이라는 희망은 그를 기쁘게 만드는 일을 하도록 당신을 이끈다. 이때 당신은 그에 대해 감사한 마음을 갖게 되는데, 왜냐하면 그는 당신을 죽일 수도 있지만 그렇게 하지 않고 있기 때문이다. 당신의 가해자를 기쁘게 할 수 있는 일을 찾으면서, 당신은 당신 자신의 필요나 감정, 믿음 같은 것은 내팽개쳐 두게 된다. 말하자면 당신은 이제 그처럼 생각하기 시작하고 그와 당신을 동일시하게 되는 것이다. 우려스럽게도 이제 당신은 수개월 또는 수년이란 긴 시간 동안 그의 눈을 통해 세상을 바라보게 될지도 모른다. 우리는 모두 생존을 위해 인간적 접촉이 필요하고, 특히 생존 여건이 어렵다면 더욱 그러하다. 공포를 일으키는 상황을 마주했을 때는 성숙하고 심리적으로 안정된 사람들조차도 어떤 위안의 원천, 즉 어떤 '애착 관계'를 찾아 심리적·생리적 균형을 되찾으려 한다. 그리고 이렇게 위안을 줄 수 있는 친지를 곁에서 찾을 수 없을 때, 우리는 위안을 찾아 가해자 쪽으로 몸을 돌리게 된다.

스톡홀름 증후군의 예로 가장 최근의 것은, 젊은 오스트리아 여성인 나타샤 캄푸쉬Natacha Kampush 사건이 있다. 한 남자가 그녀를 납치해서 감금했고, 그녀는 세상에서 격리된 채 8년을 지내다가 어느 날 마침내 탈출에 성공했다. 결국 범인은 그녀가 탈출하자 얼마 지나지 않아 자살로 생을 마감했다. 이때 그녀는 범인이 자신의 삶에서 아주 큰 부분을 차지하고 있었다는 것과, 자신이 그의 죽음을 슬퍼한다는 사실을 알게 된다.

이 이상한 심리변화 과정은 인질 사건, 광신집단에 의한 납치 사건, 부부간 폭력, 성적·신체적·감정적 학대 등과 같은 상황에서 자주 발견된다. 보편적으로 보이는 이 현상은 본능적이며 생존에 있어 필수적인 듯하다. 아이들과 마찬가지로 성인들도 자신을 괴롭히거나 구타하는 이들과 매우 강한 감정적 유대를 갖게 될 수 있다.

성폭력 피해자도 스톡홀름 증후군을 이해함으로써 가해자와의 관계나 자신이 느끼는 것을 더 잘 이해할 수 있다. 이를 통해 피해자는 자신이 느끼는 그릇된 죄책감, 즉 성폭력이 일어나도록 놔두었다는 잘못된 생각을 털어내는 데 도움을 받는다. 말하자면 이 증후군의 이해는, 피해자가 자신의 반응, 감정, 생각 등이 전적으로 비합리적이라 할지라도, 어떤 면에서는 생존 반응의 결과였음을 이해하도록 하는 수단이 된다.

성폭력 피해자들에서 매우 자주 발견되는 몇 가지 감정과 믿음을 살펴보고, '피해자가 자신을 가해자와 동일시하는 현상'인 스톡홀름 증후군에 대한 이해를 통해 그것들이 어떻게 설명되는지 살펴보자.

- 피해자가 폭행범의 폭력을 부인하고 사건의 긍정적인 면을 고집한다. 이러한 태도를 견지함으로써 피해자는 자신이 견딜 수 없을 정도로 무능력하게 느끼는 상황에서 조금이나마 '자신이 무능력하지 않다'는 희망을 찾는 것이다.
- 피해자가 자신이 겪은 성폭행에 대해 자책을 한다. 성폭행범들은 종종 피해자가 성폭행을 유발한 것으로 이야기한다. 이러한 폭행범의 관점을 피해자가 채택하는 것은, 피해자 자신이 느끼는 죄책감을 그 관점이 정당화해주기 때문이다.
- 피해자가 자신은 폭행범의 폭력을 당할 만하다고 믿는다. 그녀 자신이 그 사건을 일으키기 위해 어떤 일을 했다는 것이다. 이를 통해 그녀는 그녀가 폭행 상황을 주도하고 있었고, 따라서 그것을 멈추게 할 수도 있었다고 믿게 된다.
- 피해자가 폭행범의 영향에서 벗어나는 것을 거부한다. 피해자는 자신이 폭행범에게 충성하지 않으면 그가 자신에게 보복할 수 있다는 것을 아는 것이다.
- 피해자가 폭행 사건을 설명하면서 폭행범이 피해자라고 주장한다. 폭행범을 긍정적 측면에서 바라봄으로써 피해자는 그와의 관계를 유지하려 한다.
- 피해자가 자신을 폭행범에게 있는 '피해자적인 부분'과 동일시한다. 피해

자는 자신의 피해자로서의 지위를 폭행범에게 투사한다. 이를 통해 피해자는 그에게 공감을 느끼게 되는데 이는 곧 '피해자가 가해자 안에 있다고 느끼면서 자신과 동일시한' 피해자 자신을 돌보는 일이 된다.

이러한 감정적 유대는, 어떤 이유에서 피해자들이 가해자를 고발하는 일이 극히 드물고, 심지어 가해자가 폭행을 그만둔 뒤에도 한참 동안이나 그를 보호해주는지 어느 정도 이해하게 해준다.[183)]

183) Jülich S., "Stockholm syndrome and child sexual abuse (스톡홀름 증후군과 아동 성학대)", *J Child Sex Abuse*, 2005, 14(3) : 107-29.

너무 이른 나이에 겪은 트라우마에서 외상후스트레스 장애까지 : 몇 가지 생물학적인 측면

앞에서 우리는 아이가 겪은 성폭력이 어떤 면에서 심리적 트라우마인지 보았다. 성폭력이라는 폭력은 아이의 기억 속에 기록될 뿐만 아니라 아이의 뇌가 성장하는 과정에도 영향을 미치므로, 뇌의 몇몇 구조체의 정상적 발육이 저해되는 결과를 초래할 수 있다.

아이의 뇌 성장이 한창 이루어지는 (출생 후 몇 년 동안의) 중요한 시기에 찾아왔거나 지속된 심리적 트라우마는 뇌에 생물학적 손상을 일으키거나 뇌 구조체들의 성장을 왜곡함으로써 그것들의 작동을 저해할 수 있다.[184] 외상후스트레스 장애에서 보이는 신경생물학적 비정상에 관한 연구는 매우 복잡하고 때로 모순된 결과를 보여주기도 한다. 가정과 가설은 많지만 확실한 것은 많지 않다. 여기서 나는 매우 기대되는 이 연구 분야에 관한 몇 가지 정보를 전하고자 한다. 이 연구 분야는 장차 트라우마가 가져오는 정신적 영향을 좀 더 잘 이해할 수 있게 하고, 아마도 이런 영향에 대한 혁신적 약물 치료를 가능하게 할 것이다.

해마체의 위축을 가져오는 부신피질 호르몬 과잉

아이의 편도체가 이미 기능면에서 충분히 성숙한, 달리 말하면 트라우마 사

184) Teicher M. H., Anderson S.L., Polcari A., Anderson C. M., Navalta C. P., Kim D. M., "The neurobiological consequences of early stress and childhood maltreatment (초기 스트레스와 아동기 학대의 신경생물학적 결과)", *Neurosciences and biobehavioral reviews*, 2003, 27- 33-44.

건들의 의미들 곧 그 감정적 특질들을 포착하고 무의식적 기억 속에 저장할 수 있을 정도로 자란 상태가 되어도, 이 시점에서 아이의 해마체는 아직 미성숙 상태에 있다(해마체는 3세경에야 발달을 시작한다).

유년기에 너무 일찍 찾아온 트라우마가 있을 때, 아이의 신체는 부신피질 호르몬을 분비함으로써 스트레스 반응을 발동시킨다. 이 반응이 지나치게 강하거나 반복적이면 부신피질 호르몬이 과잉 분비될 수 있는데, 이럴 경우 한창 성장 중인 해마체의 작동에 손상이 갈 수 있다. 부신피질 호르몬의 과잉은 해마체의 몇몇 신경세포의 크기를 작게 만들 뿐만 아니라, 해마체의 다른 신경세포에 자리한 수용체가 부신피질 호르몬에 대해 과민해지도록 만듦으로써 수용체에 알기 어려운 변화를 불러올 수 있다. 이 모든 생물학적 변화는 시상하부, 뇌하수체 및 부신을 이어주고 스트레스 반응을 발동시키는 호르몬 축에도 변형을 가져와, 이 축이 기능 면에서는 떨어지지만 반응 강도는 더 큰 상태가 되도록 한다.[185)]

이러한 변화들은 결국, 성인이 되고 나서 또 다른 트라우마적 사건을 겪을 때 외상후스트레스 장애가 더욱 쉽게 발생할 수 있는 취약성을 야기시킨다.

외상후스트레스 장애에 관한 신경생물학

지금까지 외상후스트레스 장애를 겪는 환자들에서 신경생물학이 판단하는 많은 비정상이 발견되어 왔다.

185) Van der Kolk, B.A., "The body keeps the score : Memory and the evolving psychobiology of posttraumatic stress 신체는 수치를 기록하고 있다 : 기억 그리고 진화하는 외상후스트레스에 관한 정신생물학)", *Harvard Review of Psychiatry*, 1994, 1 : 253-265.

편도체

정상적으로는 위험한 것으로 여겨지는 어떤 상황에서, 우리의 감각기관에서 오는 정보는 편도체에서 어떤 공포감과 연계되고, 이 감정의 생리학적 발현도 즉각적으로 이루어져 일시적인 스트레스 반응을 보이게 된다(261쪽 '트라우마란 무엇인가? 스트레스와 다른 점들' 참조). 외상후스트레스 장애의 경우, 편도체는 과도한 활동 상태에 있으면서 지속적인 스트레스 반응을 일으킨다. 이는 곧 뇌 내에 노르아드레날린의 과도한 분비가 지속된다는 것을 의미하는데, 이런 현상은 이들 외상후스트레스 장애 환자에서 예외 없이 나타나는 증세를 설명해 줄 수 있다. 이런 증세의 예로는 자주 소스라치게 놀람, 원치 않는 기억내용에 갑자기 휩싸임(플래시백), 과도한 경계(자신을 위험에서 벗어나게 해야 한다는 강박에서 끊임없이 주위에 대한 경계를 늦추지 않는 것) 등이 있다.

정신적 트라우마를 입은 사람의 경우, 해마체의 몇몇 신경세포가 손상을 입음으로써 편도체에서 오는 트라우마 경험에 대한 정보를 뇌 피질 등 다른 곳으로 제대로 전달할 수 없게 된다. 이로 인해 트라우마 경험을 자전적인 기억 속에 정리해 놓는 일 또한 불가능해진다. 말하자면 해마체가 (경험에 대한 기억들을 정리하는 과정에서 수행해야 하는) 자신의 역할을 더 이상 수행하지 못하는 것이다.

정신적 트라우마를 전혀 입은 적이 없는 사람의 해마체와 비교했을 때, 외상후스트레스 장애를 겪는 사람의 해마체는 종종 부피가 더 작다. 최근의 한 연구는, 8세에서 14세까지의 아이들 가운데 학대 받은 경험이 있고 외상후스트레스 장애를 겪는 아이들의 우측 해마체가 트라우마 사건 후 12~18개월이 지났을 때 부피가 일정 정도 줄어들어 있다는 사실을 밝혀냈다.[186)]

---

186) Carrion V.G. *et coll.*, "Stress predicts brain changes in children : a pilot longitudinal study on youth stress, posttraumatic stress disorder, and the hippocampus (스트레스는 아동들에서 뇌 변화를 예고한다 : 청년 스트레스 및 외상후스트레스 장애에 관한 선도적 종단연구와 해마체)", *Pediatrics*, 2007, 119 : 509-516.

하지만 이러한 연구 결과는 두 가지 방식으로 해석될 수 있다는 점을 지적해두자.

1. 해마체의 크기가 더 작은 것은, '스트레스 호르몬'(코르티솔과 노르아드레날린)이 해마체의 신경세포에 독성 효과를 미친다는 점에서 볼 때 외상후스트레스 장애의 결과일 수 있다.
2. 트라우마가 있기 전에 이미 해마체의 크기가 작다는 위험요인이 그 개인에게 있었을 수 있다. 말하자면 트라우마 사건에 노출될 때 외상후스트레스 장애를 일으킬 위험성을 더 많이 가지고 있었다고 볼 수 있다.

한편, 외상후스트레스 장애에 대한 최근의 지식들에 기대어 보면, 이 두 가지 가설 모두가 외상후스트레스 장애와 해마체의 부피 축소 사이의 연관성을 설명하는 데 필요할 수도 있다. 예를 들면 아주 이른 시기에 찾아온 트라우마는 해마체를 구성하는 몇몇 신경세포의 부피 축소를 일으키고, 그 결과 해마체의 부피도 줄어들 수 있다. 그런데 이렇게 해마체의 부피가 줄었다는 점은 이후 장애 발생의 위험요인이 된다. 따라서 또 다른 트라우마가 찾아올 경우, 이 위험요인은 새로운 외상후스트레스 장애가 쉽게 일어나도록 한다.

코르티코트로프 축

외상후스트레스 장애를 겪는 환자들을 대상으로 시상하부, 뇌하수체, 부신피질을 잇는 호르몬 축(다른 말로는 '코르티코트로프 축')의 작동에 대한 조사가 이루어졌다. 이 조사 결과, 이 환자들에서 혈액 내 코르티솔 농도가 감소되어 있다는 사실이 확인되었다(코르티솔은 스트레스 사건에 대응하여 부신에서 만들어진다). 반면에 해마체와 시상하부에 있는 부신피질 호르몬 수용체들의 숫자와 민감성은 증가되었으며, 이는 곧 적은 양의 코르티솔도 뇌의 중심부에서 상당한 스트레스 반응을 일으키기에 충분할 것임을 의미한다.

예를 들어 어떤 트라우마 사건을 떠오르게 하는 환경은, 그 일을 겪었던 사람에게 그때의 고통스러운 기억을 떠올리게 한다. 이에 따른 공포감으로 촉발된 스트레스 반응이 코르티솔 분비로 이어지고, 코르티솔은 해마체에 있는 극도로 민감한 수용체를 자극하여 트라우마와 관련된 고통스러운 기억이 회상되도록 한다.

이 경우에 코르티코트로프 축은 덜 활발하지만 훨씬 민감하게 반응하는 모습을 보인다. 이는 환경에 더 민감하기에 더 효과적으로 반응하는 것이다. 좀 놀랍게도 이러한 상태의 코르티코트로프 축은 '스트레스가 생기는' 상황에 대응하는 데 준비가 더 잘된 것처럼 보인다. 왜냐하면 축의 반응이 더 빠르고 더 강력하기 때문이다.

최근의 발견들이 보여주는 바에 따르면, 외상후스트레스 장애 환자들에서 나타나는 이 특이한 생물학적 특징은 외상후스트레스 장애가 나타나기 직전에 이루어진 트라우마의 직접적인 결과는 아닌 것으로 보인다. 실제로는 과거의 트라우마가 남긴 지워지지 않는 흔적일 것이다. 유년기에 겪은 트라우마는 코르티솔의 과다 분비를 유발하고, 이는 부신피질 호르몬 시스템을 교란하여 코르티솔의 혈중 농도를 비정상적으로 낮게 하고, 뇌에 있는 부신피질 호르몬 수용체들을 항시적으로 과민한 상태에 있게 한다. 유년기 트라우마가 남긴 이러한 생물학적 흔적은 그 자체가 취약요인으로서, 또 다른 트라우마에 이 개인이 노출되었을 때 부적절한 대응을 하게 하고, 그리하여 그에게 외상후스트레스 장애가 발생하도록 하는 것이다.

전전두엽피질

전전두엽피질이 정상적으로 활동할 때는, 편도체의 활동을 저지하여 감정적 기억을 '꺼주는' 감정 조절자 역할을 한다. 말하자면 극단적인 감정에 대한 소방수 역할을 하는 것이다. 우리가 '위험에 처했을 때 무슨 일이 벌어질까?'(이 책의 281쪽)에서 본 것이 바로 이런 불끄기 현상이다. 그러나 트라우마를 떠올리게 하는 상황에서, 외상후스트레스 장애를 가진 환자는 편도체에서 파급되는 이러한 감정적 기억을 '끌' 수 없다. 바로 이 점은, 겉으로 보기에 부적절하게 생각되는 공포의 감정이 이런 환자들에서 지속되는 현상을 설명해준다.

유사아편 시스템의 교란과 그 결과들

오늘날 우리는 아동에게 닥친 심각하고 장기화된 트라우마가 아주 많은 양의 내인성 유사아편을 분비하게 한다는 것을 알게 되었다. 내인성 유사아편 시스템은 수용체들로 형성된다. 이 수용체들은 아주 많은 신경세포에 분포하며, 모르핀과 아주 유사한 분자들인 내인성 유사아편(엔케팔린, 엔돌핀)에 반응한다. 이러한 유사아편 시스템은 특히 통증이나 집중적인 운동에 대한 저항(예를 들어 조깅을 하는 사람은 어느 정도 달리기를 하고 나면 신체적 통증과 피로가 사라지는 경험을 한다), 중독증, 스트레스 반응, 기분 등과 같은 다양한 신체 기능에 개입한다. 트라우마의 반복은 어떤 조건화를 형성하게 되는데, 이는 트라우마적 상황과 유사아편 물질의 분비를 연계시키는 학습 같은 것이다. 이 조건화가 충분히 강력하다면, 그리고 어떤 상황이 원래의 트라우마와는 다르지만 그것과 같은 부류에 속하는 것이라면, 동일한 결과를 가져올 것이다. 따라서 트라우마를 떠올리게 하는 자극들은 유사아편의 분비를 일으킨다.

유년기에 심각하고 장기화된 성폭력을 겪은 피해자가 '스트레스가 생기는' 상황에 놓였을 때, 그의 내인성 유사아편 시스템이 불안을 잠재우는 데 이르려면 (조기에 적절한 치유를 받고 안정 애착을 형성할 수 있었던 사람에 비해) 훨씬 더 강력한 자극이 필요할 것이다. 이렇게 많은 양의 유사아편을 분비하게 하는 효과적인 방법 가운데 하나는, 아주 단순하게도 과거의 트라우마를 떠올리게 하는 상황에 스스로를 노출시킴으로써 트라우마가 있던 시기에 형성된 조건화의 덕을 보는 것이다. 유사아편의 다량 분비는 불안을 잠재우는 등 몇몇 긍정적 효과를 불러오지만, 또한 다음과 같은 다른 효과를 불러오기도 한다. 통각상실증, 의식 장애, 내인성 유사아편 농도가 약해질 때 나타나는 의존성과 금단 증세 등이 그것이다. 금단 상황이 가져오는 매우 불쾌한 특징들은, 트라우마를 떠올리게 하는 상황에 자신을 또 다시 노출시킴으로써 뇌에서 유사아편의 농도를 높여 그에 따른 효과를 누리려는 행동으로 이끈다. 이렇게 하여 자리잡는 악순환 과정은, 트라우마의 피해자들이 어떤 이유에서 때로는 '재피해자화'에 중독된 행동을 하는지 설명해준다(114쪽 '재피해자화와 공격성 : 트라우마를 반복하는 두 방식' 참조).

외상후스트레스 장애 분야에서 이루어진 생물학적 발견은 연구자들을 당황하게 했다. 왜냐하면 이 발견은 우울증이나 정상적인 스트레스 반응에 관해 이루어진 생물학적 발견과는 정반대이기 때문이다. 후자의 경우, 혈중 코르티솔은 농도가 높아져 있고 코르티코트로프 축의 반응성은 약화되어 있다. 이렇게 되면 공포심을 일으키고 그것을 그치게 하는 일을 맡은 신경중심부들 사이의 균형이 무너지고, 그럼으로써 정상적인 상태에서는 그쳐야 될 공포심이 아무런 제지도 받지 않는 상태에 놓이게 된다.

성폭력범들

성폭력의 성격이나 심각 정도는 매우 다양하지만, 대개의 경우는 성인에 의해 사춘기 전 또는 사춘기에 들어선 아동에게 저질러진다는 공통점에 근거하여 성폭력 행위를 규정한다. 그러나 이런 정의는 상당히 단순하여 많은 혼동을 낳기도 한다.

이러한 혼동 가운데 하나는 용어의 사용과 관련이 있다. 성폭력범, 도착인격자, 아동성애자, 폭행범, 강간범과 같은 용어들은 각각 서로 다른 맥락에 속하는 것들이지만 종종 동의어처럼 잘못 사용된다. 예를 들면 사회적 맥락에서 학대자, 도덕적 맥락에서 변태성욕자, 심리학적 맥락에서 아동성애자, 법적 맥락에서 폭행자(범) 또는 강간자(범) 등의 용어가 쓰이는 식이다. 이들 네 영역에서 모두 사용할 수 있는 '범용적' 용어가 없기 때문에 사실 이러한 혼동이 생기는 점은 이해할 수 있다.

성폭행자들의 서로 다른 특징을 좀 더 잘 구분하려고 시도한 연구가 많이 있다.[187] 이 연구들은 성폭력의 유형이나, 피해자의 특징, 폭행자의 유년기 및 청소년기, 사법상의 전과, 가족적 사회·직업적 생활, 성생활, 개성 등 다양한 영역을 다루고 있다.

성폭행자들에 대한 일차적 분류는 성폭행에 대한 서술에 근거한다. 신체적 또는 언어적 폭력을 통한 폭행, 유혹을 통한 폭행 등이 그러한 분류다. 행동상의 이런 단순한 구분은 넘어서지만 성폭행자에 대해서는 거의 알려주는 것이 없는 수많은 분류들이 존재한다. 그 중 첫 번째 부류는 (예를 들어 진단편람

---

187) Ciabaldini A., *Psychopathologie des agresseurs sexuels* (성폭행자들의 정신병리), Masson, 2001.

DSM[188])에 있는 정신의학적 분류처럼) 성학대자들의 행동이나 사고에 근거한 분류, 이들에 대한 복잡한 정신분석학적 고찰에 따른 분류, 그리고 이 두 기준을 혼합한 것에 근거한 분류 등이다.

전문가들은 하나로 통합하여 말할 수 있는 '성폭행자 유형'은 없다고 한다. 왜냐하면 어떤 유형도 모든 성폭행자를 공통으로 아우르지는 못하기 때문이다. 단순화할 경우, 성폭력을 저지를 수 있는 사람은 네 가지 큰 범주로 나뉠 수 있다(312쪽의 도식 '다양한 범주의 성폭력범들' 참조).

'도착성애'라 불리는 병, 아동성애

어떤 사람들은 도착성애로 인해 고통을 받는데, 최근에는 이 증세를 '유사성애'라 부른다. 용어의 정신의학적 의미에서 도착倒錯, perversion은 일종의 병이다. 어원학적으로 라틴어 'perversio'는 '뒤집음/뒤엎음'이라는 뜻으로, 이것이 그 의미가 확장이 되어 '잘못된 길로 들어섬'을 뜻하게 되었다. 용어의 성적 의미[189])에서 도착이란 '성적 선호의 장애', 즉 성적 쾌락의 추구가 성기삽입 이외의 다른 방식으로 이루어지는 것을 의미한다. 모든 도착은 성적 흥분과 만족을 얻는 방법 면에서 다음과 같은 것들에 대해 우선적이고 반복적인 선택을 한다. 즉, 특정 유형의 상대방(아이들, 동물들), 물건(신발, 속옷), 의식(고통을 주거나 받기, 이성의 옷을 입기), 비정형적 특이 상황(성애 장면 지켜보기, 자기 성기 보여주기, 다른 사람에게 자기 성기 문지르기) 등이 그것이다. '정상적인' 성생활도 종종 도착적인, 즉 '성기 삽입이 아닌' 것을 포함하는데, 특히 전희 과정이 그러하다. 바로 이런 이유로 '도착'이라는 용어를 도덕적 의미가 적은 '유사성애'라는 용어로 바꾸게 된 것이다. 아동성애는 유사성애들 가운데 하

188) Diagnostic and Statistical Manual (of Mental Disorders)의 약자 －역주

189) 도착은 취향이나 판단과 같은, 비성적인 영역과도 관련이 있을 수 있으므로

나이다. 다른 주요한 유사성애로는 동물성애, 물건성애, 가학성애, 피학성애, 의상도착증, 관음증, 노출증, 마찰성애 등이 있다.

동성애는 몇 년 전부터 더는 도착으로 간주되지 않는다. 그리고 강간은 도착으로 간주된 적이 없다. 아동성애를 언급하려면 몇 가지 기준이 만족되어야 한다.

- 우선, 문제가 되는 개인에게 '아동과의 성적 행위를 내포하는 성적 환상, 욕구, 행동'[190]이 있어야 한다. 그러나 실제 행동에 옮기는 일은 없지만 아동성애로 고통 받는 사람도 있다. 아동성애자들 가운데 일부는 아동과의 행위를 상상하거나 아동이 등장하는 포르노를 보는 것으로 만족할 것이다. 하지만 어떤 아동성애자들은 아동과 실제로 성적 접촉을 하고, 때로는 심지어 성관계를 갖기도 할 것이다. 아동성애적 환상, 욕구, 행동은 아동의 성별에 관계없이 사춘기 직전에 있거나 사춘기에 접어든 아동과의 관계를 함축한다(아동성애pédophilie)라는 말 자체가 어원학적으로 아동에 대한(pédo- 사랑philie을 의미한다). 나아가 이런 아동성애적 환상, 욕구, 행동은 '반복적이고 강렬하게' 찾아오며 적어도 반년 이상 지속된다.
- 그리고 이러한 개인들은 자신의 환상을 현실로 옮겨 실행하거나, 심한 비탄에 젖어 있거나, 대인관계에서 어려움을 겪는다(어떤 아동성애자들은 자신이 아동에게 성적으로 끌리는 것에 괴로워하고, 이런 끌림에 저항할 수 있도록 외부의 도움을 받기도 한다).
- 개인이 아동성애자로 정의되려면 나이가 최소 16세 이상이어야 하고, 성애 대상인 아동보다 최소 5세는 더 많아야 한다.

아동성애자가 간헐적으로나 규칙적으로 성인과 '정상적인' 성관계를 가질

190) DSM, 위의 책.

수 있다고 하더라도, 그가 성적 만족을 얻는 원천으로서 아이를 선택함은 다른 성적 원천과 비교해볼 때 우선적이고 지속적인 것이다.

아동성애자가 가장 흔히 찾는 일은 아이를 유혹하는 일이다. 그들은 아이의 언어인 '정서와 다정함의 언어'를 성인의 언어인 '성에 대한 언어'와 혼동한다. 바로 이것이 (앞서 이미 언급했듯이) 정신분석학자인 페렌치Ferenczi가 처음으로 기술했던 '언어의 혼동'이라는 것이다. 아동성애자들이 폭력적인 경우는 드물다. 그보다 그들은 가식적인 평등 관계를 아이와 이루려고 하는데, 이 관계에서 폭력이나 강제는 없지만 다정함을 성적 세계로 끌어들인다. 그들은 선물을 주거나, 달래주거나, 친구처럼 행동함으로써 피해자를 유혹할 수 있다.

아동성애자들은 일반적으로 사춘기나 청소년기에 자신이 아이들에게 '성적으로' 이끌린다는 것을 발견하지만, 때로는 훨씬 나중에야 자기 안의 그런 경향을 발견하기도 한다. 그들은 여자 아이들, 남자 아이들, 또는 둘 모두에게 끌린다. 아동성애자들 가운데 50~70%는 아동성애와 연관된 또 다른 유사성애 경향이 발견된다(노출증, 관음증, 마찰도착증).

아동성애자를 특징짓는 '인물형profile'이란 없다. 그들은 모든 사회적·직업적 계층에서 발견되지만, 가장 흔히 발견되는 계층은 아이들을 쉽게 접촉할 수 있는 계층이다. 예를 들면 초등학교 교사, 의사, 법률가, 특수교육 교사 등이 그러하다.

아동성애의 행위가 발각되었을 때 아동성애자들은 자신의 행위가 아이에게 교육적 가치가 있는 것이라거나, 아이가 그 행위에서 성적 즐거움을 누렸다거나, 또는 아이가 부추겼기 때문에 자신이 그런 행위를 했다고 주장하면서 종종 자신의 행위를 합리화한다. 또한 어떤 아동성애자는 벌어진 일을 아예 부정하거나 무화시키고자 한다.

'생물학적 원인'은 없으나 뇌에 이상이 있는 경우

아동성애라는 특수한 성적 경향을 설명해줄 수 있는 어떠한 생물학적 원인도 아직까지 명백하게 밝혀진 바 없지만, 뇌에 나타나는 '비특이적인' 이상은 발견되어 왔다. 여러 연구가 밝혀낸 바에 따르면[191)] [192)], 아동성애자들의 뇌 구조체들 가운데 성적 행동에 참여하는 구조체들에 여러 가지 이상이 발견된다. 특히, 우측 편도체의 부피가 표준집단의 그것과 비교할 때 감소된 것이 확인된다. 전두엽과 측두엽의 손상 또한 관찰되었다. 이 연구를 수행한 연구자들이 제시하는 가설에 따르면, 이러한 뇌 이상은 유년기 기간 중 뇌 성장에서 매우 중요한 시기에, (아이인) 그들에게 발생했던 트라우마 사건이 만들어 놓은 상흔일 것이다.

이유가 어찌되었든 아동성애는 유전되는 질병, 즉 '헌팅턴병'처럼 유전자에 의해 전달되는 질병이 아니다.

성폭력을 부추기는 일부 질병들

몇몇 다른 병이 아동에 대한 성적 행위를 실행하는 과정에 얽히기도 한다. 예를 들면 우리는 이런 병을 앓는 환자들에서 (정신지체, 정신착란증인 경우) 판단력의 감소나 (양극성 기분장애에서 편집증적 망상 국면[193)], 조현병, 강박충동장애TOC인 경우) 충동 조

191) Cohen L.J., et coll., "Heterosexual male perpetrators of childhood sexual abuse : a preliminary neuropsychiatric model (아동성폭력을 범한 이성애 남성 가해자들 : 예비적 신경정신의학 모델)", *Psychiatric Quarterly*, 2002, 73 : 313-336.

192) Schiltz K., Witzel J., Northoff G., Zierhut K., Gubka U., Fellmann H., Kaufmann J., Tempelmann C., Wiebking C., Bogerts B., "Brain pathology in pedophilic offenders, evidence of volume reduction in the right amygdala and related diencephalic structures (아동성애 가해자들에서 나타나는 뇌 병리, 우측 편도체 및 연관된 뇌간 구조체들에서의 부피 감소 증거)", *Arch Gen Psychiatry*, 2007, 64 : 737-746.

193) 조증은 울증에 대비되는 기분장애의 한 국면으로, 이 국면에서는 들뜬 기분, 공격적인 분노, 과잉행동, 짜증, 불면, 과대적 사고 등이 나타난다.

절력의 감소를 발견한다. 이 환자들이 범하는 성폭력 행위는 그들의 정신의학적 질병과 연관되어 발생하는 '사고accident'다.

반사회적 인격 : 타인을 파괴하려는 의지

자신의 질병으로 스스로도 고통받는 아동성애자들과 인격장애를 가진 성폭행범을 혼동해서는 안 될 것이다. 여기에서 말하는 인격장애란 (정신분석에서 자기애적인 도착인격자le pervers narcissique라 부르는) 도착적 인격들과 '반사회적' 인격들이다.

여기에서 도착성perversité은 도착적 인격을 가리키며, 도덕감각의 결여가 특징이다. 대개의 경우, 이러한 도착성은 도착적인 성적 행동[194](즉 성도착perversions)을 지닌 개인들의 인격과는 전혀 관련이 없다. 자기애성의 도착인격자는 최소한의 죄책이나 수치도 느끼지 못한다. 남에게 고통을 주려는 그의 의지는 타인을 주도하고 지배하는 데 대한 그의 각별한 취향과 관련이 있다. 아동을 강간함으로써 그는 법을 위반하는 즐거움을 느낀다. 지적 능력을 통해 자신의 끔찍한 의도를 숨길 수 있을수록, 더욱 더 쉽게 행동으로 옮기게 된다. 자기애적인 도착인격자는 타인에게 자신이 부과한 고통에서도 즐거움을 느끼지만, 남에게 들키지 않고 법을 조롱하는 자신의 능력에 큰 만족을 느낀다. 이러한 도착적 인격을 가진 개인에게 피해자는 한 인간이 아니라, 단순히 자신의 충동과 특히 폭력적 욕구를 만족시켜줄 대상으로 간주된다. 도착인격자의 목적은 타인을 격하하고, 신체적으로나 정신적으로 그를 파괴하는 것이다. 이런 유형의 도착성은 직장이나 부부관계에서 다른 방식으로 표출되기도 한다.[195] 이러한 도착성은 성행위가 지배의 도구로

---

194) 'pervers'라는 단어는 행동뿐 아니라 인격을 지시하는 의미로도 쓰인다. 그러나 도착이 인격에 해당할 때와 어떤 행동에 해당할 때, 이 둘은 전적으로 다르다.

195) Hirigoyen M.-F., *Le Harcèlement moral : la violence perverse au quotidien* (정신적 학대 : 일상에서의 도착적 폭력), Syros, 1998.

사용될 때 성폭력을 낳을 수 있다. 이 경우에 성적인 것은 단지 폭력 욕구를 만족시키는 도구에 지나지 않는다. 바로 이런 경우들이 미디어의 일면을 장식하는 성폭행 사건들이다(예를 들면 뒤트루 사건affaire Dutroux이 있는데, 이 사건이 아동에 대한 성폭력과 관련이 있음에도 그 주범인 뒤트루는 분명히 아동성애자가 아니다). 도착인격자는 아동을 파괴하려고 하지만, 도착성애(이 경우 아동성애)의 경우, 아동은 '아동성애자의 관점에서는' '사랑 받는' 것이다.

우리가 '사이코패스'나 '반사회적 인격장애' 등으로도 부르는, 반사회적 인격을 지닌 폭행범들에게는 행동과 '생각의 실행'이 모든 것을 좌우한다. 그들에게는 어떤 반성이나 예견도 존재하지 않는다. 사이코패스는 자신의 고통이든 남의 고통이든 고통 자체를 경멸하며, 다정한 감정 또한 어떤 연약함의 징표로 간주하고 경멸한다.[196] 그들에서는 어떠한 불안감도 모두 즉각적인 방식으로 해소되는데, 충동적인, 그리고 대개는 폭력적인 실행을 통해 불안감이 해소된다(그러나 이런 실행은 도피나 관계의 절연, 또 다른 범행이 될 수도 있다). 사이코패스는 법이나 타인에 대하여 어떤 것도 개의치 않는데, 그는 타인이 어떤 고통을 겪게 될지 아무것도 상상하지 않는다. 그는 공감과 죄의식이란 것을 전혀 알지 못한다. 그에게 타인은 그저 자신의 즉각적 욕구를 해소하는 데 사용되는 경멸스러운 도구일 뿐이다.

대다수가 미성숙한 인격자인 성폭력범들

대부분의 성폭력범들, 특히 여기서 주제가 되는 아동 성폭력범들은 대개 애정 결핍을 겪는 미성숙한 사람들로, 어떤 때가 되면 예기치 않게 일을 저지르는 '일탈'을 한다. 그들이 주로 저지르는 일은 강간보다는 성적인 신체

196) Debray Q., Nollet D., *Les Personnalités pathologiques, approche cognitive et thérapeutique* (병리적 인격들, 인지적 및 심리치료적 접근), Masson, 1997.

접촉이다. 그 행위가 몰고 오는 결과가 심각함에도, 그들의 이런 행위는 대개 평소 행위와는 동떨어진 것이다. 이들은 평소에는 전혀 폭력적이지 않으며, 아동과의 성적인 만남도 유혹을 통해 이루어지고, 대개는 성적인 신체 접촉을 범한다.

캉Caen 교도소에 15세 미만의 미성년자를 강간하고(이 가운데 71%는 근친상간이다) 수감된 남자 218명에 대해 진행된 한 연구는 이 남자들 가운데 적은 수만이 정신병이 있다는 것을 확인했다. 이들 가운데 단지 12%가 아동성애자였고, 3.25%가 여타의 정신 질환을 앓는 사람들이었다. 또 다른 3.25%의 사람들에서는 어떤 심리적 이상도 발견되지 않았다. 그리고 나머지 사람들인 약 80% 이상에 해당하는 남자들에서는 인격장애(21%, 이 가운데 3분의 1 이상은 사이코패스였다), 신경증적 인격(21%), 미성숙하고 자기중심적 인격(33%), 가벼운 정신박약(6,5%) 등이 있었다.[197]

다른 연구들은 성폭력범의 4분의 3이 주목할 만한 사건을 겪었음을 보여주는데, 친지의 죽음, 가족의 분리나 이주, 성적 또는 신체적 폭행, 또는 감정적 폭행(모욕) 등이 그런 사건이다. 이들은 비록 정신과적 질병에 이르지는 않았지만, 유년기에 겪은 다양한 심리적 트라우마와 관련된 정신적 장애들을 지니고 있다.

성폭력을 범하는 여성들

21세기 초까지도 사람들은 아동 성폭력범은 남자만 해당된다고 생각했다. 하지만 몇 년 전부터 아이에게(대개는 자신의 아이에게) 성폭력을 가하는 여성들이

197) Dauver B., Belveyre E., Durand C., Hardouin F., Brochet S., Éléments statistiques descriptifs concernant une population de 400 détenus au centre pénitentiaire de Caen (캉 교도소 400명 수감자들에 대한 기술통계), *Forensic*, 2002, 10 : 47-53.

있음을 사람들은 알게 되었다. 여성이 아이를 살해할 수도 있다는 것이 널리 알려지게 된 것도 이와 비슷하다. 통계에 따르면, 여성이 범하는 성폭력은 사실 매우 빈번하다. 하지만 이에 대한 명확한 수치를 제시하는 것은 어려운데, 왜냐하면 연구 결과가 매우 다양하기 때문이다. 여성에 의해 범해지는 성폭력은 6~78%에 달한다.[198] 아동에게 성폭행을 행하는 여성들 가운데 가장 흔한 경우로는 가정의 어머니, 유모, 베이비시터, 이웃사람 등이다. 여성이 남자 아이에게 행하는 성폭행을 밝혀내는 것은 종종 더 어렵다. 왜냐하면 이런 성폭력이 종종 성에 대한 입문이나 통과의례로 간주되어, 아이에 대한 어떤 트라우마적 사건으로 취급되지 않기 일쑤이기 때문이다(제1장의 '잘못된 생각' 13번째 참조). 성폭력을 범하는 여성 자신 또한 유년기에 성폭력을 당했던 피해자인 경우가 매우 흔하다.[199]

성폭력 여성은 세 가지 범주로 나눌 수 있다. 어린아이를 성폭행하는 부류, 청소년을 성폭행하는 부류, 동반자인 남성이 범한 성폭행에 공범으로 가담하는 부류가 그 세 범주에 해당한다. 첫 번째 부류는 '성향을 가진 자'로 불린다. 왜냐하면 이들은 자신이 과거 성폭력의 피해자였고, 대개의 경우 매우 어린 아동에게 그 일을 반복하기 때문이다. 두 번째 부류는 '주모하는 자'로 불리는데, 이들은 주로 청소년에게 성폭력을 주모한다. 세 번째 부류는 '지배당하는 자'인데, 가장 흔하게 볼 수 있는 부류다. 이들은 자신들이 매우 의존하는 도착적 배우자의 영향이나 위협 속에서 '능동적인 공범'으로 행동한다.

---

198) Holmes W. C., Slap G. B., "Sexual abuse of boys, definition, prevalence, correlates, sequelae and management(남아성폭력: 정의, 유병률, 연관성, 후유증, 관리)", *Jama*, 1998, 280(21) : 1855-1982.

199) Johansson-Love J., Fremouw W., "A critique of the female perpetrator research (성폭력 여성 가해자 연구 논평)", *Aggression and Violent Behavior*, 2006, 11(1) : 12-26.

성폭력을 범하는 아이들

성폭력을 이야기할 때 사람들은 대개 아동을 유린하는 어른을 생각한다. 그러나 현실은 이와 매우 다르다. 성폭력범 가운데 약 50%는 실제로 전청소년기인 '9~12세'나 청소년기에 있는 아이들이며[200], 이 중에는 여자아이도 포함된다. 대개의 경우, 이들은 피해자와 같은 가정에 살거나 매우 가까운 곳에 있다. 이를테면 베이비시터, 학급 친구, 이웃 등이다.

전청소년기에 성폭력을 범하는 아이들은 두 부류로 나눌 수 있다. 첫째 부류는 소심하고 내성적이며 외톨이인 아이들이고, 둘째 부류는 공격적이며 반항적이고 충동적이며, 모든 이들과 충돌하는 아이들이다.[201] 이런 아이들 가운데 20~50%는 과거에 신체적 폭력의 피해자였고, 40~80%는 성폭력을 당한 경험이 있다.

---

200) Hunter J. A., Figueredo A., Malamuth N.M., Becker J.V., "Juvenile sex offenders : Toward the development of a typology (성폭력 가해자 청소년 : 유형분류체계 개발을 위한 연구)", *Sexual Abuse, A Journal of Research and Treatment*, 2003, 15(1).

201) Jacob M., "Les préadolescents auteurs d'abus sexuels (성폭력을 범하는 전사춘기 아동들)", *Psychiatrie et violence*, mai 2001.

다양한 범주의 성폭력범들

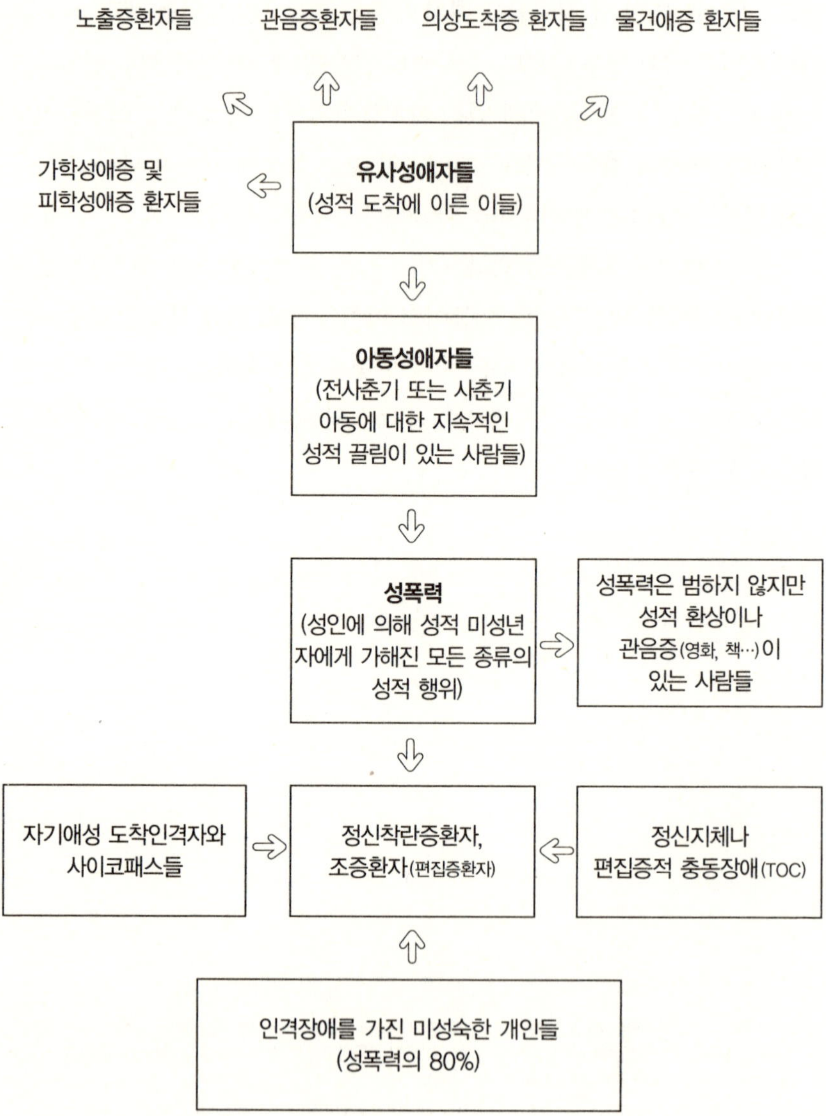

맺는말

이 원고를 끝내기 며칠 전, 나는 50대의 한 남자를 개인적으로 만나게 되었다. 비극적인 사건으로 아주 절친했던 친구 한 명을 잃은 뒤, 그에게 심한 우울증이 찾아왔다. 우울증은 그후 7년이나 계속되었고, 이로 인해 그는 급기야 병원에 입원하여 꽤 강도 높은 약물치료를 받아야 했다.

내가 집필하는 책이 유년기에 겪은 성폭력에 관한 것이라는 이야기를 듣고, 그는 나에게 자신이 전사춘기에 성폭력을 겪었다는 사실을 고백했다. 35년 동안이나 완전히 잊고 지낸 이 사건은, 그가 가장 친한 친구가 죽었다는 것을 알고 나서 다시 기억의 수면으로 떠올랐다. 단 몇 초만에 그간 잊고 지낸 그 사건에 대한 모든 기억이 돌아왔고, 그는 엄청난 정신적 혼란에 빠져들었다. 그의 이야기는 유년기에 겪은 성적 트라우마가 지닌 힘, 즉 훗날 외상후스트레스 장애가 발현되도록 '터를 닦아 놓는' 힘을 잘 보여준다. 또한 이 이야기는 유년기 트라우마가 오랜 기간 통째로 망각된 채 있을 가능성에 대해서도 잘 보여준다. 그의 경험은 또한 어떤 면에서 회복탄력성 개념이 불안하고 불확실한 것인지도 보여준다. 그는 다행히 이제는 좀 나아져서, '인생사의 한 페이지를 넘기고' 새로운 삶을 개척하는 일에 접어들었다. 그러나 이러한 기회를 갖지 못하고 계속해서 과거 때문에 고통받고 있는 사람들이 얼마나 많은가?

나는 이렇게 고통 받는 사람들이 이 책을 통해 자신의 고통을 좀 더 잘 이해할 수 있게 되기를 바란다. 나아가 아직 트라우마의 상처를 극복하지 못한 사람들은 그 상처를 '소화시킬' 수 있을 때까지 자신들을 동반해줄 심리치료사를 찾을 수 있기 바란다.

결론적으로 나는 최면술과 EMDR에 대한 연수가, 환자의 고통과 더불어 환자를 이해하고 대응하는 면에서뿐 아니라 내 직업에 더욱 흥미를 갖고 일해 나가는 면에서도, 나의 치료 활동을 새롭게 해주는 자원이 되었다는 것을 말하고 싶다.

개성의 차이와 개인적 경험의 차이에도 불구하고 우리는 각자 치유를 위한 '치료적 수순과 절차'를 가지고 있으며, 우리의 삶에 다시 길을 열려면 그러한 치료적 수순과 절차를 '자극'하는 법을 배워야 한다는 점을 다시 한 번 강조하고 싶다.

최면치료, 인지행동치료TCC, EMDR 관련 프랑스 연수기관들

최면치료 교육과정
Institut français d'hypnose,
dirigé par Didier Michaux
82, rue Marcadet, 75018 Paris
Tél. : 01 42 51 68 84
http://www.hypnose.fr

Association française pour l'étude de l'hypnose médicale (AFEHM),
dirigé par le Dr Jean-Marc Benhaiem
19, avenue Frankin-Roosevelt, 75008 Paris
Tél. : 01 42 56 65 65
http://perso.orange.fr/afehm.hypnose.medicale

Confédération francophone d'hypnose et de thérapies brèves,
présidée par le Dr. Dominique Megglé
151, chemin de Châteauvallon, 83190 Ollioules
Tél. 04 94 18 97 20
http://membres.lycos.fr/confhypnos

인지행동치료TCC 교육과정
Association française de thérapie comportementale et cognitive,
présidée par Annick Craignou
100, rue de la Santé, 75674 Paris CEDEX 14
Tél. : 01 45 88 35 28
http://www.aftcc.org

EMDR 교육과정

Association française d'EMDR,
présidée par le Dr David Servan-Schreiber
20, rue d'Armenonville, 92200 Neuilly-sur-Seine
Tél. : 01 46 24 55 02
http://www.emdr-france.org
Email : info@emdr-france.org

피해자 지원 프랑스 센터 Centres de prise en charge des victims

Institut de victimologie, sous la direction du Dr Gérard Lopez
131, rue de Saussure, 75017 Paris
Tél. : 01 43 80 44 40

Réseau de santé VICTIMO

http://www.victimo.fr.

성폭력을 다룬 프랑스 영화 목록

Le souffle au coeur, Louis Malle, 1971
Rien qu'un jeu, Brigitte Sauriol, 1983
Les Garçons de Saint-Vincent, John N. Smith, 1992
L'Ombre du doute, Aline Issermann, 1993
Festen, Thomas Vinterberg, 1998

스트레스 장애에 대한 DSM-IV의 기준들

DSM-IV는 외상후스트레스 장애로 진단되기 위해 반드시 수반되어야 하는 증세들을 설명한다.

A. 환자가 어떤 트라우마적 사건에 노출되었어야 하고, 이 사건에는 다음의 두 요인이 반드시 있었어야 한다.

1) 사람들이 사망 또는 매우 심하게 다쳤거나, 죽음이나 심한 부상의 위협이 있었거나, 본인 또는 타인의 신체적 안녕이 심각하게 위협당하는 사건 또는 사건들을 환자가 직접 겪었거나, 증인이었거나 또는 맞닥뜨렸어야 한다.

2) 사건에 대한 환자의 반응이 심한 두려움, 무력감, 공포감으로 나타났어야 한다.

주의 : 아동의 경우에는 혼란스러운 행동이나 흥분된 행동이 이러한 증세들을 대치할 수 있다.

B. 트라우마적 사건은 다음 중 한 가지(또는 여러 가지) 방식으로 반복하여 경험된다.

1) 트라우마 사건과 관련된 이미지, 생각, 느낌을 포함하는 회상이 급작스레 떠오르는 일이 반복되면서, 비참한 느낌을 불러일으킨다.

주의 : 어린아이에서는 트라우마를 주제로 하거나 그런 국면들을 표현하는 반복적인 놀이가 회상될 수 있다.

2) 트라우마 사건에 관한 반복적인 꿈을 꾸면서 비참한 느낌을 불러일으킨다.

주의 : 아이들에서는 내용이 정연하지 않은 무서운 꿈으로 나타날 수 있다.

3) '마치' 과거의 트라우마 사건이 재현될 것 같은, 갑작스러운 인상이나 동요가 찾아온다(이런 경험에는 트라우마 사건을 다시 겪는 느낌, 환상, 환각, 해리적 삽화(플래시백) 등이 포함된다. 또한 이런 것들은 잠에서 깨어날 때나 또는 약물 중독 상태에서도 찾아온다).

주의 : 어린아이들에서는 트라우마를 특이적으로 재구성한 이야기가 반복되기도 한다.

4) 트라우마적 사건의 한 장면을 떠올리게 하는 또는 그런 장면과 유사한, 내부적 또는 외부적 징후를 접했을 때 심한 심리적 괴로움을 느낀다.

5) 트라우마적 사건의 한 장면을 떠올리게 하는 또는 그런 장면과 유사한, 내부적 또는 외부적 징후를 접했을 때 특이적인 생리적 반응을 보인다.

C. 트라우마와 연관된 자극에 대한 지속적인 회피와 (트라우마를 겪기 이전에는 없었던) 전반적인 반응의 둔화. 다음 중 최소 세 가지 증세를 보인다.

1) 자신이 겪은 트라우마와 관련된 생각, 감정, 대화를 기피하려고 애쓴다.
2) 트라우마에 대한 기억을 떠올리게 하는 활동, 장소, 사람을 기피하려고 애쓴다.
3) 트라우마 사건의 중요한 장면을 회상하지 못한다.
4) 중요한 활동에 대한 관심의 현저한 저하, 또는 이런 활동에 참여하는 일의 저하
5) 다른 사람들에 대해 무관심해지거나, 그들과 관련해 스스로를 이방인으로 느낀다.
6) 감정의 억제(예를 들면 다정함을 전혀 느끼지 못함)
7) 미래가 '막혔다'는 느낌(예를 들면 직업을 갖거나, 결혼을 하고, 자녀를 낳고, 평범한 생활을 누리는 것 등을 자신은 할 수 없을 것이라 생각함)

D. 자율신경의 활성화로 생각될 수 있는 (트라우마 이전에는 없었던) 증세들이 지속되는데, 다음 중 최소 두 가지 증세를 보인다.

1) 수면에 들기 어렵거나 수면 중 자주 깸
2) 쉽게 화를 내거나 늘 과민해져 있음
3) 무엇에 집중하기 어려움
4) 과도한 경계심
5) 과장되게 깜짝깜짝 놀람

E. 혼란상태(B, C, D의 증세들)가 한 달 이상 지속됨.

F. 이러한 혼란상태가 임상적으로 유의미하다고 볼 수 있는 고통을 몰고 오거나, 사회적, 직업적, 또는 다른 중요한 영역에서의 활동이 약화/손상됨.

아래와 같을 때 특이적으로 본다 1 :
일시적 : 증세가 3개월 미만으로 지속될 때
만성적 : 증세가 3개월 이상 지속될 때

아래와 같을 때 특이적으로 본다 2 :
잠복기를 거쳐 발생됨 : 증세의 시초가 스트레스 요인으로부터 최소 6개월 이상 지난 다음 발생할 때